大学课外培养路径

杨国欣 等著

中国社会科学出版社

图书在版编目（CIP）数据

大学课外培养路径／杨国欣等著 . —北京：中国社会科学
出版社，2017.6
ISBN 978 - 7 - 5203 - 0450 - 4

Ⅰ.①大…　Ⅱ.①杨…　Ⅲ.①大学生—人才培养—研究
Ⅳ.①G645.5

中国版本图书馆 CIP 数据核字（2017）第 115280 号

出 版 人　赵剑英
责任编辑　安　芳
责任校对　张爱华
责任印制　李寡寡

出　　　版　中国社会科学出版社
社　　　址　北京鼓楼西大街甲 158 号
邮　　　编　100720
网　　　址　http://www.csspw.cn
发 行 部　010 - 84083685
门 市 部　010 - 84029450
经　　　销　新华书店及其他书店

印　　　刷　北京明恒达印务有限公司
装　　　订　廊坊市广阳区广增装订厂
版　　　次　2017 年 6 月第 1 版
印　　　次　2017 年 6 月第 1 次印刷

开　　　本　710 × 1000　1/16
印　　　张　18.5
插　　　页　2
字　　　数　315 千字
定　　　价　78.00 元

项目名称

大学生课外培养工作体系建设应用研究

项目基金

河南省高等学校教学改革省级重点研究项目（2014SJGLX029）

河南科技大学重大教育教学改革建设项目（2014ZD-003）

参著人员

李文涛　田志红　姚　纲　吴晓昊　李继光　张晓洁　罗　晴
毛俊青

序

　　"培养什么样的人，怎样培养人，为谁培养人"的问题，一直是高等学校人才培养最核心的问题，如何以"立德树人"为根本任务，培养德智体美全面发展的社会主义建设者和接班人，始终是高等学校最神圣的使命。为了促进大学生的全面发展，培养符合时代要求的高素质人才，近年来党和国家高度重视大学生的素质教育，积极倡导实践育人工作，大力推动创新创业教育。

　　2012年教育部出台了《关于进一步加强高校实践育人工作的若干意见》，同年还出台了《关于全面提高高等教育质量的若干意见》，2015年5月国务院办公厅出台了《关于深化高等学校创新创业教育改革的实施意见》，2016年12月中央召开全国高校思想政治工作会议，中共中央 国务院出台《关于加强和改进新形势下高校思想政治工作的意见》（中发〔2016〕31号）。一系列重要文件的出台，为高等学校加强实践育人、开展课外培养、深入推进素质教育工作提供了重要的政策支撑。

　　特别是习近平总书记在2016年全国高校思想政治工作会议上的讲话，对实践育人和课外培养做了许多深刻的论述，他讲到"青年要成为国家栋梁之材，既要读万卷书，也要行万里路"；"许多学生正是在这样的社会实践和社会活动中树立了对人民的感情、对社会的责任、对国家的忠诚"；"要创新方式，拓展途径，为学生参与社会实践创造更多的机会和舞台"；"要注重文化浸润、感染、熏陶，既要重视显性教育，也要重视潜移默化的隐性教育，实现入芝兰之室久而自芳的效果"。

　　为了有效实施素质教育，积极推进实践育人工作，不断促进大学生德智体美全面发展，河南科技大学自2013年正式提出大学生课外培养工作，并在深入研究的基础上，提出了课内课外"双轨并行 融合联动"的人才培养新模式，在深入探讨课程教育改革的基础上，积极推进大学生课外培养的实践探索，深入开展了大学生课外培养的理论研究。在这一过程中，党和国家出台的一系列政策和要求，为我们深入开展大学生课外培养工作提供了重要的政策依据。特别是全国高校思想政治工作会议的召开，更加坚定了我们探讨课内课外"双轨并行 融合联动"的人才培养新模式的信心和决心。

《大学课外培养路径》是河南科技大学杨国欣教授带领的工作团队和研究团队的又一力作。2016 年杨国欣教授等人出版了《大学课外培养》，首次构建了大学生课外培养的理论体系。在此基础上，根据大学生课外培养的实际情况，杨国欣教授等人提出了"思想政治教育工作、日常管理与行为培养工作、困难帮扶与诚信励志教育工作、学风建设与学业指导工作、创新创业实践教育工作、校园文化熏陶工作"六大课外培养工作模块，规划并提出了包括"主题教育活动、党团组织活动、文化艺术活动、日常管理活动、困难帮扶活动、学业指导活动、科技创新活动、创业教育活动、社会实践活动、志愿服务活动、学生社团活动、身心健康活动"十二条大学生课外培养的具体路径，并深入研究了每一条路径的基本概念、路径特点、主要形式、培养目标、现实状况、创新发展等问题。这一纵深研究对提高大学生课外培养工作成效，具有更加精准、更加明确的、更加深刻的指导意义，为更好地开展大学生课外培养工作提供了重要的理论支撑。

课外培养是现代大学人才培养的重要组成部分，是实现人才培养目标的重要环节，对大学生的全面发展具有不可替代的作用。新形势下加强大学生课外培养工作，要高举中国特色社会主义伟大旗帜，以"立德树人"为根本，以思想政治教育为核心，以创新创业实践教育为重点，以德智体美全面发展为目标，全面提升大学生的思想政治素质、科学文化素质、专业素质、身心素质，全面提高大学生道德判断能力、社会适应能力、合作竞争能力、学习思考能力、研究创新能力、解决问题能力、领导管理能力等多种能力。

在党和国家大力倡导创新创业教育的新形势下，高等学校要把创新创业教育作为课内和课外培养的共同使命，要把创新创业的实践教育作为课外培养的重中之重。高等学校要将创新创业教育的新理念和新要求全面融入人才培养的各个方面，不仅要以创新的精神全面深化课程教学改革工作，而且要以创新的气魄全面加强大学生课外培养工作，在课外培养的轨道上大力推进创新创业的指导和实践教育，让更多的学生通过多样化的课外培养路径，培养创新精神、创业意识和创新创业能力，让课外培养在高素质人才培养的过程中发挥越来越重要的作用。

河南科技大学校长、博士生导师　孔留安

2017 年 5 月

目　　录

第 一 章

主题教育活动

主题教育是大学生课外培养的重要路径，是课外开展大学生思想政治教育，提升大学生思想政治素质和道德判断等多种能力的重要渠道和基本形式。探讨和研究主题教育的核心问题，对有效实施主题教育活动、推动主题教育活动不断创新、实现主题教育活动培养目标等具有重要意义。

第一节 主题教育活动概述

一 主题教育活动的基本概念

1. 主题教育活动的概念

主题教育活动是教育者针对特定的对象，确定特定的主题，在特定的时空，以特定的形式，开展的教育活动。主题教育是课外开展思想政治教育的重要形式和有效载体，是大学生思想政治教育的重要实现途径，在高校人才培养中具有重要地位和作用。

特定的对象，开展主题教育活动，在不同单位、部门、行业，有不同的对象，在高等学校开展主题教育主要对象是大学生，有时也有针对教师开展主题教育活动。主题教育活动是根据不同时期的不同形势，不同阶段的不同需求，解决特定问题的教育实践，所以主题教育活动特别强调适应性，教育活动只有适应于大学生的年龄特点、时代特征和心理需求，方能取得良好的教育成效。

特定的主题，主题教育活动必须确定明确的主题，这是主题教育最重要的特质。大学生主题教育的主题选择，内容十分广泛，如中国梦、社会主义核心价值观、理想信念、爱国主义、重要政治事件、形势与政策、道德与文明、校风与学风、身心健康、安全防范、新生入学、毕业生文明离校等，教育者可以根据现实需要设置教育主题，对大学生进行教育引领。

特定的时空，主题教育与日常教育的重要区别之一是，主题教育要在一定时期内，就某一内容进行集中教育，因此一般要明确一个时间段。同时与教育形式和途径密切相关的还有空间问题，有研究者提出，主题教育的空间包括校内空间与校外空间、自创空间与他创空间、传统空间与新兴空间。[①] 这种分类有助于我们全面掌握各种空间的特点，并根据需要选择和确定主题教育的空间。

特定的形式，主题教育活动有时采取多种联合的形式，实施多策并举，有时会确定某一种形式。常用的主题教育形式包括专题讲座、主题报告会、主题演讲比赛、观看影视节目、组织演出活动、征文比赛、座谈会、研讨会、主题班会、团日活动、纪念日活动、党支部活动，以及利用微电影、微课程、微博、QQ 群、微信公众平台、慕课、翻转课堂、专题网站等进行的教育活动。

主题教育活动的特点。主题教育活动具有以下显著的特点：一是意识形态性，主题教育活动的内容一般涉及意识形态领域，如理想信念、中国梦、爱国主义等，要么本身就是意识形态内容，要么是为意识形态建设服务的；二是价值主导性，主题教育活动具有强烈的价值导向作用，每项活动都是为贯彻和宣传某种价值观而开展的，主题教育活动无论采取什么形式，运用什么载体，最终都要导入特定的价值取向；三是现实针对性，主题教育活动的主题，都是针对大学生的思想行为状态而设立的。有的问题是由于各种原因长期被弱化，目前急需得到强化的。有的问题是由于学生的流动性，每一届学生都需要得到教育的内容。有的问题是当前或一段时间以来一直存在的比较突出的问题等；四是教育集中性，也称教育密集性，主题教育活动往往都是针对主题进行集中教育，集中时间、集中力量、采取多种形式、动员更多人参与其中，以期实现教育的目标。

2. 主题教育活动的类型

研究主题教育活动的类型，是深入研究主题教育的突破口和重要手

① 魏强、黎海燕：《论大学生主题教育空间及其分类》，载《湖北社会科学》2013 年第 9 期。

段。关于主题教育活动到底有哪些类型，目前还没有权威的研究结论。作者基于学生工作研究和实践的经验，认为主题教育活动可以按以下几个方面进行分类：

按照教育内容分类，可分为以下几种类型：

以思想政治为导向的主题教育活动，包括理想信念教育、世界观人生观价值观教育、道德教育、法制教育等。如"中国梦主题教育""社会公德主题教育"等都属于这一类主题教育活动。

以文明建设为导向的主题教育活动，包括基础文明教育、环境保护教育、社交礼仪教育、尊师爱生教育等。如在大学生中开展"基础文明主题教育行动计划""保护环境爱护公物主题教育"等都属于这一类主题教育活动。

以爱国主义教育为导向的主题教育活动，包括形势政策教育、重大节庆纪念日教育、国家重大政治活动（事件）教育、民族团结统一教育、改革发展稳定教育等。如"纪念红军长征胜利××周年主题教育活动""纪念抗日战争暨世界反法西斯战争胜利××周年主题教育活动"等都属于这一类主题教育活动。

以学风建设为导向的主题教育活动，包括学习风气教育、师德教育、考风考纪教育、学术道德教育、校纪校规教育等。如"学风建设活动月""学术道德主题教育活动""考风考纪主题教育活动"等都属于这一类主题教育活动。

以环境适应为导向的主题教育活动，包括新生入学教育、人际交往与沟通教育、学业帮扶教育、心理健康教育、诚信励志教育、就业指导教育等，如"新生主题文化节""新生入学专题系列教育""人际交往主题教育"等都属于这一类主题教育活动。

以成长成才为导向的主题教育，包括理想目标教育、励志成才教育、创新创业教育、劳动实践教育、爱心奉献教育、团结协作教育、挫折磨难教育、安全防范教育等，如"励志成才主题教育活动""校园安全主题教育活动月""校园网贷风险防范主题教育"等均属于此类主题活动。

除了按照教育内容进行分类之外，还可以按照其他方式分类：

按照教育形态分类，可分为理论型主题教育和实践型主题教育。理论型主题教育包括专题讲座、报告会、专题研讨会、知识竞赛、作品征集评比等，主要解决理论、认识、观念等问题；实践型主题教育包括参观、座谈、走访、观摩、参与、组织、管理、实施、评价等，主要解决感受、体验、行动等问题。

按照教育空间分类，可分为现实空间主题教育与虚拟空间主题教育。现实空间包括校内空间与校外空间，校内空间包括：教室、食堂、公寓、展览馆、校史馆、报告厅、音乐厅、美术馆、运动场、图书馆等各类校内室内和室外空间；校外空间包括学校以外的纪念馆、博物馆、展览馆、革命遗址、实习基地、爱国主义教育基地、烈士陵园等一切可以用来开展主题教育的社会资源。虚拟空间主要是通过计算机网络建立起来的信息交流平台以及信息资源所依托的空间，包括专题网站、微信群、官方微信平台、博客、微博、数字图书馆、QQ 平台、BBS 平台以及各种可用社交平台和 APP 等。

按教育节点分类，可分为新生入学主题教育、毕业生离校主题教育、重要节日纪念日主题教育、重要政治事件主题教育等。新生入学主题教育主要包括专业思想教育和通识内容教育，其中通识内容教育包括学校历史、校规校纪、学习方法、目标确定、安全防范、文明上网、身心健康等；毕业生离校主题教育，主要围绕学生文明离校教育、母校情结教育、迎接未来教育等进行；重要节日纪念日主题教育，如国庆节爱国教育、春节敬老教育、抗战胜利纪念日爱国主义教育等；重要政治事件主题教育，如学习中国共产党全国代表大会精神、学习"两会"精神主题教育等。

按照主题的复杂性分类，可分为复合型主题教育活动和单一型主题教育活动。复合型主题教育活动，是指教育活动系列化、活动形式多样化、多部门合作、时间跨度长的教育活动。其特点是多部门联合行动，开展系列化活动，多方位开展教育，有利于主题思想深入学生头脑；单一型主题教育活动，是指主题单一、内容具体、对象明确、活动形式单一的教育活动。其特点是具有稳定性和灵活性，有利于集中精力开展教育。事实上，复合型主题教育活动，往往由多个单一型主题教育活动组成。①

按照组织主体分类，可分为校级主题教育活动、学院主题教育活动、班级主题教育活动、社团主题教育活动等。校级主题教育活动，是由学

---

① 江沈红：《大学生主题教育路径选择的辩证法》，载《湖北社会科学》2012 年第 12 期。

校或学校职能部门和群团组织开展的主题教育活动，如宣传部、学生工作部、学生工作处、校团委、心理健康教育中心等组织的主题教育活动；学院主题教育活动，是由学院党委或学工办、学院团委组织的主题教育活动；班级主题教育活动是由班级团支部或党支部组织的主题教育活动；社团主题教育活动是由各个学生社团自行组织开展的主题教育活动。

当然主题教育活动还可以按其他标准进行分类。分类研究是我们全方位深入认识主题教育活动多样性和丰富性的重要手段。

二　主题教育活动的重要意义

1. 主题教育活动的理论意义

主题教育活动是思想政治理论课教育的延伸。主题教育活动最主要、最核心的任务是为意识形态建设服务，具有强烈的意识形态教育意义。它的主题大多与理想、信念、目标、价值、道德、爱国等密切相关，尽管这些内容在政治理论课中都有讲授，但是由于主题教育活动的参与性、互动性、灵活性、专题性等，比课堂教育具有更加独特的优势，能够实现课堂教学难以实现的效果。从思想政治教育的角度看，主题教育活动可以选择更加宽泛的内容，与课堂教学确定的理论体系相比，具有更大的拓展空间。因此主题教育活动对政治理论课教育是一个很好的补充。

主题教育活动是课外开展思想政治教育最重要的形式和载体。课外思想政治教育作为课外培养的核心内容，是培养大学生思想政治素质的重要途径，其形式千变万化，其载体丰富多样，所以主题教育活动是最重要的、运用最多的、可以面向更多受众的教育形式和载体。由于主题教育活动承载着教育的内容、教育的思想，规定着培养的目标、执行着培养的任务，因此它也是课外大学生思想政治教育的重要形式和载体。

主题教育活动给教育者提供了广阔的研究和探索空间。主题教育活动尽管从整体上看，具有确定的内容，具有设定的形式，但是仍然具有很强的抽象性，由于我们的教育对象线长面广，我们的教育行为到底能产生多大效果，怎样才能产生更好的效果，怎样检测和评价我们的教育效果等，仍然具有不确定性。尽管我们可以从一定程度上观察主题教育活动成效，但是仍有许多问题需要深入研究。这些问题的存在，对激励和促进我们教育者进行深入研究，具有重要的理论意义。

2. 主题教育活动的实践意义

主题教育活动的开展，对推动大学生课外培养工作、促进大学生自我教育、提升教育者的教育能力等，都具有重要的实践意义。

推动大学生课外培养工作，尤其对推动大学生课外思想政治教育工作具有重要意义。长期以来高等学校把课堂作为大学生思想政治教育的主战场，把任课教师作为大学生思想政治教育的主力军，事实上大学生思想政治教育的主战场不应仅限于课内，课外培养也是主战场，广大学工干部也是主力军。广大学工干部在课外通过形式多样的教育活动，有效地提升了大学生的综合素质和能力，其中主题教育活动在大学生课外思想政治教育工作中发挥了重要作用，特别是通过主题教育活动，在更大范围内宣传了既定的思想观念，引领了思想行动，强化了思想认知，营造了思想氛围，开展了思想教育，达到了思想导航的目的，使更多的学生在一个时期内强化了既定的思想要求。

促进大学生自我教育进程，尤其对提高大学生的自我认知、激发大学生参与热情、感受教育活动氛围具有重要意义。主题教育活动尽管多数情况下是由教育者主导发起的，但是具体的组织和参与者主要是大学生群体，广大学生干部、学生中的积极分子是主题教育活动的具体组织者和实施者，并在教育活动中推动了自我教育的进程，带领广大学生积极参与其中，创造活动条件营造教育氛围，让更多的学生身临其中感受教育活动，接受教育熏陶。在这个过程中具有积极意义的两种表现特别突出：一个是作为组织者和带领者的自我约束作用，因为他们是组织者，所以他们更加坚信某种理念，更能接受某种思想，更愿进行自我约束，这是一种积极的行动效应；另一个是作为参与者的感染作用，因为参与了主题教育，因为接触了某些观点、认知、感官刺激和行动示范等，不自觉会受到一定程度的感染。因此，主题教育活动有效地促进了大学生自我教育的进程。

提升教育者的组织能力，尤其对提升教育者策划、组织、实施、反馈、改进的能力具有重要意义。主题教育活动不同于其他课外培养路径，其他许多课外培养路径是"通过务实实现教育目标"，而主题教育活动主要是"通过务虚实现教育目标"。从务虚开始教育比从务实开始教育具有更大的挑战性。如何针对时势策划主题，如何面对不同的学生群体进行组织和实施，如何结合教育实践进行总结和改进，是教育者在开展主题教育活动时必须思考的关键性问题，也是提高教育成效的核心问题。教育者在这一系列问题的思考与实践中，自然地提升了组织教育的能力，从而为主题教育活动取得进一步成效奠定了基础。

三 主题教育活动的主要形式

1. 主题教育活动的传统形式

主题教育的传统形式，种类繁多，运用最多的形式有：

专题讲座：围绕教育的主题，开展单个或系列讲座，深入讲解相关理论、相关情况、相关事件的来龙去脉等，如开展习近平总书记系列讲话精神主题教育活动、捍卫国家主权主题教育活动等，都可以采用专题讲座的形式。

主题报告会：围绕教育的主题开展的报告会，报告会的内容一般可以是政治、经济、军事形势，可以是改革发展稳定的战略举措，可以是先进模范人物事迹等，一般报告人可以是某些领域研究专家，可以是地方党政领导干部，也可以是由专人组成的报告团等，比如"一带一路"发展战略主题报告会、英模事迹报告会等就是这种形式。

主题演讲比赛：围绕教育主题开展演讲比赛，是大学生主题教育活动常用的形式，通过演讲活动，演讲者以自身的理解，带领听众深化对主题的认识，发挥自我教育的功能。如结合中国梦教育可以开展"我的梦想"主题演讲活动，结合精神文明建设可以开展"美在我身边"主题演讲活动。

主题征文比赛：围绕教育主题，开展主题征文，发动学生参与写作活动。学生参与写作的过程，要查阅资料、深化学习、提高认识、厘清思路、训练思维。在参与征文中，提升自己的认知水平，实现自我教育。

参观活动：为了强化大学生对主题的认识，增进主观感受，可以根据主题要求，到新农村、军营、企业、纪念馆、博物馆、创新创业基地等，感受事件、现象、变化和成就等。

电影电视节：围绕主题教育的内容，开展主题电影周（月）或电视纪录片展播等活动，是大学生喜闻乐见的活动形式。教育者通过精心选择和设计，进行场地、时间、人员组织安排，实现教育的目标。如抗战题材的电影内容极其丰富，可以进行科学选择和合理安排进行教育。在开展改革开放成就教育，或开展环境保护教育等方面，也可以选择主题电影周（月）或电视纪录片展播活动。

文艺演出活动：主题教育根据内容需要，可以选择朗诵、话剧、戏剧、相声等形式开展教育活动。有些大学将校内师生的先进事迹排成话剧，或编成诗歌进行演出，都是很好的形式。一些地方剧团将一些教育主题编排成戏曲，到各地演出也取得了很好的效果，如某大学在开展反腐宣传教育时，将某剧院编排的《全家福》搬进校园演出，取得了很好的效果。

座谈会：座谈会是针对某个具体的主题或专题，召集部分学生，听取意见，统一思想，开展教育的形式。召开座谈会，可以提前通知议题，学生有所准备，在学生发言后，组织者进行引导性发言，这样组织者既听取和了解了学生的思想表露，又进行了引导性教育，一般由于座谈会规模相对较小，引导教育效果较好。

重大事件及纪念日活动：重大事件如全国每年召开的"两会"，党的全国代表大会及其每次全会等，重要纪念日如学雷锋纪念日、中国志愿者服务日、青年节、建党节、建军节、教师节、国庆节、"一二·九"运动纪念日等。在这些重大事件和重要节日前后，开展特定主题的教育活动，是高校的传统和优势。

主题班会：主题班会是具有明确主题的班级会议，是开展班级主题教育的基本形式之一。班会主题的确定可以根据学生的思想动态来确定，可以根据时间节点或纪念日来确定，也可以根据突发事件的进展来确定。主题班会的任务和目的是开展教育、消除认识误解、排解思想烦恼、强化风气建设、引领精神风貌等。主题班会可以由辅导员或班主任主持，也可以由班干部主持，也可以由联系班级的学校管理干部主持。

主题教育传统形式除了以上所述，还有研讨会、团日活动、党支部活动等诸多形式。

2. 主题教育活动的现代形式

主题教育活动的现代形式，主要是利用现代信息技术，通过新媒体和新平台开展的主题教育活动，主要包括以下内容：

主题网站：传播特定思想政治理论的专题网站，包含有大量的文字、图片、视频等资料，内容十分丰富，可作为开展相应主题教育的主题网站，作为大学生学习思考和参与讨论的新空间、新途径、新平台。如"中国共产党历史网""图说我们的价值观"，中宣部、中央文明办主办的

"中国文明网"，共青团中央主办的"民族魂""团史展览馆"等主题网站。依托这些网站资源，是现代主题教育的重要活动形式。

官方微信：官方微信公众平台，目前已经成为单位、团体、组织开展新媒体活动的主要形式，由于其具有强大的辐射功能、灵活的服务功能、随身的即时功能、预设的互动功能，已经成为现代人际交往、信息传播、提供服务、开展教育的重要途径。微信已经成为人们生活的一部分，正在深刻地影响着我们的生活。利用微信公众平台或者通过建立微信群开展主题教育活动，已经成为大学主题教育和其他教育路径的重要组织形式。

腾讯QQ：QQ是基于互联网的即时通信软件和社交网络平台，支持文件传播、在线聊天、视频通话、共享文件、网络硬盘、QQ邮箱等多种功能，并成为青年大学生广泛应用的交流平台。由于其使用面广，功能较多，亦成为教育者与学生互动的重要空间。因此，通过建立QQ群，利用腾讯QQ空间开展主题教育活动，也是可供选择的现代主题教育重要形式之一。

微型博客：即微博，是一种通过关注机制分享简短实时信息的广播式的社交网络平台，可以分享、传播和获取用户关系信息，可以通过WEB、WAP等各种客户端组建个人社区，以140字的文字更新信息，实现实时分享。微博最大的特点是即时分享，关注和表达的是每时每刻的思想和动态。官方微博就是单位、团体利用微博的这种特性建立的官方信息交流平台。利用官方微博或教育者的个人微博，与学生互动，也是开展主题教育的现代形式。

校园BBS：BBS是电子公告牌系统（Bulletin Board System）的英文缩写，校园BBS是在校园网上，通过互联网进行连接，以实现数据下载、上传、新闻阅读、信息交换等功能的服务软件。其特点是信息量大、信息更新快、交互性强。因此，在大学校园里，所有同学都可以通过校园BBS实现信息交换，这为大学开展主题教育活动提供了新的空间和途径。

微课教育：微课是一种新兴的教育教学手段和方式，是教育者运用教学视频，围绕某个知识点或技能等单一教育任务而进行的教学方式。微课具有教学主题突出、内容具体、教学时间较短、教学内容较少、资源容量较小、情景化方式展示、反馈及时、针对性强等特性，因而微课教育成为受学生欢迎的效果较好的教育形式。如河南科技大学学生工作部结合新生入学主题教育，拍摄了《大学使命》《目标引领》《课外培养》《强健身心》《礼行网络》等10部短片，作为微课教育资源，在实践中取得了良好的效果。

第二节　主题教育活动组织

一　主题教育活动的培养目标

1. 素质培养目标

主题教育活动的素质培养目标，主要是思想政治素质。

包括思想素质中的思想认识、思想情感、思想方法等；包括政治素质中的政治信念、政治观点、政治方向、政治立场等；包括道德素质中的道德观念、道德判断、道德情感、道德行为等；也包括法律素质中遵纪守法的意识和实践自律等。由于主题教育内容十分丰富，因此除了主要培养大学生的思想政治素质以外，某些主题教育活动还可以培养大学生的科学素质、文化素质、心理素质以及某些专业素质等。

主题教育活动的素质培养目标，为什么主要是思想政治素质？它是怎样实现这一培养目标的呢？

主题教育活动的内容是实现思想政治素质培养目标的内在规定。从教育内容分类来看，主题教育包括了以思想政治为导向、以文明建设为导向、以爱国主义为导向、以学风建设为导向、以环境适应为导向、以成长成才为导向、以安全为导向等主题教育活动，所有这些主题教育的内容，都具有意识形态性和价值导向性，都具有在某一个或几个方向增强大学生的思想政治意识和行为倾向的作用，因而主题教育在素质培养目标上具有很强的内容规定性。

主题教育活动的形式是实现思想政治素质培养目标的基本路径。主题教育活动的形式多种多样，准确恰当地选择活动形式，就是确定一条将既定的内容通达学生内心的道路，选择好这条路径，学生喜欢走，学生愿意接受，就架通了通往学生心灵的桥梁。有时一个主题教育活动，可能会确定多种活动形式，每一种形式，只要精心地组织，都会成为一种好路径。比如选择演讲活动，确定一个主题，要引导学生精心准备。当学生认识到只有感动自己才能感动别人时，他就会思考怎样讲才能达到这个目的。一旦他找到恰当的切入点，一场生动的教育就会在他和听众之间开场。其他任何形式也都是一样，每一种形式都是一条专属的路径，把路规划好，引学生上路，教育就会在路上的每一处与学生相遇。

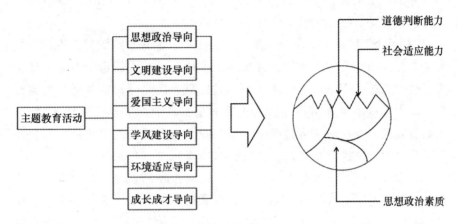

图1—1　主题教育活动的培养目标

注：其他附带培养的素质和能力未予标出。

主题教育活动的目的是实现思想政治素质的培养目标的根本动力。大学课外培养的路径众多，每一种路径能否真正承载培养和教育的重任，在很大程度上取决于教育者对活动目的清醒认识和始终不渝地坚持。主题教育活动具有很强的目的性，这种强烈的活动目的，是教育培养的力量源泉，不断促使教育者精心设计、认真组织、用心引导、及时修正、追求成效。不断促使教育者将主题教育活动的目的贯穿于活动的始终，并引导活动的进展，从而不断促使思想政治素质教育目标的实现。

2. 能力培养目标

主题教育活动的能力培养目标，主要是道德判断能力及社会适应能力等。

首先，培养道德判断能力，就是面对道德两难问题所需要的判断能力、评价能力和认定能力，即判断问题是否属于道德两难问题的能力，正确评价道德双方意见或价值的能力，以及认定何种行为属于正确行为的能力；其次，培养社会适应能力，特别是通过主题教育活动，宣传社会主流思想，核心价值观，提高大学生适应社会需求的自觉性和能动性。

当然主题教育活动能够培养的能力是多方面的，除此之外，不同的教育主题和活动形式，还可以提高大学生的语言表达能力、文字写作能力、学习思考能力、策划实施能力、领导管理能力等。

主题教育活动培养大学生能力的机理是什么？它是怎样实现能力培养目标的？这其实是个非常抽象的问题，总体上可以归结为三种机制，即知识重构、活动熏陶和组织训练。

（1）知识重构。知识、素质、能力是人才培养中密切相关的三个教育要素，知识作为客观事物固有属性或内在联系在人们头脑中的一种主观反映，它是人类进步的阶梯，是人们素质和能力形成的基础。主题教育活动中传播的知识有的是大学生熟知的，有的是大学生新增的知识。主题教育活动在知识重构过程中发挥着两个方面的功能：一是对已有知识强化。通过主题教育活动，已有的知识得到了恢复和强化。二是对未知知识弥补，通过主教育活动，增加了新的知识和认知。知识重构，为能力提升奠定了重要基础，并在主题教育活动中得到了实际训练。如在理论性主题教育活动中，通过讲座、报告会、研讨会、征文、演讲等思辨教育，大学生得到了分析、判断、思考、评价等能力的历练，从而提高了能力；在实践性主题教育活动中，通过参观、考察、访谈、调查、参与等行为活动，大学生得到了观察、感受、体验、强化、坚持等能力的历练。由此，通过知识重构实现了能力目标的培养。

（2）活动熏陶。主题教育是通过一定的活动展开的，活动是主题教育载体，大学生通过组织和参与一定的活动，受到了熏陶，并提升了能力。比如参与微视频制作竞赛，就要明确教育主题，选择表现主题的角度，写作脚本，组织人员，组织拍摄等；再比如主题教育中的征文活动，参与者要分析问题、确定主题、思考展现方式，要体现思想性、说服力和感染力，要进行反复的思辨与推敲等思维活动。在这个过程中，活动的每一个环节对学生能力提升都具有促进作用，都在历练能力的不同方面，从而实现了活动的熏陶的作用。

（3）组织训练。在主题教育活动的多样化实践中，大量的活动由学生组织、学生参与，学生在参与过程中，既可以得到组织行为的训练，也可以得到参与行为训练。许多大学生在组织主题教育活动过程中，诸多与组织工作相关的能力得到了训练，如表达能力、策划能力、说服能力、组织能力、协调能力、实施能力等。同时，也受到了参与行为的训练，培养了合作能力、竞争能力、思维能力、创新能力等。

二　主题教育活动的组织实施

开展主题教育活动的主要环节，有确定主题、策划方案、宣传发动、组织实施等，做好主要环节的各项工作，是取得教育成效的重要因素。

1. 主题确定与方案策划

主题的选择与确定，要依据国际国内形势发展的需要、教育改革发展和稳定的需要、学生自身成长成才和全面发展的需要，将现实客观需要与学生主观需要相结合、理论与实践相结合、教师的认知与学生的认知相结合，选择那些社会迫切需要的主题、教育迫切需要的主题和学生思想实际迫切需要的主题，作为主题教育活动的主题。

当国际形势发生重大变化，国家面临挑战，国家主权、领土完整、民族统一等受到敌对力量挑衅时，我们就要开展以爱国主义为主题的教育活动，引发大学生的爱国热情，引导大学生的爱国行为，激发大学生为民族富强、实现强国梦而奋斗的决心。

当国内政治经济形势发生变化，特别是在中国共产党全国代表大会以及每次全会召开的关键时期，在每年全国人大会议、全国政协会议召开前后，在经济形势出现某些迹象的时候，在社会发展过程中出现某些不稳定因素的时候等，都要选择以学习中央精神为主题的、以学习"两会精神"为主题的、以了解经济形势为主题的、以维护社会稳定为主题的主题教育活动。

当我们的教育改革涉及大学生的切身利益时，当高校自身发展中出现问题时，当高校内部管理出现问题时，我们就要选择以宣传改革为主题的教育活动、选择以化解内部冲突为主题的教育活动、选择以推进改革为主题的教育活动。

当大学生中出现了某种思想倾向，出现了某些不适应时代发展要求的问题时，出现了某些可能影响学校稳定的情绪时，我们就要选择以某种思想教育为主题的教育活动。如针对大学生中存在某些不文明行为，开展"基础文明建设主题教育活动"，针对大学生违规违纪现象，开展"校纪校规宣传主题教育活动"等。

除此之外，主题选择也可以依据教育者对学生在不同时期和阶段的共性表现，进行预设性安排主题教育活动，提前确定主题。如大学新生报到后，针对大学生适应大学生活问题，开展新生入学系列主题教育活动；针对大学生期末考试，开展学风建设主题教育活动；针对毕业生离校的复杂情感，开展毕业生文明离校系列主题教育活动等。

教育主题确定后，教育者要对教育活动进行精心策划，主题教育活动策划，要把握几个要素：范围、时段、形式、组织、安排、部署、检查、总结、反馈等。

活动范围：活动范围取决于组织者与内容，如果组织者是学校及其相关职能部门，主题教育活动的范围就可以是全校学生；如果组织者是学院的学工干部，则范围只能限定在本学院内的学生；如果是辅导员班主任组织的主题教育，则只能在自己分管的年级或班级中进行。从内容上来看，如果教育主题具有普遍意义，则可在全体学生中开展，如果只有局部意义，则只能在部分学生中开展。

活动期限：活动期限要根据主题教育的复杂程度确定。如果时间过短，参与者完不成活动项目，就达不到目的。如果时间过长，参与者完成项目后，不能及时互动和得到评价，或者因为时间过长，中间缺乏监督检查，参与者因为"时间还长"而不积极行动。所以活动期限确定，要以在相对紧凑的时间内能完成活动为宜。

活动形式：活动形式是策划的重要内容，传统的活动形式和现代活动形式很多。确定活动形式时，要考虑主题教育的复杂程度，对于那些综合的教育主题，可以选择多种形式，开展系列教育活动；对于那些相对单一的主题，可选择一种或两种形式。形式是为内容服务的。因此，选择形式时要考虑如何能够既充分展示和实现主题教育内容的要求，又给教育活动预留足够的创新空间。

活动组织：主题教育活动怎么组织，在策划时要明确写进策划书和相关文件中，其中包括主题教育活动的牵头部门、总负责人、项目负责人、各单位负责人等。同时也包括怎么组织学生参与、相关经费与物质保障、相关要求等一系列问题。组织策划要做到让组织者和参与者对活动安排及要求一目了然。

安排部署：活动怎样安排部署，是策划的组成部分。有的活动通过发文件、发通知等形式安排部署；有的范围比较小，内容简单的活动，也通过口头通知。但是为了提高组织者和参与者的重视程度，要召开主题教育活动动员会，开展活动部署和宣传动员，要讲清楚活动的背景，活动的意义，活动的安排以及相关要求等事宜。在策划中要写明参加动员会的领导及任务分工等事项。

活动检查：安排主题教育活动的中期检查，是保证教育活动按计划落到实处的重要措施。检查活动可以灵活多样，可以直接听取基层组织单位的进展情况汇报，可以直接找参与的学生了解主题教育的安排情况，可以通过调查或访谈形式了解活动的效果。中期检查可以根据主题教育的周期确定次数，并将检查情况及时向基层单位反馈，以便加大推进的力度，调整活动计划，确保教育活动按要求完成培养目标。

总结反馈：主题教育活动结束后，要对各基层单位开展情况进行总结，并按照活动策划方案进行评估或评价，对在主题教育活动中重视程度高、组织效果好的单位予以表扬和通报，对那些工作不到位、未按要求认真组织、未取得预期效果，或尽管某些方面按照要求进行了安排部署，但某些工作环节存在疏漏的基层单位，要予以反馈，以便今后改进工作。

2. 宣传发动与组织实施

宣传发动是开展好主题教育活动的思想基础，教育者要高度重视宣传发动工作，特别要在三个阶段做好宣传发动：一是前期宣传，即在正式部署主题教育活动之前，做适当的舆论方面的准备；二是动员会宣传，即在正式部署主题教育活动的动员会上（或期间）进行宣传发动，以引起参与单位的高度重视；三是过程宣传，在主题教育的过程中，开展推进性、激励性的宣传工作。

宣传发动工作是主题教育策划的重要内容之一，在策划书中要做好规划，并在不同的时段，按计划进行或作出相应的调整。如某大学在2016年年初学生工作部署会上讲到，下半年要结合大学生基础文明建设开展主题教育活动，并写进年初工作计划（这是前期宣传）；下半年通过认真策划，在全校开展了"大学生基础文明建设系列主题教育活动"，拟定了策划书，下发了文件，召开了主题教育活动动员会，在会上学校领导发表了重要讲话，提出了相关要求，学校相关媒体进行宣传报道（这是正式宣传发动）；之后在活动开展过程中，学生工作部等职能部门，深入了解各学院在开展过程中具体情况，对领导重视程度高、组织效果好的学院予以宣传报道（这是过程宣传）。

组织实施是按照主题教育活动的总体计划，落实主题教育活动各项任务的整个过程。组织实施是主题教育活动的关键环节，各基层单位能否按计划要求进行组织实施，能否结合自身实际创造性地进行组织实施，是主题教育取得成效的关键。因此，加强对组织实施的管理与做好组织实施的策划同等重要，甚至更为重要。为此要强调几个重要的组织行为：

一是落实责任。要明确组织人员和参与人员。在组织者中，谁是总负责人，谁是项目负责人，都要明确到位。在项目分工中，谁负责宣传工作、谁负责资料收集工作、谁负责人员组织、谁负责项目的组织工作、谁负责效果评估工作等，要明确责任到人。

二是高效组织。要积极推动策划方案的落实，就要高效率地做好组织工作。主题教育活动是利用学生的业余时间、在特定的空间进行的，因此科学规划业余时间，合理设计工作安排，设法调动学生参与的积极性、主动性和创造性，让学生自觉自愿地参与教育活动并获得教益，这是实现主题教育活动目标的根本保障。

三是加强监督。主题教育活动的主办方，要加强对活动全过程的监督和检查，这既是方案策划的重要组成部分，也是主题教育活动取得成效的重要保证。大学生课外培养路径中，有些路径在很长时间内虽然被广泛使用，但是并没有取得显著成效，其原因之一就是虎头蛇尾，缺乏对活动的有效监督和检查，致使活动流于形式。当我们把主题教育作为一条课外培养路径建设时，就要特别重视这项工作。

三　主题教育活动的目标控制

1. 牢记培养目标

在以往的主题教育活动中，存在的一个突出的问题就是活动的最终目的不明确，或活动的目的不能作为主题教育的主线贯穿始终。主题教育活动不是教育内容的需要，也不是教育形式的需要，而是教育目标的需要，是大学生素质和能力培养的重要路径，这条路径怎样选择，怎么设计，怎样通向学生的心灵，怎样引导学生由此岸走向彼岸，是教育者最应关切的问题。

牢记培养目标，永远"不忘初心"，就是要牢记主题教育活动的素质培养目标和能力培养目标，通过确定主题、方案策划、组织实施、总结评价等环节，实现预期培养目标。教育者在组织主题教育活动中，要不断审查和追问"这样做是否有利于素质培养和能力培养"之类的问题，始终把培养目标作为主题教育活动的出发点和落脚点。活动的每个环节的设计和实施，都要以有利于培养目标的实现为最高准则，决不要把活动的轰动效应作为最高准则。特别要避免的是教育者醉心于设计方案本身和活动本身，固执地坚持自己喜爱的某些活动方式和措施，而忘记了培养目标。这是主题教育活动也是其他课外培养路径中容易出现的痼疾。我们必须非常清楚，一项主题教育活动，如果偏离了教育目标，失去了培养方向，不管它设计得多么完美，组织得多么热烈，都是没有意义的。

所以，开展主题教育活动，要求我们始终要在瞄准目标、牢记目标、围绕目标、实现目标上下功夫。

2. 把控目标方向

怎样把控主题教育活动，朝着既定的方向发展，并实现培养的目标？这是一个技术难题。其困难的表现至少有以下几个方面：一是我们选择确定的主题和策划的方案，即便不走样的实施，是否真的就能在素质培养和能力培养上达到预期效果，我们难以确定；二是活动设计与组织实施，怎样与目标实现紧密结合，这方面还缺乏研究，缺少明确的方法和手段；三是目标漂移，常常伴随活动的始终，活动一旦开始，便失去了目标；四是怎样评价我们的主题教育活动在提升学生思想政治素质和道德判断能力、社会适应能力等方面所发挥的作用，实际上是一件困难的事情。

正是由于把控主题教育活动的培养目标如此困难，而且实现主题教育活动的培养目标又如此重要。因此，把控主题教育的目标方向，就变得尤其重要。根据对主题教育活动的观察与思考，这里提出以下几项把控目标方向的措施：

一是聚焦培养目标，确定教育主题。主题教育的主题和培养目标都是内容宽泛的概念，一般来说主题教育的主题相对具有综合性的，这也正是它与专题教育相区别的地方；而素质培养目标和能力培养目标也是一个内容宽泛的概念，如思想政治素质体系中就包括了太多的内容，道德判断能力和社会适应能力等，也都包含了许多具体的能力。因此确定主题时，除了形势的需要，我们特别要考虑学生的需要，这种需要首先是素质和能力发展的需要。确定主题时，要针对这些素质和能力的具体需要，尽可能缩小范围或精确定位，这是一种起点把控。

二是聚焦培养目标，把控教育过程。主题教育活动在组织实施过程中涉及诸多方面，教育者在组织实施的过程，要考虑每个环节、每个因素，朝着有利于实现培养目标的方向推进。比如在主题教育活动中如果参与对象是可以选择的，那么要在经过动员之后，选择那些愿意参与的学生参加教育活动，因为主观上的积极作为十分重要；如果能选择时间相对宽松的时段，就绝不要选择学生时间较紧的时段；如果能够聘请理论水平较高的老师做理论指导，一定要想方设法去聘请；如果我们能够预测哪种形式效果会更好，那么一定要想尽办法采取更有效的形式；如果我们能够感知到实施过程中，具体组织者和落实者可能会有应付懈怠情绪，那么主导者一定要加强检查、指导、督促、引导、鼓励工作。

三是聚焦培养目标，强化评价导向。主题教育活动能否达到预期的培养目标，或者对预期目标有多大的增进作用，是我们开展课外培养最为关切的事情，对主题教育活动进行评价，是我们认识培养目标达成程度的重要措施。通过评价主题教育活动的成效，来评价主题教育活动组织实施者的工作成效，是一个指挥棒，是把控目标方向的重要手段。当然这种评价要在技术上解决好可靠度的问题，需要设置一些能够准确了解活动成效的参数，采取加效的手段进行评价。

第三节　主题教育活动的创新

一　主题教育活动的现状

1. 主题教育活动开展的情况

主题教育活动不仅是高等学校开展大学生思想政治教育的重要形式和载体，而且也是党和政府开展思想政治教育、加强党的建设的重要途径之一。主题教育活动在各行各业被广泛采纳，彰显出了蓬勃发展的趋势。

党和政府各级组织高度重视主题教育活动。从党中央和国家政府部门，到地方党委和政府部门、企事业单位基层组织、各级人民团体，都高度关注思想政治教育这一革命的传家宝，每年结合不同的主题，组织和动员党员干部、人民群众开展主题教育活动，收到了很好的成效。如2015年国家民委办公厅、教育部办公厅、共青团中央办公厅联合举办的"建设伟大祖国，建设美丽家乡"主题教育活动；2015年中宣部、最高人民法院联合开展的"用公开促公正，建设核心价值"主题教育活动；2016年中共中央办公厅印发《关于在全体党员中开展"学党章党规、学系列讲话，做合格党员"学习教育方案》，在全党开展"两学一做"的主题学习教育；2016 年中宣部等七部委联合开展纪念中国共产党成立 95 周年群众性主题教育活动、联合开展红军长征胜利 80 周年群众性主题教育活动；2016 年教育部党组发文组织开展的"五四"系列主题教育活动；2016 年中宣部、教育部、国家民委联合开展的"民族团结"主题教育活动等一系列重大主题活动。

各高等学校广泛开展大学生主题教育活动。近年来各高等学校在中宣部、教育部、团中央等部门的倡导下，结合大学生的思想政治教育实际，开展了一系列重大主题教育活动。如自 2013 年以来各高等学校都开展了"我的中国梦"主题系列教育活动，开展了"学习十八大精神""学习习近平系列讲话精神""纪念长征胜利 80 周年""纪念建党 95 周年"等重大题材的主题教育活动。除此之外，各高等学校还结合学生的思想实际，开展了丰富多彩的主题教育活动。如海南大学开展的诚信教育主题月活动，河南科技大学开展的学风建设活动月主题教育活动，中国医科大学开展的重走长征路主题教育活动，武汉大学结合新生入学开展的"四个主题"教育活动，南京信息工程大学开展的思想励志主题教育活动，东北林业大学开展的推进式主题教育活动等，在大学生思想政治教育，特别是在培养大学生的思想政治素质和道德判断能力、社会适应能力等方面起到了重要作用。

新媒体的广泛应用使主题教育活动更显时代性。新媒体、自媒体时代，给大学主题教育活动创造了更大的空间，使主题教育活动可以采用更多的现代形式，从而也使大学生主题教育活动更加具有时代特色。一是主题网站特别是红色主题网站，为开展主题教育活动提供了极为丰富的文字、图像和视频资料，为网上互动尤其在更大范围内实现互动提供了条件，许多高校都建有自己的主题网站。不仅如此，党的各级组织、各大新闻媒体、人民团体都建有主题网站，可作为教育资源；二是微博的应用，让信息传递短、平、快，许多高校都有自己的官方微博，而且近年来有些高校的官方微博在大学生主题教育活动中发挥了重要的作用；三是官方微信，几乎所有的大学都有自己的官方微信，同时许多大学的职能部门，如学生工作部、校团委都有自己的微信公众平台。这些官方微信在开展大学生主题教育活动中，发挥了很好的宣传、动员、咨询、评价等作用。如河南科技大学学生工作部的微信公众平台"河南科大学声传媒"，为学校发声、为学生发声、为学习发声、为成长成才发声、为思想发声，致力打造"思想政治教育的直通车"，在开展大学生主题教育活动中发挥了重要作用，使主题教育活动"跟着学生走""跟着时代行""传递正能量""彰显时代性"。

2. 主题教育活动存在的问题

尽管主题教育活动在高等学校广泛开展，特别是在党和政府的推动下，主题教育在人才培养方面发挥了一定的作用，但是作为大学生课外培养的重要路径，与课外培养的目标要求相比，还有很大的差距，存在不少问题，需要深入思考和研究。这些问题突出表现在以下几个方面：

主题不够鲜明。主题教育活动主题是否鲜明，是否具有针对性，特别是具有明确的内涵，是准确理解和把握主题的前提。只有准确把握主题，才能在策划设计等一系列问题上精准把握。有时我们选择的主题过大，或过于笼统，或过于抽象，都会影响活动的整体成效。

目标不够明确。很长一段时期内，我们高校开展的主题教育活动，目标并不明确，尤其是没有明确它的培养目标。有的情况是根据上级要求开展的主题教育，教育者往往将其作为一项工作任务去完成，没有思考和把握贯穿活动始终的培养目标；有的情况是学校根据学生的思想实际或学校的教育实际推出的主题教育，可能开始是有培养目标导向的，但是活动开始以及进展的过程中，并未紧盯培养目标，导致目标的漂移，结果使主题教育活动未能始终受到培养目标的引领，当然难以实现培养目标。

策划不够精细。许多主题教育活动策划得十分粗放，不少学校开展主题教育活动，只是简单下发一个文件通知，缺乏详细的策划设计。包括主题教育活动开展的每项具体活动怎样围绕培养目标进行组织、每个环节每个细节怎样进行安排、遇到特殊情况怎么应对和调整等都缺乏策划。只有精细的策划，才能使主题教育活动沿着更具实效的道路发展，确保活动不流于形式。

指导不够精准。主题教育活动，一般是教师主导，学生骨干参与组织，广大学生积极参与。因此，教师的精准指导是确保主题教育活动达到预期培养目标的关键性措施。但实践中许多主导教师，要么疏于指导，要么指导过于笼统，缺乏针对性的、精准的、具体的指导。特别是在怎样有效发动学生、怎样帮助学生高效参与、怎样提升学生的创新意识、怎样激发学生提升素质和发展能力愿望等方面，缺乏精准的指导。

落实不够深入。在推动主题教育活动落实的过程中，基层单位往往存在落实不深入的现象，比如在活动形式的选择上容易选择简单易行的方式；在组织学生的规模上，易出现范围缩小的现象；在布置检查工作中，易出现只布置不检查的现象；在推进力度上，易出现功夫不到，推进不力的现象等。由此导致不少主题教育活动，虎头蛇尾，雷声大雨点小，影响了培养的效果。

缺乏深度引领。主题教育活动重要特点之一就是具有思想务虚性，这种特性决定了提高认知水平的重要性，只有提高认知水平，学生对主题才会有更深入的理解，才会对参与主题教育活动意义有更高认识。因此，深度引领极其重要，特别是聘请理论水平较高的学者专家，进行有说服力、有感染力的讲解和指导非常重要。但事实上高校许多主题教育活动主导者，缺乏对这一行为的认知，没有很好地利用身边的资源，这是需要高度重视的一个问题。比如同样召开一个主题班会，如果聘请一个专家学者参与其中，与学生自己组织就会有完全不同的效果。

缺乏有效的评估。主题教育活动怎样开展才能实现我们提出的课外培养目标？特别是怎样才能培养我们提出的思想政治素质和道德判断能力、社会适应能力？怎样引导主题教育按照预设的方案进行？解决这些问题的关键是要建立一个简单可行的评估方案，以评估为导向，引领主题教育活动的开展。这种评估方案应包括对执行计划、人员组织、推进力度、指导方式、投入精力、学生评价等方面进行评估。目前我们的主题教育活动缺乏这种评估的意识、评估的办法和通过评估推进培养目标的理念。

二　主题教育活动的创新

创新是以新思维、新发明和新描述为特征的一种概念化过程。推进主题教育活动不断创新，是改善主题教育活动实际成效、实现主题教育培养目标的客观需要。主题教育活动创新，从创新的内涵来看，包括思维创新、理念创新、内容创新、形式创新、机制创新等诸多方面，就创新的形式来看，包括对现有主题教育活动的某些形式进行更新、对现有主题教育活动的某些形式进行改变、创设新的主题教育活动形式等。这里重点谈谈思维创新和形式创新问题。

1. 主题教育的思维创新

思维创新就是思考问题方式上的创新，这是开启一切创新活动的总开关，只有不断推进思维方式的创新，才能更好地实现主题教育活动内容、形式、机制等方面的创新。为此教育者要自觉培养自己思维创新的意识，不断实现思维方式的创新。

要树立创新精神和创新意识。拥有创新精神和创新意识，在组织开展主题教育活动时，才能主动研究新情况、思考新问题、采取新举措；才能克服传统主题教育活动的思维定式的消极影响，采用更加符合大学生思想实际和要求的教育主题，在分辨与甄别中选择教育手段；才能以追求卓越的心态，推动主题教育活动目标的实现，这是实现思维创新的意识保障。

要弘扬批判精神和探索精神。思维创新要求教育者必须解放思想，要敢于对过去的教育主题、内容、形式、手段等进行扬弃，要能够做到不迷信权威，不固守经验，不拘泥于条条框框，不满足现状和既有的结论，要敢于自我否定，包括否定自己曾经认为是成功的经验，要培养自己勇于探索的精神，通过不断地思考和探索创造新的经验，弘扬敢闯、敢试、敢于冒险、敢为人先、敢于创新的思想追求，这是实现思维创新的思想基础。

要鼓励和培养教育者的创新思维。创新思维是一种求异思维，这是一种不满足于常规方法和路径的思维方式，具有创新思维的教育者，就不会人云亦云，亦步亦趋，他总是在自己的教育实践中闪现求异的思想火花，用不同于别人的方式去实现培养的目标；创新思维是一种整合思维，具有这种思维的教育者，善于整合教育资源，总是把已有的知识和经验，进行全新的组合或移植，创造出前所未有的新式样，并推动主题教育活动形式形成新的格局，呈现新的姿态；创新思维是一种联想思维，具有这种思维的教育者，通过横向联想、纵向联想、逆向联想、跨界联想等，不断产生新的构思，形成新的教育设想，驱动主题教育活动的全面创新。

要建构鼓励创新的课外培养氛围。要激发教育者开展主题教育活动的创新思维，还要建构鼓励思维创新的氛围，要建立机制，从制度上激发和支持教育者开展主题教育新探索，培育鼓励创新的文化氛围，包括"鼓励尝试""宽容失败""互相赏识""无标准答案""推迟评价""注重个性""提倡设想"等文化因素，同时也包括民主、自由、开放、幽默等思想环境。[①]

2. 主题教育的形式创新

内容和形式是事物中既相互区别，又相互联系的辩证统一的两个方面。内容是指构成事物的一切内在要素的总和，它包括事物的各种内在矛盾以及由此所决定的事物的特征、运动的过程和发展的趋势等，所以内容是事物存在的基础；形式是指事物内在要素的结构或表现方式，它是事物存在的条件，是内容的存在方式，是内容的结构和组织。

内容与形式的辩证关系可表现为：同一内容在不同条件下可以采用不同的形式，同一形式在不同条件下可以体现不同的内容；内容决定形式，形式依赖于内容，随内容的发展而改变，没有无形式的内容，也没有无内容的形式；形式深刻地作用于内容，影响着内容，当形式适应于内容时，它对内容的发展将起到重要的促进作用，如果形式不能很好地适合于内容，它将严重影响并阻碍内容的发展；内容和形式的关系是相对的，是可以转化的。作为一定内容的形式，也可以成为另一种形式的内容。在内容与形式的相互作用中，推动着事物发展和进步。

历史在不断发展，社会在不断进步，教育在社会的不断感召下，也在实现内容与形式不断更新。因此，不断打破旧的形式，创造新的形式，以更好地适应内容的发展，并为内容服务，也是时代对主题教育活动的迫切要求。

主题教育活动不断实现形式创新，是其响应时代召唤，满足学生要求，适应教育发展规律的重要体现，是提高课外培养成效的重要保障。主题教育活动的形式创新，要以更好地展现和落实教育内容、更好实现主题教育培养目标为根本任务。因此，在思考和探索形式创新时，还要紧紧围绕主题教育的内容和培养目标而进行，而培养目标的实现，既要看形式对目标的符合程度，又要看学生对形式的接受程度。坚决避免华而不实的花架子和形式主义，避免为创新而创新，为哗众取宠而创新，以及脱离内容和目标的胡乱创新。

主题教育活动的传统形式有很多，随着网络信息技术和移动技术快速发展，现代的形式也多姿多彩。在这样的格局下，怎样思考形式创新

---

① 参见杨国欣《领导理论与实践》，中国社会科学出版社 2007 年版。

呢？作者根据对主题教育活动的观察思考，提供几条形式创新的思维线路，供教育者参考。

一是传统形式挖掘创新。就是对传统的主题教育形式进行深入开发和探求，以实现形式的创新。传统形式种类繁多，但是长期以来，我们对这些形式缺乏深入的研究和开发，很多形式我们还没有深入地认识其特点、规律和形式表现，只是在常规意义上运用这些形式，如何更加有效、更加鲜活地用好这些形式，还有很大的探索空间。比如开展主题演讲比赛，传统组织形式是确定教育主题、发布活动通知、发动学生准备、组织演讲比赛等环节。但是今天看来，要更好地落实主题教育的内容，更好地实现主题教育的素质和能力培养目标，我们可以考虑对传统形式进行改进：如增加对教育主题的深度讲解，以增进学生的深入理解，激发学生内心深处的情感；增加相关演讲知识和技能的培训，以提高演讲的水平；增加团体参与的激励力度，以扩大参与人员的规模等。增加这些内容，是对传统形式的挖掘，这是提高主题教育活动成效的重要思路。

二是现代形式拓展创新。利用现代形式诸如主题网站、官方微信、微型博客、校园 BBS 等开展主题教育活动的历史很短，怎样更好地利用好这些形式，有太多值得探讨的事情要做。比如利用官方微信开展主题教育活动，我们都还处在起步阶段，我们的每一步拓展都是在创新。比如我们如何扩大覆盖面，如何提高主题的可读性和浏览量，如何增强互动性，如何通过微信传播引发其他的活动形式等，这些功能的拓展和新措施的运用，都是形式创新的新思路。

三是多种形式整合创新。传统形式的多种类型之间，现代形式的多种类型之间，以及传统与现代之间进行形式整合，也是一种重要的形式创新思路。这种多种形式整合，不是多种形式并存，不是指一个主题教育活动中明确的多种活动形式，如在"中国梦"主题教育活动中，有许多高校同时开展征文比赛、演讲比赛、微电影拍摄等多种形式的活动，这是一种系列活动。这里讲的多种形式整合创新是指将多种活动形式的特性巧妙地融合在一起的行为，这种融合往往会创造出许多新的形式。比如经过多种形式整合的主题报告会可以这样表现：报告人提前制作"微视频"，在报告厅播放，在播放中穿插主题讲解，在讲解中与听众互动，学生在与老师的互动中，可通过手机将思考的问题或感受发到某个平台，该平台通过网络可以呈现在报告厅会场的副屏幕上，可供更多同学观看，老师可以对发到副屏幕上的问题进行讲评等，这种形式已经实现了多形式的整合创新。教育实践中，只要肯于动脑，主题教育活动的形式就会变得更加丰富多彩。

案例：东北林业大学主题推进式教育成效凸显

缤纷的 6 月是各高校的毕业季。每年这个时候，令各高校最头疼的事情就是学生借酒闹事、损坏公物，可是东北林业大学的学生却怀着感恩之心，依依不舍地离开母校。截至 2014 年 6 月底，近 5000 名 2014 届毕业生离开东北林业大学，学校未发生一起类似上述的不文明事件。东北林业大学有什么秘诀让毕业生如此"懂事"，学校党委副书记、副校长孙正林告诉记者：大学 4 年中，学校开展了 8 项润物无声的思想主题教育，让东北林业大学的学生更加懂感恩、知诚信，学会文明修身，更加爱校荣校。

选好主题，内容贴近有引力

如何使大学生的思想政治教育工作取得实实在在的效果，东北林业大学用主题推进式教育给出了答案。

主题推进式教育就是根据大学生成长规律、教育规律和不同阶段学习生活的特点，在不同年级、不同类别的学生群体中确定相应的教育主题，分阶段、分类别、递进式、层级化对学生进行针对性强、目标集中、主题突出的社会主义核心价值体系的教育活动。主题推进式教育成功的关键就是主题的确定和教育时间的选取。

什么样的主题是学生乐于接受的？什么样的主题能够引导学生成人、教会学生做事？什么样的主题能够培养学生成才、激励学生成功？

为了找到打开学生思想之门的钥匙，学校面向学生进行了大规模的访谈调查，走访了大量的用人单位，找来教师、辅导员进行座谈，请来专家进行论证。经过反复的论证，贴近学生的 8 项主题最终得以确定。

针对一年级学生，学校开展"大学导行教育"和"感恩诚信教育"，使新生尽快了解学校，适应大学生活，完成角色转换，树立感恩意识，以诚修身，以信律己。感恩和诚信是当今学生普遍缺少的人生态度，而要想在社会上立足，二者必不可少。东北林业大学党委书记吴国春说：

"我们培养的学生，不仅应该具有专业的知识，更应具有健全的人格。"在大一新生中开展感恩诚信教育，为学生的思想打下了良好的"底子"，也保持了学校良好的风气。针对二年级学生，学校开展了"文明修身教育"和"生态文明教育"，引导学生树立文明新风，弘扬先进文化，抵制不良风气，养成环保习惯，争当绿色先锋。针对三年级学生开展"责任担当教育"和"生涯规划教育"，引导学生明确责任使命，勇于奉献社会，敢于担当责任，明确职业方向，规划未来生涯。针对四年级学生开展"成功教育"和"爱校荣校教育"，引导学生探寻成功人士成长轨迹，激发学生励志，使他们离校的时候感怀母校教育，树立荣校意识。

8个主题的确定和时机的选取恰到好处。在学生成长的不同阶段，都有不同主题的思想教育在陪伴着他们，而这些主题又都是他们在那个阶段所需要的。学生在大学时光里，思想教育实现了四年不断线、逐年有升华。

整合资源，形式新颖有合力

在传统的思想政治教育中，政工干部、学生处、团委等部门的管理人员和各学院教师、思想政治课教师分别对学生进行思想教育。由于没有确定的主题，教师们的教学内容相对零散，虽然大方向不错，可是七分八裂的教育形式常常使学生们疲于应对。

主题推进式教育把学校的教育资源进行整合，在一定的时期内，所有的教师都围绕同一主题对学生开展教育，而学校的演讲比赛等各项学生活动也都以这一主题为中心。各种资源的整合形成了"1＋1＞2"的合力，在潜移默化中把教育主题逐渐深入。

在各项主题开始之初，学校会组织大型的主题报告，向所有参与这项主题的学生阐明教育主题的目的、意义和行为要求，从理论层面释疑解惑、指导行动。之后，各学院将围绕主题开展多彩的实践活动，强化主题报告内容。而这些实践活动，有的已经成为品牌——配合感恩主题教育的"感恩故事会"上，学生声泪俱下，感恩父母的养育；配合生涯规划教育的"职业生活规划设计大赛"，使学生们认真设计人生轨迹；配合生态文明教育的志愿行动，总能吸引众多学生的参与……

教育形式虽然多样，由于主题目标一致，劲儿使在了一处，才使思想政治教育的效果加倍。

因材施教，效果明显解难题

作为林业行业特色鲜明的高校，家庭经济困难的学生、心理障碍的学生、学习困难的学生、就业困难的学生、少数民族的学生、西藏定向的学生、有艺术专长的学生和学生干部群体是思想政治教育工作的重点和难点。只有做好这 8 类学生群体的思想工作，大学生思想政治教育工作的主要矛盾才能迎刃而解。

针对这 8 类学生群体，学校从他们的实际出发制定了不同的教育方案和教育内容。很多家庭经济困难的学生不仅经济贫困，还因为自卑而精神贫困，学校在解决他们经济问题的同时，通过学生中典型的模范引领，引导他们生活自立、人生自强，使他们在精神上"富足"起来；学习困难的学生，学校帮他们成立"一帮一"帮扶小组；就业困难的学生，学校加强对他们的就业技能教育，让他们树立正确的就业观……

通过有针对性的因材施教，8 类难题学生群体变成了学校思想政治教育的拥趸。

成绩斐然，学子优秀学风正

主题推进式教育虽然润物无声，但是思想转变带来的行动巨变却清晰可见。

几年来，东北林业大学大学生中考试作弊、求职违约等不诚信现象逐年递减，毕业生贷款按期还款率稳定在 95% 以上，连续 5 年实现了毕业生零欠费，位居全国高校前列。有 15 人主动撤销贫困生资格，20 余人主动把国家助学贷款让给更困难的同学。

学子们心怀感恩，回报父母、回报社会。每年学校都会收到数千封家长来信，感谢学校使他们的孩子变得"理解父母""尊重父母""心疼父母"。学校还有一批学生常年坚持为农民工子女支教，回馈社会对自己的培养之恩。

还有许多学生以高度的社会责任感展现了当代大学生的风采。刘家霖同学置生死于度外勇救女大学生而身负重伤，被评为"全国见义勇为优秀大学生""2009 年感动龙江年度人物"和"2009 年中国大学生十大年度人物"；黄志礼、翟明鲁、梁涛三位同学先后成为黑龙江省第 25 例、第 39 例、第 55 例无关血缘造血干细胞无偿捐献者；主动扶起路边跌倒的老人而不留姓名的冯春菲、田文成、李全亮被中央电视台报道；大学生创业典型揣浩被评为黑龙江省"十佳大学生"；携笔从戎，在全军科技比赛中荣立"二等功"的王超并被评为感动劲旅"十佳人物"和2011年黑龙江十大年度人物。

而困扰很多高校的毕业学生离校闹事难题，也随着文明爱校主题的推进迎刃而解。文明离校、为学校发展建言献策、为学弟学妹捐书捐物已成为东北林业大学毕业生的离校主题曲。

学校整体的学习风气也明显好转，英语四六级通过率、考研率、出国留学率都大幅提升。叶楠以全国第二名的成绩获得了全国大学生数学竞赛一等奖；李晓丹捧回了全国大学生英语竞赛特等奖；李春晖以全国第一名的身份摘下了ACTS全国英语口语素质能力竞赛的特别金奖……

（资料源：人民网—黑龙江频道2014年6月24日，作者杨海全、通讯员孟姝轶，题目内容有修改）

第 二 章

党团组织活动

党团组织是大学生课外培养的重要路径，是开展大学生思想政治教育，提升大学生思想政治素质和综合能力的重要渠道。高度重视大学生党团组织建设，把握大学生党团组织建设规律，有效实施各种组织活动，不断推进党团组织活动创新，对实现大学人才培养目标，具有重要而深远的意义。

第一节　党团组织概述

一　党团组织的基本架构

大学生党团组织是中国共产党和共青团的基层组织，是中国共产党以及共青团教育管理大学生党员、团员，与大学生保持密切联系的桥梁和纽带。

1. 大学生党团组织的基本架构

（1）党组织的基本架构

高校学生党组织是党的组织在大学生中的战斗堡垒，肩负着贯彻执行党的路线方针政策，对党员进行教育、管理、监督和服务，发展新党员以及指导和帮助团组织开展工作等任务。高校党组织的基本结构层级为校党委、二级党组织（学院党委、系党总支）、党支部和党小组。

高等学校党的委员会由党员大会或党员代表大会选举产生，每届任期 5 年。① 校党委根据工作需要，设立办公室、组织部、宣传部、统战部、学生工作部、武装部等机构。

---

① 《中国共产党普通高等学校基层组织工作条例》，2010 年 8 月 13 日。

二级党组织一般设在院（系），是高校学生党支部工作最直接的领导者，是党支部活动的重要组织者和指挥者。高等学校院（系）级单位根据工作需要和党员人数，经学校党委批准，设立学院党委或系党总支或直属党支部。

学生党支部可按年级或院（系）设置，学生中正式党员 3 人以上的班级应当及时成立学生党支部。① 2003 年，第十二次全国高等学校党的建设工作会议明确提出了要努力实现高年级学生支部建在班上的目标。2004 年《中共中央国务院关于进一步加强和改进大学生思想政治教育的意见》提出要坚持把党支部建在班上，努力实现本科学生班级"低年级有党员、高年级有党支部"的目标。2005 年，中共中央组织部、中共教育部党组、共青团中央联合出台《关于加强和改进在大学生中发展党员工作和大学生党支部建设的意见》，进一步强调要积极推动大学生党支部建在班上，要把大学生党支部建设成为带动学生班级团结进步和开展思想政治教育的坚强堡垒。

"把党支部建在班上，发挥党建龙头带动作用，把党的优势转化为大学生思想政治教育的优势，保证党的教育方针在高校全面贯彻落实，是新形势下加强和改进大学生思想政治教育的时代要求。"② 教育部党组 2017 年 2 月 28 日印发的《普通高等学校学生党建工作标准》提出：按照有利于发挥党支部战斗堡垒作用和党员先锋模范作用、有利于开展党员教育管理服务活动的原则，在按年级或院（系）设置学生党支部的基础上，根据实际需要，探索依托重大项目组、课题组和学生公寓、社区、社团组织等建立党组织，探索学生党建工作向最活跃、最具创新能力的组织拓展，扩大党的覆盖面，做到哪里有学生党员哪里就有学生党组织，哪里有学生党组织哪里就有健全的组织生活和党组织作用的充分发挥。

（2）团组织的基本架构

高校共青团是学校党委领导下的先进青年的群众组织，是党的助手和后备军，在大学生思想政治教育中发挥着重要作用。高校团组织的基本结构层级为校团委、二级团组织（分团委）、团支部（团小组）。

校团委是高校共青团组织的最高机关，是共青团工作的决策机构；

---

① 《中国共产党普通高等学校基层组织工作条例》，2010 年 8 月 13 日。
② 黄蓉生：《大学生党团建设》，高等教育出版社 2013 年版，第 34 页。

是大学生思想政治教育和校园文化建设的重要组织者之一。校团委的主要任务是在学校党委和上级团组织的领导下，团结、教育、服务、引导青年学生健康成才，不断巩固和扩大党执政的青年群众基础。

二级团组织是指以学院、系等二级组织为依托而设置的团的组织机构。一般叫学院团委、分团委或团总支。二级团组织是高校共青团工作的中心环节，它直接面对各基层团支部，既要贯彻执行校团委的指示、决议，也要独立开展活动，做好团员青年的思想引领和服务工作。同时，还接受学院党委领导，是学院党委联系青年学生的桥梁和纽带。

团支部是共青团基层的一级组织，是团的工作和活动的基本单位，是共青团组织发挥作用的重要组织基础，也是团结联系广大团员青年的纽带。《中国共产主义青年团章程》规定："凡是有团员三人以上的，都应当建立团的基层组织。"① 在高校，一般以一个行政班为单位成立团支部。团支部是高校共青团组织的根基，离开了团支部，高校共青团的思想政治教育、组织建设和各项活动就失去了落脚点，失去了基础。新形势下，随着信息技术的发展，随着文化和价值体系的多元化，青年群体发生了很大变化，传统的建团模式受到挑战。团组织的设置方式需要与时俱进以适应青年学生的新变化。

近年来，高校共青团按照"多种模式、多重覆盖"的建团思路，突破过去以班为单位建立团支部的单一模式，在生活园区、学生宿舍、学生社团、网络群体等建立团支部；突破过去只有固定的注册团支部，建立动态的活动团支部，以适应高校的改革发展和学生群体的新变化。

2. 大学生党团支部的主要职责

（1）学生党支部的主要职责

《中国共产党普通高等学校基层组织工作条例》第三章第十三条规定：大学生党的支部委员会要成为引领大学生刻苦学习、团结进步、健康成长的班级核心。其主要职责是：宣传、执行党的路线方针政策和上级党组织的决议，推动学生班级进步。加强对学生党员的教育、管理、监督和服务，定期召开组织生活会，开展批评和自我批评。发挥学生党员的先锋模范作用，影响、带动广大学生明确学习目的，完成学习任务。组织学生党员参与班（年）级事务管理，努力维护学校的稳定。支持、

① 《中国共产主义青年团章程》，中国青年出版社2013年版。

指导和帮助团支部、班委会及学生社团根据学生特点开展工作，促进学生全面发展。培养教育学生中的入党积极分子，按照标准和程序发展学生党员，不断扩大学生党员队伍。积极了解学生的思想状况，经常听取他们的意见和建议，并向有关部门反映。根据青年学生的特点，有针对性地做好思想政治教育工作。[①]

（2）学生团支部的主要职责

团支部的职责在《中国共产主义青年团章程》有明确规定，同时根据新形势下团的工作的发展和需要，团支部的职责也在不断的发展和创新。具体而言，大学生团支部的主要职责有：加强对大学生的思想政治教育，组织开展马克思列宁主义、毛泽东思想、邓小平理论、"三个代表"重要思想和科学发展观的系统学习，组织开展习近平同志系列讲话精神的学习，开展社会主义核心价值观、理想信念、爱国主义和时事政策的学习，提高大学生的思想政治素质和理论水平，帮助他们树立坚定的理想信念和正确的政治方向；加强团员的教育管理，开展增强团员意识的主题教育活动，充分发挥团员的模范带头作用；开好"三会一课"，做好团员的组织关系转接、团费收缴、民主评议、奖惩、超龄团员离团等工作，组织团员过好组织生活；积极发展新团员，推荐优秀团员作为党的发展对象；了解大学生的诉求，倾听他们的心声，维护他们的权益，关心他们的学习、工作和生活，开展有针对性的主题团日活动，为大学生的成长成才创造良好环境；动员和组织大学生立足校园、服务社会，投身志愿服务和社会实践活动中，受教育、长才干、做贡献。

二　党团组织建设的意义和任务

1. 大学生党团组织建设的重要意义

加强大学生党团组织建设是巩固扩大党的执政基础的现实需要。习近平同志指出："当代大学生朝气蓬勃、好学上进、视野宽广、开放自信，是可爱、自信、可为的一代。对当代高校学生，党和人民充分信任，寄予厚望。"[②] 大学生作为党执政的青年群众基础中的重要力量，引领并

---

① 《中国共产党普通高等学校基层组织工作条例》，2010 年 8 月 13 日。

② 习近平：在全国高校思想政治工作会议上的讲话，2016 年 12 月 7 日。

确保他们始终高举中国特色社会主义伟大旗帜，坚定不移地跟党走，坚信中国特色社会主义制度的优越性和生命力，是大学生党团建设工作的核心任务。只有通过形式多样大学生党团组织建设活动，把党的主张转化为大学生的思想认识和实际行动，使广大青年学生更加紧密地团结在党中央周围，并使一大批优秀团员及早加入党组织，听党话、跟党走，才能真正把巩固和扩大党的执政基础落在实处。

加强大学生党团组织建设是提高大学生参政议政能力的需要。青年大学生是祖国的未来，未来社会中各类组织的领导者和管理者，都将有大学生来担任。他们的参政议政意识、领导管理能力都将影响着未来中国的发展。大学生党团组织是党联系青年学生的桥梁和纽带，党团支部通过开展形式多样的党日、团日活动，在大学生中宣传党的路线、方针、政策，团结、教育、引导大学生在学好专业知识的同时，主动投身到国家的经济建设、政治建设、文化建设、社会建设和生态文明建设之中，展青春风采，献青春之智。同时，大学生党团支部通过大学生提案制度、大学生校长助理等形式，主动参与到学校的各项事业发展之中，为学校的发展建言献策，为大学生的合理诉求理性发声，潜移默化中提高了政治参与的能力。

加强大学生党团组织建设是发挥先锋模范作用的必然要求。大学生具有较高的知识水平和较强的综合素质，是党团员队伍中最活跃的分子，担负着中国未来发展的重要使命。当代大学生是全面实现小康社会奋斗目标的生力军，是中国先进文化的实践者，是中国先进生产力的推动者，我们必须吸纳大批优秀大学生加入到党组织中，为党补充新鲜血液。同时，以党团组织的优势引导大学生，以党团员的模范作用带动大学生，帮助大学生确立正确的政治方向，自觉抵制各种西方思潮带来的影响，自觉加强意识形态建设，是大学生党团建设的重要任务。

加强大学生党团组织建设是实现高校人才培养目标的重要保证。加强大学生党团组织建设，正确宣传和贯彻党的路线、方针、政策，不断增强党团员身份上的自豪感、事业上的成就感、组织上的归属感，有利于激励党团员努力成为学生中的表率和典型。高校的主要任务是培养社会主义现代化建设所需要的各类人才，做好大学生党团建设工作是培养德、智、体、美全面发展的社会主义建设者和接班人的重要保证。大学生党团组织建设必须紧紧抓住"立德树人"这个根本任务，把思想政治教育工作贯穿于教育教学的全过程，实现全程育人、全方位育人，才能全面实现人才培养目标。

　　加强大学生党团组织建设是建设高校优良校风学风的组织基础。高校人才培养质量与校风学风的好坏息息相关，习近平同志指出："高校的校风和学风，犹如阳光和空气决定万物生长一样，影响着学生学习成长。"① 优秀团员、入党积极分子和党员作为高校优良学风的践行者，在学风建设中发挥着积极的示范带动作用。在高校组织的各类科研活动、学术交流和学科竞赛中，党团组织以其独特的凝聚力和号召力将大学生中的优秀分子组织起来参与其中，使他们不仅成为学生中政治上的标兵，更是学习上的表率，在引领青年学生提升实践创新能力的过程中发挥着积极的作用。大学生党团组织通过开展形式多样的主题活动，发挥其组织优势，充分调动了青年学生主动参与其中，为他们提供了自我教育、自我管理、自我成长的空间和环境。

　　2. 大学生党团组织建设的主要任务

　　加强对大学生党团员的思想政治教育。《中共中央国务院关于进一步加强和改进大学生思想政治教育的意见》向高校党团组织提出要求，要"发挥党的政治优势和组织优势，做好大学生的思想政治教育工作"，"高等学校团组织要把加强和改进大学生思想政治教育工作摆在突出位置，充分发挥在教育、团结和联系大学生方面的优势，竭诚为大学生的成长成才服务"。大学生作为成长中的知识分子，处在世界观、人生观、价值观的形成期，大学生党团组织要利用自己扎根于大学生群体之中的优势，在思想政治教育的主阵地发挥积极作用。一方面，党团组织要成为思想政治理论课的"课代表"，帮助老师了解掌握学生中存在的"思想问题"，比如大学生党团组织可以在学生中征集"思想问题"，并将其归纳汇总提交给思想理论课教师，使教师在课堂上贴近学生实际需要开展针对性教学；另一方面，将课堂上学到的理论知识运用到大学生党团组织开展的各项活动中去，指导各项党团活动顺利开展，使学生在课内课外都能得到正确的教育和引导，形成课内课外融合联动的思想政治教育新模式。

　　把好大学生党团员的发展关。高校党团组织加大学生党员的发展力

———————————

① 习近平：在全国高校思想政治工作会议上的讲话，2016 年 12 月 7 日。

度，是我党执政能力建设落实到高校基层的政治需要，在当前高校党建工作中具有现实的必要性。不断地把大学生团员中的优秀分子吸纳到党的队伍中来，是高校充分发挥党的组织优势和政治优势，培养和造就高素质人才的迫切需要。由于绝大多数大学生在中学时期已经加入了共青团组织，因此在大学生里发展大学生入团的工作量很小，团组织的主要任务是如何增强青年学生的团员意识，如何增强青年学生对团组织的认同感，充分发挥青年先锋模范作用。对党组织而言，党员发展工作就显得尤为重要，把好大学生党员的发展关就要做到：一是严格党员标准。要从政治理论、政治观点、政治立场、入党动机、学习态度、群众基础等多方面对发展对象进行全方位考查。二是坚持分层培养。要关注不同层面学生的入党诉求，要善于在普通学生中发现好苗子，培养他们的政治素养，鼓励带动他们加入党组织，使更多的大学生树立起入党的信心；三是注重党员发展质量。发展党员不能片面追求数量，必须给学生以正确引导，端正入党动机，要选拔出具有坚定理想信念的大学生加入党组织。

把好大学生党团员的培养关。大学生党团员的培养教育工作在一些大学生党团组织建设中一直是一个薄弱环节，许多党支部都把工作重点放在了发展新党员的环节上，忽视了对党员队伍的培养教育，出现了"重发展、轻教育"现象。团员培养教育的难点在于如何增强青年团员的团员意识，吸引他们积极参与团组织开展的各项活动，增加团组织活力。做好这项工作，主要应抓好三个环节：一是严格组织生活，加强内外监督，创新支部活动方式，吸引党团员自觉参加组织生活，增强组织观念；二是建立科学有效地管理机制，规范党团员行为，比如通过开展"党团员双月自评"，设立"党员宿舍""党员示范岗""团员文明督察队"等形式，让党团员敢于亮出身份，自觉约束自己的言行，接受同学的监督；三是开展"争先创优"活动，这是提高党员素质，发挥党员先锋模范作用的有效途径。

增强大学生党团组织的凝聚力和战斗力。大学生党团组织担负着联系青年学生、宣传青年学生、组织青年学生，把党的路线、方针、政策传达落实给青年学生的重任，是党团组织在社会基层组织中的战斗堡垒。因此，加强大学生党团支部建设，一是要坚持把党支部建在班上；二是要严格落实"三会一课"制度、民主评议党员制度、推优入党制度、党日团日活动、党员团员主题教育活动、争先创优活动等党团组织在长期建设中形成的好的制度和创建活动；三是要善于利用微博、微信、微课等新媒体技术，加强与青年学生的交流，实现线上线下互动。

三　党团组织建设的主要载体

1. 教育载体

党团员教育的载体有很多，其中党校和团校是大学生党团组织建设的最主要的教育载体。党校是高校党委设立的主要对大学生入党积极分子和大学生党员进行教育培训的专门机构，是学习、研究、宣传马克思列宁主义、毛泽东思想和中国特色社会主义理论体系的重要阵地。依据《中共中央组织部、中共教育部党组、共青团中央关于加强和改进在大学生中发展党员工作和大学生党支部建设的意见》要"建立健全两级建校、分层培养的党校教育格局"[①] 的规定，高校党校一般实行两级管理模式，校级党校由学校党委领导，各二级党校由校级党校和所在二级党组织领导。

《中国共产主义青年团章程》规定，要加强对团干部的选拔和培养，建立正规的培训制度，办好各级团校和培训班。高校中的团校是高校共青团组织培养团员青年、团干部的专门机构，以培养青年马克思主义者、优秀团干部和共青团员为办学宗旨，为广大团员青年掌握先进理论、科学文化知识、增长才干、提高思想觉悟提供有力的保障，同时担负着为党组织输送新鲜血液的重要使命。通常情况下，高校根据实际情况设立校级团校和院级团校，由校团委书记和学院分团委书记分别担任校长，校、院两级团委分级指导团校工作，履行工作职责，落实工作任务。

2. 活动载体

党团员的活动载体有很多，其中组织生活会是大学生党团组织建设最主要的活动载体。组织生活会是党团组织开展学习、组织活动，确认其组织身份存在的基本方式，开好组织生活会是党团组织对组织成员提出的基本要求，同时也是抓好党团组织建设的重要保障。大学生党团支

---

① 参见教育部思想政治工作司组编《加强和改进大学生思想政治教育重要文献选编（1978—2008）》，中国人民大学出版社 2008 年版。

部通过组织生活会，可以开展对党的理论、路线、方针、政策、形势的学习和宣讲，让大学生党团员增强组织观念、提高思想觉悟和政治理论水平；可以广泛听取党团员的建议，充分发挥党团组织的民主作风；可以开展批评和自我批评，弘扬正气，加强团结，及时纠正不正之风，不断增强党团组织的吸引力、凝聚力和战斗力。

3. 信息载体

网络媒体是大学生党团组织建设的主要信息载体。新媒体技术的快速发展极大地丰富了大学生党团建设活动的呈现形式和组织方式，党团组织建设的主要信息载体有网上团校党校、红色网站、辅导员博客、校园 BBS、官方微信、微课、网上组织生活会，等等。网络媒体阵地呈现出的教育内容形式丰富多样性、主题信息传播的即时便捷性，为大学生党团建设注入了新鲜血液。要有效发挥信息载体的阵地作用，必须高度重视网络媒体的阵地建设，要坚持正确的舆论导向，牢牢把握舆论的主动权；要坚持贴近实际、贴近生活、贴近大学生的"三贴近"原则，拉近大学生与党团组织的距离；要凸显网络媒体阵地的时代性、交互性和海量性，避免出现内容贫乏、更新缓慢、吸引力不强、访问量不大、影响力不够等问题。

4. 队伍载体

学生干部是大学生党团组织建设的主要承载者。学生干部是大学生中的优秀分子，在大学生党团组织建设中担负着落实党团组织安排的工作任务、服务大学生成长发展的重要职责，带好学生干部队伍，是推进大学生党团建设的重要措施。为此，要做好学生干部的选拔任用工作，要通过规范严格的选拔程序，把那些政治方向坚定、道德品质优良、学习成绩良好、组织能力强、表达能力好、具有奉献精神的青年学生选拔到干部队伍中来；要注重对学生干部的培养使用，通过团校、党校、青年马克思主义培养工程、青年领导力训练营等培训方式，对学生干部进行马克思主义基本理论和中国特色社会主义理论体系的教育，通过参与一定的社会工作，强化对学生干部实践锻炼；要建立健全学生干部考核考评制度，加强约束和激励，使学生干部在工作中既有压力又有动力，把学生干部队伍建成积极向上、务实高效的战斗集体。

第二节 党团活动的组织

一 党团活动的组织形式

1. 党团活动的传统形式

传统形式的党团活动主要是依托党团组织的先进性和普遍性开展的各种教育和实践活动，主要有：

政治理论学习：即党团基层组织按照上级党团组织的要求，在固定时间内组织党员团员对国家的大政方针、党纪党规、时政热点等开展的讲解、学习、讨论活动。比如"两学一做"学习教育、学习《党章》《团章》《习近平总书记系列重要讲话读本》等，通过系统的政治理论学习，提高大学生的思想政治觉悟。

三会一课："三会"指定期召开支部党员大会、支部委员会、党小组会，"一课"指按时上好党课。"三会一课"是党组织生活的基本形式，认真坚持"三会一课"，对于健全党的组织生活，严格对大学生党员的管理，加强对大学生党员的教育，提高大学生党员的素质，加强大学生党支部的战斗力，都有很重要的意义。

推优入党：即共青团组织推荐优秀团员作党的发展对象，这是党赋予共青团组织的一项光荣重要的任务，也是党团组织活动的重要形式之一。团支部通过开展推优入党活动，在团员青年中树立进步的典型，激发团员的上进心，增强团支部的凝聚力和战斗力。

民主评议党团员：即党支部评议党员、团支部评议团员的活动。这是加强党团员教育、管理和监督的一项经常性活动，一般每年进行一次，以党团支部为单位有计划、有步骤地进行，时间一般相对集中。基本程序为学习动员、自我评价、民主评议、组织考察、表彰和处理。

党日团日活动：党日团日是指党团组织在确定的时间开展活动的日子，一般每月固定一天时间，可结合各类主题开展党日、团日活动。如结合重大事件开展的知识竞赛、演讲比赛、征文比赛、演唱比赛等，组织观看爱国主义教育专题影视片，参观博物馆、纪念馆、军营、创新创业基地，开展校园基础文明志愿行动，参与无偿献血活动等，都可以是主题党日和主题团日的活动内容。

"创先争优"活动：即创建先进基层党组织，争做优秀共产党员活动。创建先进基层党组织要努力做到"五个好",即领导班子好、党员队伍好、工作机制好、工作业绩好、群众反映好;争做优秀共产党员要努力做到"五带头",即带头学习提高、带头争创佳绩、带头服务群众、带头遵纪守法、带头弘扬正气。① 这是在基层党组织中广泛开展并富有成效的一种活动形式,是先锋模范作用的重要体现。

2. 党团活动的现代形式

党团活动的现代形式,主要是党团组织利用现代信息和网络技术,通过网络媒体平台开展的各种线上活动,主要有:

红色网站:将经典著作、党的基本路线方针政策、党和国家领导人重要讲话等文献资料上网,形成网上强有力的主流意识形态,为广大青年学生提供思想理论武器。如"网上党校""网上团校""党支部书记网络培训班""团务经典案例微视频"等。

网上党团员之家:设立网上党团员学习、交流园地,利用网络即时便捷的特点,充分听取党团员意见和建议,关心党团员的工作、学习和生活,使党团员随时保持沟通联系。

党团组织官方微信:手机移动终端强大的辐射、灵活、便捷、即时、交互功能,为大学生党团组织开展各类线上活动提供了便利。利用微信公众平台或建立微信群开展党团活动,已成为高校加强大学生党团建设的重要方式。

党团组织官方微博:微博通过关注机制,分享简短实时信息,实现信息实时分享。党团组织利用微博这种特性建立官方信息发布平台,通过主动发帖、参与跟帖、转帖、评论等,及时发声、传播正能量。

党团支部 QQ 群:党团组织通过建立学生党支部、团支部 QQ 群,利用 QQ 空间开展各种党团支部思想交流活动,也是现代大学生党团组织活动的重要形式。

二 党团活动的培养目标

1. 素质培养目标

大学生党团活动的素质培养目标,主要是思想政治素质,核心问题

---

① 《中央组织部、中央宣传部关于在党的基层组织和党员中深入开展创先争优活动的意见》,《人民日报》2010 年 2 月 14 日第 1 版。

是培养大学生的理想信念问题，帮助大学生树立正确的世界观、人生观、价值观，通过组织的形式培养大学生成为德、智、体、美全面发展的社会主义建设者和接班人所应有的品质和责任担当。高校党团组织活动形式多样、内容丰富，涉及大学生成长成才的方方面面，因此除了主要培养大学生的思想政治素质以外，很多党团活动还可以培养大学生的科学素质、文化素质、身心素质以及某些专业素质。

那么，党团活动是如何实现这一素质培养目标的？

这是由高校党团组织建设的根本任务所决定的。高校党团组织建设的根本任务就是要不断增强大学生的思想政治素质，使当代大学生坚定正确的政治方向，明确人生的奋斗目标，勇于在探索中创新，善于在实践中成长，增强服务国家服务人民的社会责任感。因此，围绕党团组织建设开展的任何大学生党团活动，其主要的素质培养目标就是思想政治素质。

任何形式的党团组织活动都是实现思想政治素质培养目标的基本路径。大学生党团组织活动的开展形式多种多样，每一种形式的活动，只要精心策划，用心组织，都是实现培养目标的好路径。党团活动作为大学生思想政治教育的重要形式，必须充分尊重学生的主体地位，我们在设计党团组织活动时，要始终把关注学生的主体精神世界和现实生活状况相结合，要时刻关注和了解学生的内心情感。因为人的心理是思想品德形成的发端，也是思想品德形成发展的动力和条件。当学生体验到党团活动对自身发展带来的实际效果时，他就会主动参与其中并认真思考如何让自己更快更好地成长。

大学生党团组织活动的目的性很强，高校教育工作者要始终将党团组织活动视为实现大学生思想政治素质培养目标的重要路径，并将这种目的性贯穿活动的始终，把握好方向，规划好步骤，通过党团组织活动，帮助大学生树立科学的世界观、人生观、价值观，帮助大学生树立正确的思想道德观念，引导大学生不断追求更高的目标，确立马克思主义的坚定信念，使更多的大学生向党组织靠拢，不断推动思想政治素质目标的实现。

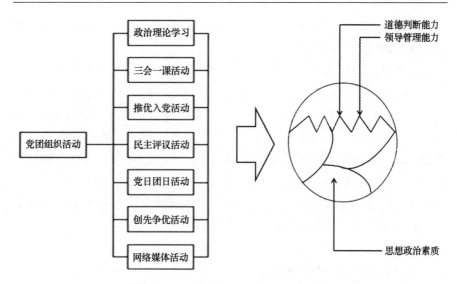

图 2—1　党团组织活动的培养目标

注：其他附带培养的素质和能力未予标出。

2. 能力培养目标

党团组织活动的能力培养目标，主要是培养道德判断能力，尤其是面对道德两难问题时所需要的判断能力、评价能力和认定能力；其次是培养领导管理能力，大学生党团活动的组织者，都是党团组织中的主要学生干部，即高校中的青年领袖，通过组织开展各种形式的党团活动，来锻炼提升这些青年领袖的领导管理能力。当然，党团组织活动能够培养的能力是多方面的，除此之外，还可以提升大学生的社会适应能力、合作竞争能力、语言表达能力、文字写作能力、策划实施能力、解决问题能力等。

那么，党团活动是如何实现这些能力培养目标的？

党团组织活动能够提升大学生的道德判断能力。在大学生党团组织活动中，思想政治教育内容始终是核心、是主线。大学生党团活动往往把思想政治教育内容与学生的现实发展需求紧密结合，强化对大学生的灵魂塑造和精神指引作用，不断判断真与假、善与恶、美与丑，引发大学生的深刻思考，使他们在不断学习、比较和认识中克服错误思想，树立正确观念，能够领悟、运用符合特定社会要求的价值体系、社会规范和行为模式，逐步形成个人的价值观、思维模式和行为准则，将思想政治教育的内容内化为学生的内心信仰和理想信念，内化为他们为人处世和道德判断的正确价值取向。

党团组织活动能够提升大学生的领导管理能力。大学生党团活动的组织者都是学生中的佼佼者，他们通过举办各种形式的党团活动，形成了能力培养机制，锻炼提升自己的领导管理能力。比如，通过党支部、党小组、团支部、团小组活动等政治实践活动，对大学生进行价值观和政治活动能力训练，提高了参政议政意识和水平；通过"入党积极分子培训班""学生干部培训班""青年马克思主义者培养工程""青年领导力训练营"等平台，对学生进行专门、系统和深入的领导力训练，帮助他们塑造政治人格，培养他们领导管理的能力。

三 党团活动的组织要求

1. 加强对大学生党团活动的指导督促

大学生党团组织开展活动要以培养大学生的政治信念为根本，帮助大学生确立正确的成才目标和远大理想，用科学的理论武装、用先进的思想改造、用高尚的精神净化大学生，使大学生成为合格的建设者和可靠的接班人。

大学生党团组织活动在引导大学生成长成才、促进大学生全面发展中发挥了重要作用。但是从现实工作来看，大学生党团组织活动还存在一些需要不断改进的地方，如部分党团组织开展活动时主题不明确、形式单一、内容缺乏创新和吸引力、活动中忽视党团员的互动交流等。这在客观上就要求高校学工干部要加强对大学生党团活动指导和监督，要运用马克思主义的立场、观点和方法指导大学生认识世界、了解社会、明辨是非，提高大学生的政治鉴别力和政治敏锐性，要把思想政治教育工作渗透到大学生党团活动的方方面面。

2. 发挥大学生党团员在活动中的主体作用

大学生党团员队伍中，有一部分党团员的主体意识不强，缺乏参与党团活动的积极性和主动性。部分学生党团员只是被动地等待党团组织的安排，仅仅满足于完成党团组织交给的任务，在党团活动中较少主动提出自己的建设性意见，影响了主体作用的发挥，也影响了党团活动的开展效果。因此，要充分发挥学生党团员的主体作用，注重增强学生党团员的主体意识，引导学生党团员认识到自己不仅是学生还是党员和团员，从而积极主动地参与到党团活动中来。

要提高大学生党团员的思想政治素养。大学生党团员只有具备较高的思想政治素养，才能在各个方面充分发挥先锋模范作用，也才能在党团活动中充分发挥主体作用。因此，在关注大学生党团员专业学习的同时，还应特别重视大学生党团员思想政治素养的提高。

要搭建大学生党团员活动平台。大学生党团员主体作用的发挥，离不开良好的活动平台。高校要从学生党团员的实际情况出发，创新活动方式，丰富活动内容，通过搭建活动平台充分发挥学生党团员的积极性、主动性和创造性，使大学生党团员既成为党团组织的工作对象，又成为党团组织开展工作的骨干力量。如通过开展"大学生党团员先锋行动"、打造"大学生党团员示范岗""大学生党团员服务队"等，构筑学生党团员发挥先锋模范作用的平台。

3. 加强大学生党团组织的互动交流

高校党团组织必须坚持"党建带动团建，团建促进党建"的理念。"基层党组织在抓好自身建设的同时，加强对基层团组织的领导，以基层党组织坚强的凝聚力和战斗力，带动基层团组织的建设，增强团组织的生机与活力，以便更好地发挥团组织作为党的助手和后备军的作用，从而促进基层党组织的建设和发展。"①

大学生党团组织活动要在思想建设、组织建设、队伍建设、阵地建设等方面紧密衔接，不断推动"党团共建"，最大限度地发挥党组织的政治核心作用和团组织的先锋模范作用，从而形成强大的育人合力。比如，打破高校传统的党团组织架构，按专业组建有教师和学生共同参与的新型党小组，形成党员教师帮助指导学生思想教育工作机制、党员教师帮助指导学生课外科技活动工作机制、党员教师帮助指导学生规划学业工作机制、学生协助教师开展科学研究工作机制等，畅通师生党团员的互动交流渠道；利用新媒体技术，在网上组建党团共建小组，开展党员、团员结对子，打破时空界限，使党团组织成员通过网络实时沟通交流，不断拓宽党团组织工作的覆盖面。

4. 提升大学生党团建设活动的成效

大学生党团组织必须了解和把握学生的思想动向，要以学生喜闻乐

---

① 黄金盛、邹爱成：《基于学科专业纽带的高校党团组织互动共进工作模式研究》，载《黑龙江教育学院学报》2014 年第 9 期。

见的活动形式开展党团活动，要用正能量和新思想熏陶与引领，吸引和凝聚青年学生，在潜移默化中引导青年学生；要从学生的兴趣出发，引导大学生党团员走出校门、深入基层、深入群众、深入实际开展各种社会活动、爱心活动、文体活动等，助力学生思想成长，提高学生参与党团活动的积极性；要充分尊重不同学生的自身特点，确定不同层次、不同侧重、不同内容的引导目标和引导方法，使开展的党团活动更具针对性和实效性；要不断探索党团活动与专业学习、社会服务、勤工助学以及创新创业相结合的方法，最大限度地发挥党团组织活动的育人功能。

第三节　党团活动的创新

一　党团组织活动的现状

1. 大学生党团组织现状

教育部哲学社会科学发展报告建设项目《中国大学生思想政治教育发展报告》课题组发布的 2015 年度调查结果显示，有"78.7%的大学生愿意加入中国共产党"①。另据河南科技大学发布的《2016 年大学生思想状况绿皮书》显示，该校有 88.29% 的大学生有入党的愿望。② 截至 2016年 6 月 30 日，全国高校在校大学生党员总数逾 211 万人，占全国高校学生总数的 7.7%，共有学生党支部 7.96 万个。高校各级党组织团结带领广大青年学生，充分发挥先锋模范作用，涌现出一大批优秀大学生党员，成为影响和引领广大学生成长成才、全面发展的重要组织力量。

截至 2015 年年底，全国共有共青团员 8746.1 万名；共有基层团组织387.3 万个，其中，基层团委 28.9 万个，基层团工委 2.3 万个，团总支21.5 万个，团支部 334.6 万个，其中，高校共有 50 多万个基层团组织，约 2000 万团员。高校共青团组织是高校进行思想政治教育的重要前沿阵地，在高等教育改革发展的新格局中，肩负着联系和服务青年学生的重要作用。特别是在高校开展大学生课外培养中，组织广大学生积极参与各种主题教育活动、文化艺术活动、社会实践活动、科技创新活动、创

---

① 沈壮海、王迎迎：《2015 年度大学生思想政治及其教育状况调查分析》，载《中国高等教育》，2016 年 4 月。

② 河南科技大学学生工作部：《2016 年大学生思想状况绿皮书》，2016 年 7 月。

业教育活动、志愿服务活动等，对提高大学生的综合素质和多种能力，发挥了极为重要的作用。

　　2. 大学生党团组织活动开展情况

　　在高校党委的领导下，大学生党团活动展示出强大的育人功能。大学生党团支部组织开展的主题教育类活动，收到了很好的教育效果。如"我的中国梦"主题教育活动，紧扣时代主题，广泛引导大学生将"青春梦"与"中国梦"有机结合，深化中国特色社会主义和中国梦宣传教育，开展的"与信仰对话，飞 Young 中国梦"精品报告进校园活动，重点帮助学生提升了思想政治素质和坚定理想信念；学习习近平总书记系列重要讲话精神"四进四信"活动，着力推动讲话精神进支部、进社团、进网络、进团课，引导和帮助广大学生、团学骨干和大学生党员，树立了对党的科学理论的信仰，坚定了走中国特色社会主义道路实现"中国梦"的信念，增强了对党和政府的信任，增进了对习近平同志为核心的党中央的信赖；还有"践行核心价值观，争做向上向善好青年"主题活动、"社会主义核心价值观宣传月"活动、校园法制宣传教育专项行动等多样化的主题教育活动，成效显著。

　　大学生党团支部组织的课外培养活动已形成了以生产劳动、社会调研、参观访问、勤工助学、军政训练、志愿服务等为主要活动形式的工作格局。在长期的探索实践中，高校党团组织不断解放思想、实事求是、与时俱进，始终贴近实际、贴近生活、贴近学生，把握经济社会发展的脉搏、大学生思想特点和发展需要，积极改进和升级传统活动，充分调动大学生参与实践的积极性和主动性，彰显了课外培养的成效。如大学生中央国家机关（"紫光阁"）实习计划、"新疆学子百村行"品牌专项社会实践、"一带一路"战略暑期社会实践专项行动、"我爱我的祖国""永远跟党走"主题实践活动、"中国大学生社会实践知行促进计划"等。

　　大学生党团支部组织开展的校园文化活动，始终把社会主义核心价值观贯穿始终，传播正能量，激励大学生，营造好氛围。如大学生科技文化艺术节、"挑战杯"大学生课外学术科技作品竞赛、大学生机器人大赛、"创青春"全国大学生互联网创业竞赛、"创青春"大学生创业大赛、"互联网＋"比赛、"团支部向前冲"专项"三走"活动、太极拳比赛、健美操比赛、篮球赛、足球赛、乒乓球赛、新年嘉年华活动、新生主题文化节、毕业生离校主题文化周、社团文化节、"百团大战"等，在培养大学生的思想政治素质和道德判断能力、领导管理能力等方面起到了重要作用。

3. 大学生党团组织活动存在的问题

大学生党团组织活动在高校广泛开展，在大学生思想政治教育和多种能力培养方面发挥了重要作用。但党团活动作为课外培养的重要路径，与课外培养的目标要求相比，还有很大差距，也存在一些问题，需要我们深入思考和研究。这些问题突出表现在以下几个方面：

思维传统守旧，内容枯燥乏味。目前有一些大学生党团组织认为开展活动就是传达上级党团组织的精神，通过读文件、看报纸、听报告、写体会等方式落实下去就行了，活动内容陈旧、呆板，缺乏吸引力，存在走形式、走过场现象，以至于在学生中产生党团活动是负担的错误认知。

策划不够充分，形式过于简单。党团活动有效开展需要充分的前期策划，使所有参与者明确每项活动怎样围绕培养目标进行组织实施，活动每个细节需要注意的关键点，活动预期将达到的效果等。目前有一些大学生党团组织在开展活动时简单策划，甚至没有策划，主要依靠党团员的政治觉悟保证大家必须参加，其结果就是党团活动流于形式，失去了组织活动的严肃性和教育性。

缺乏认真调研，计划性针对性不强。有些大学生党团组织虽然制订有年度工作计划，也将预计开展的活动罗列其中，但在实际执行中，活动开展的随意性比较大，还经常为学校和学院的其他事务让路，甚至为了应付上级的党团组织的检查，突击开展活动。对于计划开展的党团活动，很多也没有建立在调查研究的基础上，没有把大学生关注的热点、难点问题作为开展活动的依据，活动缺乏针对性，致使活动中普遍出现人在心不在现象，影响了活动效果，更无法实现课外培养目标。

缺乏示范引领，指导不够精准。大学生党团活动中，党团员骨干是主导者，广大学生积极参与。因此辅导员的示范引领和精准指导是确保党团活动达到预期培养目标的关键性措施。但在党团活动的具体实践中，一些辅导员往往疏于指导，不重视自身在党团活动中示范引领作用。比如怎样通过党团活动提升党团员骨干的创新意识、怎样才能使开展的党团活动吸引广大学生积极参与、怎样才能使党团活动这条课外培养路径发挥它应有的作用等方面，认识不到位，缺乏示范引领，指导不够精准。

二　党团组织活动的创新

1. 大学生党团组织活动创新的基本原则

坚持与时俱进，体现时代性。大学生党团组织是大学生的政治组织，是党组织和团组织的基层组织，其活动创新必须坚持党的思想路线，解放思想，实事求是，与时俱进，这是党团组织永葆青春与活力、体现时代性的思想源泉。与时俱进，体现时代性，首先是要用马克思主义中国化的最新理论成果武装自己，用党的最新思想指导组织活动，体现时代的最强音，引领大学生紧扣时代的脉搏，紧随时代的步伐；其次是要用最新的网络和媒体手段，运用大学生最热衷的技术手段，作为活动的载体，组织大学生开展体现时代特色的活动。只有这样，才能使党团组织活动具有时代性，才能增强党团组织活动的吸引力和影响力。

坚持灵活多变，增强适应性。大学生党团组织在组织活动的过程中，由于党员群体、团员群体以及其他学生群体之间存在着群体差异性，不仅如此，在不同的阶段、面临不同的形势，大学生党团组织具有不同的任务，因此党团组织活动创新，要"因事而化、因时而进、因势而新"①。要针对不同年级、不同学科的学生采取不同的活动方式；要针对不同形势、不同任务的要求采取多样化的活动形式；要注重校内校外、课内课外时空的变化，要强调理论与实践、动脑与动手、理性与感性的有机结合；要引导教师与学生互动、高年级学生与低年级学生互动、校际之间的学生互动。以更加灵活多变的方式，推进党团组织活动创新，以适应更多学生的需求，提高活动的覆盖面和受益率。

坚持以人为本，确保实效性。"以人为本"的理念在高等学校的体现，就是"以学生为中心"的理念。"以学生为中心"的核心思想，就是高校的一切办学行为都要紧紧围绕人才培养这个中心任务，我们的教学管理工作、学生管理工作、信息与技术管理和后勤管理等工作都要体现"以学生为中心"的理念。大学生党团组织活动，作为高校人才培养的政治抓手，作为高校开展课外培养的重要路径，也必须体现"以学生为中心"的理念。这就要求我们的党团组织，在组织活动时，要问一问我们

---

① 习近平：在全国高校思想政治工作会议上的讲话，2016年12月7日。

的活动学生喜欢不喜欢？学生欢迎不欢迎？我们的活动目的是什么？能不能有效反映学生的意志诉求？能不能真心为学生提供成长服务？能不能实现我们的培养目标？通过不断地思考和追问，不断调整不受欢迎的组织活动形式，纠正偏离以人为本理念的行为，改变违背活动初衷的做法，确保大学生党团组织活动培养大学生素质和能力的实际成效。

2. 大学生党团组织活动创新的思路选择

大学生党团组织活动创新，要紧紧围绕大学生课外培养，特别是要围绕其素质培养目标和能力培养目标而进行。为此提供以下几条思路，作为党团组织活动创新的思路选择。

内容创新。活动内容创新，就是要求大学生党团组织，在开展活动时，不要局限于传统的内容，要在新、深、热、远上下功夫。新，就是要选择最新的思想成果、最新的事件、最新的形势、最新的政策、最新的变化等作为活动的内容；深，就是要选择最深刻的思考、最深层的问题、最深厚的情感等作为活动内容；热，就是要选择最热门的话题、最热爱的人物、最热心的行为、最火热的场景等作为活动的内容；远，就是要选择远大的理想、长远的规划、高远的志向等作为活动的内容。通过这样的内容构思，活动内容就会有巨大的选择空间。

形式创新。活动形式创新，就是要求大学生党团组织，在开展活动时，不要局限于传统的活动形式，更多地运用现代活动形式。而现代活动形式又有巨大的创新空间，可以发挥大学生的聪明才智，不断改进、更新和完善现有的网络及媒体使用形式，加强网络阵地平台、工作队伍、技术产品、动员机制、舆论场景等方面的建设，更多地运用不断涌现的新的技术交流方式，使党团活动的形式新起来、活起来、火起来。如大学生党团活动中，运用反转课堂的形式，让教育者成为引导者，让学生成为参与的主角，充分调动学生的积极性和主动性，从而能够实现更好的培养效果。

载体创新。常用的教育载体包括党校、团校，常用的活动载体有组织生活会等，常用的信息载体主要有网络媒体等。这些载体也具有很大的创新空间，比如教育载体除了在校内办党校、团校以外，还可以广泛利用社会资源开展教育，社会本身就是个大课堂，只要我们学会合理运用就能发挥很好的效用；再比如我们的活动载体，除了组织生活会，开展评议活动、评价活动、激励活动、挂牌活动、推优活动、保研活动、结对活动、联谊活动等都可以作为活动载体；信息载体，除了网络以外，还有大量纸质载体。更为重要的，人本身就是最重要、最生动的信息载体。如何发挥这些载体的作用，需要我们充分发挥智慧和力量。

时空创新。大学生党团组织活动，不能局限于校内有限的时空中，也不能局限于现实的时空中。我们要充分拓展党团组织活动的优势空间，突破现有的大学、院系、年级、班级的局限，重构更加新颖的组织概念体系和组织活动。如我们倡导的大学生党支部和团支部进公寓、进网络、进社团、进实验室就是创新，除此之外，建立跨学校、跨院系、跨专业的党团支部，建立校内校外如学校与企业联合党支部团支部，召开远程组织生活会、座谈交流会等，都是时空创新的体现。

案例：南京大学学生党支部人生发展导航工程

基本内涵

南京大学商学院学生党支部开展的"人生发展导航工程"工作案例围绕理想信念教育、党员教育管理、入党积极分子规范发展以及和谐校园建设创先争优示范的工作重点，根据学生党员先进性要求，结合商科学科特点和未来社会发展对于青年学生成长成才的要求，着力将青年学生培养成为具有国际视野、本土情怀、人文精神、创新观念、应用取向及个性风采的复合型人才，更快更好的服务社会经济发展。该方法通过"一个导航体系""一类活动模式"，构建"四型党支部"，从而形成构建多元教育主题、倡导学生全面发展，实现学生党员"学理论、树信念、创新知、促发展"的先进表率作用。

主要做法

"一个导航体系"：以培养未来高素质复合型党员青年所需具备的"三重素质"（即思想素质、心理素质、身体素质）和"五种能力"（即学习能力、沟通能力、协作能力、创新能力、思辨能力）作为导航工程的航向标，领航党员青年培养体系。

"一类活动模式"：开展"七彩虹桥共成长，创先争优育英才"党、团、学、研四位一体的主题活动，以与活动功能近似的赤、橙、黄、绿、青、蓝、紫七种颜色为载体分别构建了理想信念、志愿服务、成长规划、学术科创、文体娱乐、社会实践、感恩回馈七个教育主题，以丰富的内容和新颖的形式构建学涯、职涯指导体系，培养学生全面成长成才。

"四型党支部"：构建了"成长型党支部"，92位党团员青年每人一份《德育他律自律档案》、36名党员、45名入党积极分子每人一张《阳光成长卡》，记录成长、激励成才，27%的团员青年在大学阶段推优入党。打造了"新媒体型党支部"，以2008business年级博客、"成长南大志在四方"党支部QQ群、08CPC党支部博客、党支部公邮、支部飞信群为阵地，开展党建、交流思想，党员通过年级博客参与交流次数达57万余人次。营造了"学习型党支部"，成立支部"求是"书社、以支部为单位坚持开展"勤奋为学"主题活动、在社区开展"商学新知百姓讲堂"金融便民服务，在全体党团员青年中形成思想引导和学术倡导。树立"责任型党支部"，与1个地方团工委结对共建、落实5个企业实践阵地、为党员青年提供企业实习岗68个、确立校内外志愿服务阵地4个，拓展党员青年才能、服务社会经济发展。

工作启示

"导航工程"工作案例目标明确、架构科学、体系规范，是培养党员青年全面成长成才的有效抓手；"导航工程"工作案例从学生实际出发，是适应青年学生发展特点的系统化教育管理模式；"导航工程"工作案例突出教育实效性，在党员青年管理和服务社会发展层面取得显著成果。通过系统的导航工程理念，结合丰富多彩、形式多样的文体活动实施理想信念教育、实践育人、学术科创第二课堂，从而有效地将党员教育管理与提升党团组织的凝聚力有机结合，在有效实施工作案例目的同时，活跃了基层党建和党组织建设，增加了学生党员对党支部的认同感，提高信任度，从而形成党支部青春导航、创先争优的良好风貌。

（资料来源：江苏教育党建网，优秀案例，2013年8月14日，内容有修改）

第 三 章

文化艺术活动

文化艺术活动的熏陶和浸染，是大学课外培养的重要途径，是大学通过潜移默化的方式提升大学生素质和能力的重要渠道和基本形式。研究、改进和提升文化艺术活动的培养成效，是大学课外培养工作者的重要使命。

第一节 文化艺术活动概述

一 文化艺术活动的基本概念

1. 文化艺术活动的含义

文化艺术活动是指以大学生为活动主体，以校园为活动空间，以育人为活动导向，以传播精神文明为主要特征，以各种蕴含文化价值、人文精神和艺术审美为内容的群众性活动。文化艺术活动是体现大学文化的载体；是高校人文精神的重要组成部分；是展示大学生综合素质的重要形式；是大学生提升素质和能力的重要渠道；是校园文化中最活跃、最丰富、最多样化的部分。丰富多样的文化艺术活动是对大学生进行课外培养的重要途径，在活动过程中学生既是受教育者，也是参与者、欣赏者，甚至是艺术的创造者，学生总是带着某种情感进入文化艺术教育过程，并在这样的过程中使自己的情感世界得到陶冶和升华。

2. 文化艺术活动的特点

大学文化艺术活动具有以下特点：

思想性。文化艺术活动具有鲜明的主题，能够弘扬主旋律、讴歌新风尚、激发热爱祖国、热爱集体、热爱社会主义的真挚情感，让学生在参与中得到艺术的享受、精神的愉悦和思想的净化。积极开展文化艺活动，可以引导学生树立正确的世界观、人生观和价值观，活动所蕴含的思想和精神可以全方位、多角度地对大学生形成教育，学生从活动内容所折射出的思想、观点和理念中受到熏陶和启发。

实践性。文化艺术活动具有较强的实践性，大学生通过参与文化艺术活动，在交流情感、分享快乐的同时，可以展示自己的才艺，增强自信，培养创造性思维；可以学习新的知识和本领，促进认知和行为方式的完善；可以促进文化感悟和艺术欣赏能力的提高，并在实践中提升素养。

愉悦性。文化艺术活动具有浓郁的愉悦性。文艺作品能使观众产生快乐的情绪，如相声、小品等语言类节目有娱乐功能，歌舞等形式给人以美感。最重要的是，它不是枯燥的教育，也不是简单的思想灌输，而是让学生在参与中学习、在学习中成长，并享受增长知识、交友、合作和提升综合素质的快乐。它能够充分发挥不同学生的个性、兴趣爱好和特长，引导他们在活动中体现自身价值、培养意志品质，从而达到寓教于乐的目的。

广泛性。文化艺术活动是大学校园内影响最大、辐射力最强、参与人数最多的校园活动，具有广泛的群众基础。它为许多有一技之长的文化艺术爱好者提供了展示特长和个性的舞台，适合大学生的年龄特征，具有广泛的参与性、影响力、号召力和教育意义。

持久性。每所大学都有自己传统的文化艺术活动项目，这些文化艺术活动年复一年、持久地开展下去，就形成了校园文化特色，特别是具有广泛影响力的文化艺术活动，形成了校园文化品牌活动，如文化艺术节、新年嘉年华活动等，能得到全校师生的普遍认可，在历届学生中留下了难忘的回忆，成为对大学生进行课外培养的重要抓手。

二　文化艺术活动的功能

1. 导向功能

导向功能是指文化艺术活动通过自身各种文化要素的作用，对校园群体和个体的价值与行为取向产生引导作用，使之符合学校所确定的目标。文化艺术活动深刻地影响着每个学生的思想道德、行为规范和生活方式，它通过高校特色活动融入社会所倡导的价值观念、道德规范和行为准则，以启迪、熏陶、感化和塑造等方式引导和规范学生的行为，促使学生形成良好的道德品质和文明行为，帮助他们树立正确的价值观和荣辱观。

2. 激励功能

激励功能是指文化艺术活动具有使大学生从内心产生一种高昂情绪和发奋进取精神的效应。而这种积极向上的思想观念及行为取向，可以形成强烈的使命感、持久的驱动力，成为大学生自我激励的航标。文化艺术活动的开展为学生提供了文化享受和文化创造的空间，提供了文化活动的背景以及必要的活动设施、模式与规范，大学生的兴趣、理想与信念在此得以实现和升华。文化艺术活动是促进学生主动发展的沃土和摇篮，孕育着丰富的教育内涵，它可以调动学生的参与热情，激发他们的想象力与创造力，挖掘他们的内在潜质，锻造他们开拓进取的执着精神。

3. 感染功能

"感染是个体对某种心理状态的无意识的、不由自主的服从，它是通过情绪、情感的传递与交流实现的。"① 文化艺术活动是通过其所表现、唤起的人物心理状态或群体心理状态，而对其他人产生感染作用的。校园中的各种演讲活动、音乐会、美术展览等文化艺术活动所造成的群体心理状态，尽管没有任何组织的压力，也会使学生的情绪、情感自然地受到影响，并不知不觉地产生相应的行为表现。将时代和民族倡导、尊崇的主流价值贯穿于文化艺术活动的全过程，可使学生在实践中增强辨别力、鉴赏力，进而陶冶自己的人格和灵魂，以充实生命的内容，升华人生的意蕴。从这个意义上来说，积极向上的文化艺术活动使学生在紧张的学习之余，消除疲劳、调节精神、豁达胸怀、保持奋发向上的精神风貌，为大学生创造了一个陶冶心灵和情操的氛围和场所。

4. 审美功能

文化艺术活动作为审美教育的基本手段，既能形成人的审美价值定向，又能发展人的审美创造能力。文化艺术活动具有审美功能，不仅因为文化艺术本身的审美功用，还因为文化艺术活动是高校的一项非常独特的活动，比如在活动方式上最具群众性、普遍性、经常性，在活动内容上最具丰富性、多样性、多层次性；在审美的主客关系中最具选择性、

---

① 林正范：《大学心理学》，浙江大学出版社 2010 年版，第 257 页。

实践性、适合性、创造性等；文化艺术活动的美育实践功能在于大学生在参与文化艺术活动的过程中，吸取知识、扩大视野、活跃思想，从而全方位地培养自己的审美素养等。同时，文化艺术表演、文学作品大赛、书法美术作品展览等都为大学生提供了发挥和表现个人才智、特长的条件和机会，他们通过思维活动、感知分析、创意设计等过程创造出一个个美的形象、美的事物、美的环境，这不仅是一个充满创造的学习过程，也是一个体验美、表现美、实践美的自我完善、自我实现的过程，能够充分锻炼他们的审美感知力和审美创造力。

三　文化艺术活动的培养目标

1. 素质培养目标

文化艺术活动的素质培养目标，主要是科学文化素质中的人文素质和身心素质中的心理素质。文化艺术活动的内容和形式非常丰富，除了主要培养大学生的人文素质和心理素质以外，某些文化艺术活动还可以培养大学生的思想政治素质和专业素质。

文化艺术活动能够培养人文素质。它通过潜移默化的方式提高学生的文化艺术修养，培育学生深思领悟、对比思辨、思想追求等品格和素养。可以通过举办人文知识讲座，提高学生的思想品位，确立正确的价值取向；通过开展读书活动，引导学生吸收优秀文化传统，获得直接或间接人生体验和人生哲理，汲取塑造人格的启示；通过绘画、摄影、书法等培训和展览活动营造学校良好的艺术氛围，提高学生的艺术品位，陶冶学生的情操；通过演讲、辩论等活动提高学生听、说、读、写等语言能力和素养；通过举办音乐会、话剧表演、演唱会等高雅艺术活动，培养学生理解和感悟艺术魅力的素养；通过合唱等集体性文化艺术活动培养学生的合作精神和团队精神。

文化艺术活动能够提升大学生的心理素质。文化艺术活动对心理素质的提升作用主要表现在三个方面：一是在参加学校组织的各类文化艺术活动中，参与者充分展示了自己的才华，同学老师的赞扬和认可，使其增强了自信心，自尊心也得到了满足，形成了积极的自我评价；二是丰富的校园文化艺术实践活动，为来自不同院系、不同专业的同学创造了一个共同的交流平台。在活动中，大家团结一心、相互尊重、接纳、互助、谦让、宽容，积极的、有目标的交流与合作有效地促进了大学生身心健康发展；三是即便是作为观看者，也会因为其他学生的多才多艺，而受到积极的暗示和影响，在其他同学那里感受到自身的不足，并检查自己的努力方向。文化艺术活动可以培养积极乐观的人生态度，可以培养对真、善、美的感悟和认知，可以培养阳光的心态和对未来的信心，并激发自己的智慧和潜力。

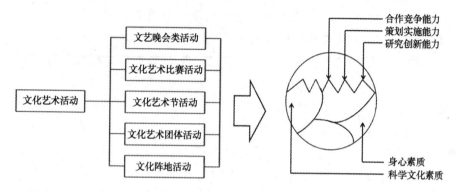

图 3—1 文化艺术活动的培养目标

注：其他附带培养的素质和能力未予标出。

2. 能力培养目标

文化艺术活动的能力培养目标，最主要的是培养合作竞争能力、策划实施能力和研究创新能力。除此之外，不同的活动主题和活动形式，还可以提高大学生的社会适应能力、语言表达能力、文字写作能力等。

合作竞争能力是当代大学生适应社会、立足社会的重要能力。大学生合作竞争能力，是在合作中竞争的能力，也是在竞争中合作的能力。很多文化艺术活动都是富含合作与竞争的以团队为单位的活动，如辩论赛、各类知识竞赛、文艺汇演等。通过举办活动，设置各种不同种类的竞争机会，让学生拥有充分表现自我的舞台，表现各自的特长与个性。在参与这些活动中，学生是在与他人合作的基础上展示自己的个性。个体的发展不能脱离群体所提供的条件和环境，只有在集体中个人才能得到自由的发展。具体来说，在活动中，学生在超越自己的过程中，想要争取进步、获得名次的意念逐步内化为学生自觉的意识和行动，竞争意识明显提高，进取心大大增强；要争取团队的胜利，团队的成员必须通力合作，每个人都发挥自己的特长，帮助团队的其他同学，从而在组内形成一种合作的氛围，同学间互帮互助、团结合作的意识得以增强。

策划实施能力是一个人在策划、组织、说服、展示、协调等方面表现的综合能力，是现代社会领导者必须具备的能力之一。文化艺术活动不但能丰富学生的知识，还可以促进学生策划实施能力的培养。从拟定活动主题、编写活动方案，到宣传发动、组织协调、严格执行，每项活动的全部过程都蕴含着对学生策划实施能力的培养。无论是举办演讲赛、辩论赛、文艺晚会，还是报告会等活动，都需要计划、构思、设计、拟定一个方案，学生要自己出主意、想办法提出新颖而可行的创意，这就锻炼了策划能力；策划的方案要得到老师和同学们的认可，需要把方案展示出来并说服大家接受其方案，这就锻炼了说服能力和展示能力；通过计划安排、调配资源、活动控制、引导激励等过程，协调各方利益来完成活动，这就锻炼了组织协调能力；排除各种困难最终保质保量推动活动完成，这就锻炼了实施能力。在整个活动中，教师的主要任务是做好启迪和动员工作，鼓励并引导学生发扬主人翁精神，让他们在活动中团结协作、克服困难、增强责任感，锻炼和提高他们的策划实施能力。

文化艺术活动能促进大学生研究创新能力的发展。文化艺术活动通过审美、激励等功能激发学生的创造活力。"无论是文化艺术创作和文化艺术欣赏均要充分调动人的感知、想象、情感等审美因素，是一种高度的自觉自由的精神活动，是开启人们创造力、感知力、理解力、想象力的内在动力，也是激励人们产生积极向上、奋发进取、开拓创新的精神支撑。"① 比如，文艺节目的编排过程本身就是创造，同学们在活动过程中必须充分发挥自己的想象力和创造性思维，根据自己对生活的体验和感悟，创造出具有大学生心理特点和校园生活气息的话剧、小品、歌曲、舞蹈等丰富多彩的文艺节目。舞台设计、场地环境布置、艺术活动海报宣传等都能让学生发挥创造性思维和想象力。

---

① 王文鹏、刘刚：《多维视域下的大学校园文化研究》，现代教育出版社 2009 年版，第192 页。

第二节 文化艺术活动管理

一 文化艺术活动的基本形式

1. 文化艺术活动的表现形式

文化艺术活动的表现形式是文化艺术活动的表现形态，大学的文化艺术活动丰富多彩、种类繁多，主要表现形式有：

文艺晚会：校园文艺晚会主要包括迎新晚会、送毕业生晚会、元旦晚会、交谊舞会、音乐会、相声晚会、音乐剧演出、话剧演出等。高校文艺晚会是文化艺术活动的重要内容，是提升大学生人文修养和艺术品位的重要渠道之一，对于营造大学校园人文氛围具有重要作用。文艺晚会汇集多种艺术形式，内容丰富、风格鲜明，它能使观众在较短的时间内观赏到不同形式的表演，是一种广受高校学生喜爱的形式。高校文艺晚会融艺术性、娱乐性、教育性于一体，将思想引导与生动活泼的文艺形式相结合，能积极推动高校校园文化建设，传播正确、积极、健康的思想文化，展示具有时代特征的校园风貌，营造健康的育人环境，树立良好的大学生形象。

文化艺术比赛活动：校园文化艺术比赛活动主要包括征文比赛、演讲比赛、大学生辩论赛、校园歌手大赛、主持人大赛、戏曲小品大赛、舞蹈比赛、摄影比赛、礼仪大赛、朗诵比赛、板报比赛、书画比赛等。校园文化艺术比赛活动是大学生综合素质培养的一个良好平台，通过比赛展示自我、锻炼自我，展现大学生文明进取、协作创新的精神面貌。如河南科技大学"缤纷校园"征文大赛自2002年开始启动，至今已经成功举办了十四届，参赛人数从2千多人发展到2万多人，经过十四年的发展，"缤纷校园"征文大赛已逐渐成为河南科技大学涉及面最广、参与人数最多、最有影响力和凝聚力的校园文学赛事，同时也成为学校主题突出、内涵丰富、特色鲜明、富有成效的校园文化活动品牌。"缤纷校园"征文大赛对促进大学生文化素养的提高和营造浓厚的校园文化氛围发挥了积极的作用。

文化艺术节活动：校园文化艺术节活动主要包括文化艺术节、科技文化艺术节、音乐节、社团文化节、电影节、电视节等。校园文化艺术节活动内涵丰富，是一个系列活动的有机组合体，主要作用是以"节"

的形式集中展示大学优势文化资源，活跃校园文化气氛，为大学生提供展示聪明才智、锻炼实际能力、调节身心健康的活动舞台和发展空间，从而提升大学文化精神和内涵，促进和谐校园建设。集中性的大学校园文化艺术节活动因为形式的多样性、参与的自由性、内容的自主性等特色，深受学生欢迎。

文化团队活动：校园文化团队活动主要指由大学生艺术团、合唱团、朗诵艺术团、舞蹈团、大学生管弦乐团、记者团、广播站、文学社等学生组织开展的活动。大学生文化团队是一些有组织、有领导、有章程、有规划的学生文化艺术团队，这些团队的活动水平代表了学生文化艺术活动的水平，也代表了一所学校整个文化艺术活动的方向和水平，是校园文化的主要载体之一，是大学生进行文化艺术实践的重要园地。

文化阵地活动：文化阵地活动主要指运用报纸、杂志、宣传栏、网站、微信平台等宣传阵地开展的文化艺术活动。例如开展网络文化作品评比展示活动，包括优秀网络音乐、优秀网络文学作品、优秀微视频等。通过文化阵地活动，扩大了文化艺术活动开展的受众面，促使更多的学生参与活动。

2. 文化艺术活动的组织形式

文化艺术活动的组织形式，是指文化艺术活动是由谁组织和怎样组织的并由此形成的组织类型，主要的组织形式有：

学校组织的文化艺术活动：学校组织的文化艺术活动，是由学校宣传部门、学生工作部门、校团委等分别或联合组织的文化艺术活动，一般号召全校各院系组织学生参加，活动规模较大，在全校具有较大影响，参与人数众多，覆盖面较广。如校园文化艺术节、科技文化艺术节等。

院系组织的文化艺术活动：院系组织的文化艺术活动是由学院党委或学院团委组织的文化艺术活动。院系组织的文化艺术活动既有按照学校有关部门要求开展的活动，也有结合本学院实际开展的有特色的活动。如各学院的迎新晚会、送毕业生晚会等。

学生团体组织的文化艺术活动：学生团体组织的文化艺术活动是指由校、院两级学生会、学生社团、文化艺术团体组织的文化艺术活动。如合唱团、话剧团、书法协会、摄影协会等开展的活动等。

学生自发组织的文化艺术活动：学生自发组织的文化艺术活动包括学生班级、团支部或者由学生自发结成的活动小组开展的文化艺术活动。

如班级元旦晚会等。

二　文化艺术活动的组织与管理

1. 文化艺术活动的组织

（1）文化艺术活动的策划设计

文化艺术活动的策划设计主要包括主题策划和活动方案策划。活动主题是贯穿活动始终的指导思想，是活动的生命与灵魂，反映着活动所要达到的目的，是贯穿活动全过程的主线。文化艺术活动的主题策划要体现整体性、层次性、教育性、可操作性、独特性以及时代性；活动方案是实现活动主题的具体实施方法，是对活动主题的深化，是组织者基于活动主题构思的结果，它是通过调查、研究、思考、推理与想象产生方案设计。策划活动方案要注意紧扣主题、选准活动形式、安排好活动程序、确定好时间场所、做好经费预算以及整合各种资源等。

下面以河南科技大学新年嘉年华活动为例，说明怎样进行文化艺术活动的策划设计。

河南科技大学新年嘉年华，于 2011 年年底至今已经连续举办了六届，每年 12 月 31 日晚上在开元校区举行，每年参加嘉年华的师生人数超过 2 万人，每次活动总时间超过 5 个小时，由于活动主题鲜明、内容丰富、参与人数众多、持续时间较长、具有强大的吸引力，在全校师生中产生了极大的影响，每年学生都将新年嘉年华作为年度盛事，翘首企盼。经过多年的打造，新年嘉年华已经成为河南科技大学的知名校园文化品牌，并在全省高校中产生了重要影响。

关于新年嘉年华的主题策划。新年嘉年华的主要任务是通过开展多样化的迎新年活动，焕发大学生的青春活力，引导大学生憧憬学校的美好明天，激发大学生追寻青春的梦想，从而激发大学生奋发进取、励志成才的决心，实现德、智、体、美全面发展的人才培养目标。为此活动的主题确定为"激扬青春年华，追寻科大梦想"，每年都是这个主题，每年都在宣传这个主旋律，让这个主题融化于学生的血液、根植于学生的内心。

关于新年嘉年华的方案设计。在组织方面，由于活动规模宏大，涉及诸多部门，因此组织工作由多个部门和学生组织共同参与。主办单位是河南科技大学学生工作部、学生工作处、共青团河南科技大学委员会，协办单位包括党委宣传部、保卫处、后勤集团、第一附属医院、现代教育技术中心、网络信息中心、各学院、各校级学生组织等，多部门组成了活动的组委会，负责活动各方面的协调工作；在活动的内容和形式方面，设计了三大模块，第一模块在室外，举办超过50个以上的游艺活动、篝火晚会、歌舞活动、狂欢活动、抽奖活动。第二模块和第三模块分别是新年晚会和学生工作年度颁奖典礼，均在开元会议中心（大学生活动中心）进行，形成室内室外交相呼应的局面；在活动的程序方面，设计了室外和室内不同的程序。室外活动于晚上6点开始，所有室外活动同时开场，晚上7：30由校党委书记、校长带领全体学校领导，到活动现场与学生互动，并于8点走进室内活动场所。室外活动至晚上11点通过活动抽奖的方式，使活动进入高潮。室内活动于晚上8点正式开始，新年晚会分上半场和下半场，中间时段设计了学生工作年度颁奖活动，由全体学校领导为一年来在学生工作中取得各种优异成绩的学院、辅导员、教师以及一年来通过各种培养途径获得优异成绩的大学生颁奖，颁奖活动极大地激励了学生工作者队伍、优秀教师和广大学生；在资源的整合方面，由于大型文化艺术活动需要学校各方面的工作支持，因此活动资源的整合极其重要。党委宣传部负责活动的宣传报道，学生工作部（处）负责活动的整体策划与协调，校团委负责带领学生会和学生社团进行具体活动的组织，保卫处负责校园安全与交通管制，第一附属医院负责应急救助，现代教育中心和网络信息中心负责提供技术支持，后勤集团负责室外美化亮化和整体电力保障，各学院负责组织活动项目，各校级学生组织在校团委的统一指导下落实具体的工作事项，所有这些工作必须有条不紊地进行，体现了活动前期严密策划设计的工作成效。

（2）文化艺术活动的组织实施

文化艺术活动的组织实施，就是要把策划设计的方案落实到位，实现预期的活动目的。文化艺术活动的组织实施涉及多方面的因素，其中最为重要的是要做好资源组织、工作指导和关系协调三项工作。

资源组织是文化艺术活动顺利开展的先决条件之一。这里讲的资源，是人力、物力、财力、信息、时间、空间等要素的统称。资源组织决定着文化艺术活动的内容、规模、形式和水平。学校开展文化艺术活动，必须要有"力"的投入，即提供资源条件。人、财、物是基本要素，在这三要素中，人力资源又是最主要的。时间、空间、信息是特殊资源，是文化艺术活动中不可缺少的要素。文化艺术活动中对人、财、物诸要素的管理，总是在一定的时间流程之中和在一定的空间范围之内进行的，而信息则是在其间起着沟通性作用的要素。

工作指导是活动方案正确有效实施的重要保证。开展文化艺术活动，尽管在目标中规定了标准，在计划中提出了方法和要求，但在实施过程中还是难免会出现问题，因此对活动进行有效的指导是必要的。文化艺术活动指导要有明确的指导思想，明确活动的目标和原则，才能保证活动不偏离方向。要思路清晰、重点突出、方法得当，才能避免低效或无效行动，促使活动方案有效实施。"组织者在工作指导中要做到'引导而不强加、帮助而不代替、示范而不说教，批评而不压制'，使被指导者心悦诚服地接受指导，改进自己的工作，提高工作效率。"①

关系协调是活动方案无障碍实施的重要保证。关系协调主要包括两种情况，一种是前期准备过程的关系协调，即在前期准备过程中理顺各方面的关系，为活动的开展，建立良好的秩序；另一种是在活动过程中面对突发情况进行的协调。比如每学年或每学期开展一些较大型的文化艺术活动，无论前期准备得多么周到，在实施的过程中都有可能产生新的问题，出现突发情况。这时就要尽快做好关系协调，确保活动的顺利进行。

2. 文化艺术活动的管理

强化职能部门的职责与任务。学校党委负责对文化艺术活动进行全面规划，制定文化艺术活动的实施方案和规章制度，并在人、财、物等方面给予支持，组织和协调全校党、政、工、团的力量，在管理文化艺术活动上形成合力。要明确党委宣传部、学生工作部、校团委、保卫处、教务处、后勤管理处、信息网络中心等职能部门在文化艺术活动管理中的任务和责任，要形成密切配合、相互沟通、协同指导、共同监督的工作格局。

成立专门的文化艺术指导中心。高校可以成立专门的文化艺术指导中心，参与大学生文化艺术团的建设和管理、指导大学生文化艺术实践活动、面向全校学生开设文化艺术类课程等。大学生文化艺术指导中心的宗旨是弘扬中华民族传统文化，倡导校园主流文化，提高学生整体的

① 葛金国：《校园文化：理论意蕴与实务操作》，安徽大学出版社2006年版，第193页。

文化艺术修养和鉴赏力，通过对大学生文化艺术知识的普及，繁荣学校文化艺术生活，丰富大学生课外培养内容，陶冶大学生艺术情操。如南京大学文化艺术教育中心成立于 1996 年，在全国普通高校具有广泛的影响，被教育部评定为"国家大学生文化素质教育基地"。文化艺术教育中心面向全校学生常年开设人文艺术类课程 40 余门，涵盖了音乐、舞蹈、美术、电影、电视、文学等诸多艺术门类。中心常年指导南京大学舞蹈团、戏剧社和书画协会、摄影协会等若干个大学生文化艺术社团的活动，多次带领文化艺术社团的学生出访美国、法国、英国、德国、马来西亚等国及台、港、澳地区，与国际上数十所高校的艺术教育机构建立了广泛的联系。中心常年举办"人文艺术系列讲座"，每周邀请至少一位国内外著名学者、艺术家来校举办学术讲座或开展艺术展演活动。

建立专业的教师指导队伍。高校要建立一支具有文化艺术专业知识，精干、高效、相对稳定的指导教师队伍，这是文化艺术活动实现育人功能的重要保证。这支队伍应是专兼结合，一方面从本校选拔一批优秀的相关专业的教师，也可以招聘一些相关专业的研究生作为专职指导教师；另一方面可以聘任来自其他高校、艺术界的文化艺术专家作为兼职教师，如知名艺术家、指挥家、作曲家等。指导教师队伍素质的高低，直接决定着文化艺术活动的方向、水平和品位，因此要加大对专职指导教师的培训力度，不断提高队伍的专业素质和管理素质，要建立激励机制，鼓励更多的教师参与其中。

制订完善的管理制度。高校要制定一套科学、合理的制度体系来保障培养目标的实现。制定活动审批制度，对活动主题、内容、形式等审核，确保其方向和培养目标；制定活动安全保障制度，主要是突发事件应急处理、事故责任承担等，防范各种安全问题，确保活动安全、有序、顺利进行；制定活动评价制度，对活动的过程和效果进行定性和定量的评价，以此促进活动的改进和创新；制定活动指导制度，包括活动指导思想、原则、流程等，确保活动方案正确落实。

倡导大学生自主管理。管理的最高境界是自我管理。文化艺术活动管理应倡导大学生自我导向、自我激励、自我监控，即由学生自我管理，充分发挥大学生的主体性，提高管理效能。学校相关部门和指导教师要转变工作方式，从过去的"组织者"转变为"指导者"，从过去的"执行者"转换为"统筹者"，给予大学生更多的自主权，使学生有足够的时间和空间去进行自我管理，通过提升大学生自我管理能力，提高文化艺术活动的成效。

三　文化艺术活动的目标控制

1. 明确培养目标

长期以来，许多教育工作者认为，开展文化艺术活动的目的是丰富大学生的业余文化生活，但是很少有人对为什么要丰富大学生的业余文化生活进行深入的思考。其实这种丰富业余文化生活的实质，就是丰富教育的手段、丰富教育的途径、丰富教育的内容。正是由于我们缺少了对这些重大问题的探究，导致了我们许多教育工作者缺乏对大学课外培养的深刻认知，以至于多少年来许多高校的文化艺术活动仅仅停留在娱乐的层面上。这就是我们明确提出要把文化艺术活动作为大学生课外培养路径的原因。

文化艺术活动能够培养大学生的多种素质和能力，包括科学文化素质、身心素质，以及合作竞争能力、组织协调能力和研究创新能力等多种能力，这是高校组织开展文化艺术活动的基本任务和最终目标。明确这些目标，牢记这些目标，并始终沿着这些目标线路开展工作，是实现这些目标的根本保证。为了始终保持明确的目标，文化艺术活动的策划者、组织者、实施者、评价者，要紧紧围绕目标开展工作。

由于文化艺术活动类型繁多，形式多样，不同的文化艺术活动具有不同的具体培养目标。在组织开展某一具体的活动时，要准确定位它的培养任务，即明确提出该项活动要培养何种素质和何种能力，并围绕这些素质和能力的培养，策划和设计活动方案。比如开展文艺演出活动，主要任务是发挥艺术的感染作用，培养大学生对真善美的内心体验，提升大学生的人文素质，并在反复的文艺活动熏陶中，提高道德判断能力、艺术审美能力等；再比如开展微电影制作大赛，主要通过大学生自己选择主题、自己撰写脚本、自己担当导演、自己选拔演员、自己组织拍摄、自己进行编辑制作、自己进行技术处理等一系列工作，培养大学生选题的敏锐性、作品表现的思想性、拍摄制作的专业性，并在这一过程中培养大学生的文字表达能力、合作竞争能力、组织实施能力、领导管理能力等。明确了各种具体文化艺术活动的培养目标，按照这些目标去策划、去组织、去实施、去评价，才能保证文化艺术活动不偏离目标方向。

2. 把控培养目标

文化艺术活动的核心任务是培养大学生的素质和能力，只有紧密结合人才培养的核心任务，才能坚持其正确的方向与价值导向，才能真正实现文化艺术活动的育人作用。要真正实现这一培养目标，仅仅做到明确文化艺术活动的目标是不够的，还必须做好活动实施的目标把控工作。把控文化艺术活动的培养目标，涉及多方面因素，其中最重要的是做好过程把控和主体把控。

过程把控是指将把控工作贯穿于文化艺术活动的全过程，从主题拟定、方案设计、组织实施到评价总结，全过程都不断询问和把控活动是否按照既定的目标方向组织实施。如拟定主题时，要询问自己为什么要选择这个主题，这个主题能够和大学生的哪些素质和能力培养结合起来？在方案设计时，要考虑制定什么样的线路、采取哪些措施、选用何种方式能够实现培养目标的目的？在组织实施时，要不断地检查和反省，这样开展下去能达到我们培养目标的目的吗？活动偏离方向了吗？活动需要进行调整吗？在评价总结时，要调查和研究大学生的收获，评价活动目标的达成度。通过一系列的控制工作，推进活动目标的实现。

主体把控是指参与文化艺术活动的各方面人员都要共同推动培养目标的实现，包括活动的管理者、组织者、指导者、参与者等，都要始终明确活动的培养目标，并积极推进目标的实现。参与文化艺术活动的各方面人员，都是活动的主体，都应在活动中发挥积极的把控作用。文化艺术活动的管理者，一般是高校的相关部门，这些部门要高度重视文化艺术活动的培养功能，并把培养大学生的相关素质和能力放在文化艺术活动管理的首位，并以此作为评判活动成效的最高标准、建立制度、形成机制、引领发展；文化艺术活动的组织者，既可以是管理部门，也可以是除此之外的其他组织。活动的组织者是推动培养目标实现最直接的力量，因此在整个文化艺术活动中要始终肩负起推进培养目标实现的重任；指导教师在文化艺术活动中，具有重要的指导作用，这种指导不仅是活动的思想性、艺术性、技巧性的指导，更重要的是进行目标导向的指导，指导大学生如何通过组织、开展、参与文化艺术活动提高素质和能力；参与者既是文化艺术活动的组织者，也是文化艺术活动的受益者，参与者不能被动的做听众，要主动把握提高素质和能力的机会，在参与的过程中努力提升自我。只有这样全方位的把控培养目标，才能最终实现文化艺术活动的崇高使命。

第三节　文化艺术活动创新

一　文化艺术活动的现状

1. 文化艺术活动开展情况

党和政府高度重视文化艺术活动。在 2002 年教育部制定的《学校艺术教育工作规程》（中华人民共和国教育部令第 13 号）中强调："通过艺术教育，使学生了解我国优秀的民族艺术文化传统和外国的优秀艺术成果，提高文化艺术素养，增强爱国主义精神，培养感受美、表现美、鉴赏美、创造美的能力，树立正确的审美观念，抵制不良文化的影响，陶冶情操，发展个性，启迪智慧，激发创新意识和创造能力，促进学生全面发展。"为贯彻落实《中共中央国务院关于深化教育改革全面推进素质教育的决定》和《国务院关于基础教育改革与发展的决定》以及《学校艺术教育工作规程》的精神，2002 年 5 月，教育部特制定《全国学校艺术教育发展规划（2001—2010 年)》，作为 21 世纪第一个 10 年这一阶段学校艺术教育的奋斗目标和行动纲领。2004 年中共中央国务院《关于进一步加强和改进大学生思想政治教育的意见》，要求"大力加强大学生文化素质教育，开展丰富多彩、积极向上的学术、科技、体育、艺术和娱乐活动，把德育与智育、体育、美育有机结合起来，寓教育于文化活动之中"。2014 年，教育部出台《关于推进学校艺术教育发展的若干意见》（教体艺〔2014〕1 号），以此大力推进学校艺术教育，提高学生审美和人文素养，促进学生健康成长。2016 年 12 月，中共中央国务院《关于加强和改进新形势下高校思想政治工作的意见》中强调："把思想价值引领贯穿教育教学全过程和各环节，形成教书育人、科研育人、实践育人、管理育人、服务育人、文化育人、组织育人长效机制。"2016 年 12 月，习近平总书记在出席全国高校思想政治工作会议时指出，"要注重以文育人，广泛开展文明校园创建，开展形式多样、健康向上、格调高雅的校园文化活动"。2017 年 1 月 10 日，国务院印发的《国家教育事业发展"十三五"规划》中强调："坚持以美育人、以文化人。培育青少年学生文化认同和文化自信。"一系列文件的出台与最高领导人的讲话，彰显了党和政府对学校文化艺术活动的高度关注。

许多高校形成了独具特色的品牌活动。近年来全国许多高校，通过广泛开展文化艺术活动，逐步形成了自己独具特色的品牌活动。高校文化艺术活动品牌既是高校校园文化艺术成果化、特色化建设和培育的产物，也是一种影响较大、深受学生喜爱并被广泛认同的标志性、示范性文化艺术活动。如清华大学"水木清华杯文化活动月"、复旦大学的"复旦人节"、浙江大学的"电脑节"、同济大学的"红枫节"、武汉大学的"国际文化节"、南京大学的"地学文化节"、桂林理工大学的"社区文化节"、湖南科技大学的"齐白石大学生文化艺术节"、湘潭大学的"DV文化艺术节"等。这些文化艺术品牌活动成为校园生活绚丽多彩的一页，给学生留下了刻骨铭心的美好回忆。

大学生文化艺术团成为活动的主体。许多高校大学生文化艺术团都已形成多样化的格局，下设团体包括管弦乐团、民乐团、舞蹈团、合唱团、话剧团等，多数高校均配备或聘请专业教师对文化艺术团进行指导和日常管理。大学生文化艺术团的各项活动内容丰富，范围广泛，形式新颖，受众面广，深受大学生的喜爱，拥有较高的知名度和影响力。随着大学生文化艺术团体建设的不断深入，一些优秀作品不断涌现，成为校园文化的一道风景线，为良好校园文化氛围的形成做出了重要贡献。如武汉工程大学大学生文化艺术团根据该校全国优秀大学生许志伟同学的事迹创作的舞蹈《水魂》，公演获得极大成功，学生们深受感染。

文化艺术活动在人才培养中发挥了重要作用。在以专业教育、科学教育为中心的现代教育格局中，加强素质教育，尤其是人文素质的教育显得弥足珍贵。尽管长期以来，许多教育家呼吁加强素质教育，党中央和教育行政部门高度重视素质教育，许多高校也进行了有益的探索。但是从整体上看，许多高校在加强素质教育尤其是加强人文素质教育方面还很薄弱。丰富多彩的校园文化艺术活动，有效地促进了人文素质的教育。高校举办的各类人文知识讲座，各类知识竞赛，文艺演出等活动，通过其所承载和弘扬的人文精神，以及鲜明的价值导向，开阔了学生视野，触及了学生心灵，在教化和传递社会主义核心价值观等方面起到了重要作用。如河南科技大学通过开展向全校大学生推荐文化素质教育阅读书目和一系列的读书、征文活动，引导大学生有目的地开展课外阅读，并通过广泛的课外阅读提高自身的文化素养，以达到培养学生人文素质和人文精神的目的。经过扎实有效的工作，极大地激发了学生对课外阅读的兴趣，学生的文化修养得到了极大的提升。

2. 文化艺术活动存在的问题

尽管高校文化艺术活动有了长足的发展，在促进高校校园文化建设，特别是在人才培养中发挥了积极的作用，但是与大学课外培养的目标要求相比，还存在较大的差距，有不少问题需要得到有效的解决，主要表现在以下几个方面：

对文化艺术活动的认识不到位。不少高校依然把课堂教学放在学生教育的核心位置，认识不到文化艺术活动在培养学生、教育学生方面的重要作用，仅仅把文化艺术活动当成校园文化建设的基本形式。不少高校文化艺术活动的组织者和策划者，对文化艺术活动的目的认识肤浅，致使文化艺术活动沦为花架子，内容空洞，层次不高，缺乏教育意义。许多活动目的不清、方向不明，难以实现培养大学生素质和能力的目标。

对文化艺术活动的统筹不到位。有一些高校对文化艺术活动缺乏统筹规划。文化艺术活动的管理责任不明晰，学校很多部门单位都在参与，缺乏相互交流合作，力量分散很难形成合力；文化艺术活动建设顶层设计不够，学校缺乏对活动目标的准确定位，没有结合学校办学特色、学生实际来设计活动；活动发起者和组织者缺乏对活动主题、内容、形式、对象等相关因素的深入调研，有时出于一时想法或为了完成某项任务而决定开展某项活动，造成很多活动流于形式。

对文化艺术活动的指导不到位。不少高校对文化艺术活动缺乏有效指导，造成很多问题，如有的文化艺术活动的内容简单，缺乏创意，不能体现时代特色，不能满足学生多样化的文化需求；有的活动没有新突破，缺乏有效互动，不能起到通过文化艺术活动凝聚人心、释放活力的作用；有的活动由于目标不明确，仅仅把文化艺术活动作为娱乐的形式，不能起到育人的作用；有些高校任由学生自娱自乐，有些活动功利化倾向十分突出，甚至出现了媚俗、拜金的倾向等。

对文化艺术活动的投入不到位。高校对文化艺术活动的整体投入不足，很多高校认为文化艺术活动开展的多少不影响学校的大局，在活动上投入资金甚少。文化艺术活动经费大多来源于学生工作经费或共青团活动经费，缺乏专项经费。随着学生对活动形式和活动内容要求的提高，随着文化艺术活动培养目标的明确和落实，客观上要求高校必须加大经费的投入。

二　文化艺术活动的创新

创新是文化艺术之魂。创新高校文化艺术活动,发挥文化艺术活动的育人功能,是培养德、智、体、美全面发展的高素质人才的需要。因此要突破传统文化艺术活动的桎梏,创新和丰富文化艺术活动的内容和形式,最大限度地发挥其应有的导向功能,从而更好地实现高校人才培养目标。

1. 思路创新

思路决定出路。常规的文化艺术活动年年搞,如何不断地赋予新的意蕴,使文化艺术活动不断求变求新,吸引更多的大学生参与文化艺术活动,从中受到熏陶,接受浸染,是高校文化艺术活动组织者要经常思考的问题。因此思路创新是关键,这种思路包括选题的思路、确定活动形式的思路、组织建设的思路、活动内容确定的思路、资源利用的思路、实现培养目标的思路等。思路创新就是要不断询问这些思路中存在什么问题,怎样改进这些问题,怎样有所突破,怎样使效果更好等,在这样的追问与思考中找到新的灵感和新的办法。近年来,不少高校在思路创新方面开展了卓有成效的工作,如北京大学以"主题鲜明、雅俗共赏、精品至上"的艺术教育理念为指导,建立了由四大学生艺术团(合唱团、舞蹈团、民乐团、交响乐团),文艺类社团,零散创作团队及学生个体创作者构成的高水平、多样化的文艺活动体系;西北师范大学针对学生宿舍这一"自由王国"里出现的"睡仙""情爱角""侃家""款爷"等现象,开展以"乐园杯"为主题的宿舍文化阵地建设活动;河南科技大学为做好毕业生离校这"最后一公里"的各项工作,营造美好而温馨的毕业氛围,使毕业生怀着感恩母校之心、立成才报国之志,带着珍贵的毕业记忆踏上人生的新征程,在每年6月份开展"情系科大·圆梦起航"欢送毕业生主题文化周系列活动,内容包括"十年·约定——给自己的一封信""校级精品文艺节目巡演""毕业生祝福视频征集""组织干部教师用私家车为毕业生送行""最后再喝母校一杯水"等活动,收到了很好的效果。

2. 内容创新

文化艺术来源于生活又高于生活。创新文化艺术活动,提升活动的品位，要在活动的内容上下功夫。一是结合专业特色。各高校都应充分发挥自己的重点学科和特色专业的优势，利用各学科资源，打造自己的文化艺术活动品牌。如河南科技大学电气工程学院开展的"电路服装展"活动就是学生结合专业知识在服装上增加电路设计，然后根据手绘图纸，用二极管做材料，分别设计出形式多样的电路图案，制作出电路服饰，再由服装模特与才艺展示同台竞技进行展示的文化与科技相融合的活动。该活动是科学与艺术的完美结合，独具创意、富有特色。二是结合时代特色。高校文化艺术活动要与当前社会发展的趋势相结合，要与时下流行的观念或现实生活中的某种现象相结合。如山西省大学生新媒体文化艺术节于2014年开始举办，活动内容包括手机微视摄影大赛、网络小说大赛、原创漫画大赛等，开发和延伸了新媒体平台，活动不仅丰富了大学生校园文化生活，也符合当前大学生的实际需求。三是结合文化特色。高校的文化艺术活动从根本上都要展现学生的真实生活和学校特有的文化风格。如广州美术学院在全国大学生文化素质展演中获奖的校园舞台音乐剧，其舞台艺术中融入了自身美术大师的美术作品（如《开荒牛》《艰苦岁月》等），还融入了中国传统文化，诸如京剧、昆曲和秦俑等元素，演出格外精彩，备受好评。四是结合地域特色。地域历史传统和民间民俗等对高校有着深远影响，一些传统性、民族性的元素不仅特点鲜明，也更具代表性。高校应充分汲取地域文化营养，传承文化特色，丰富文化艺术活动的内容。如石河子大学的现代舞《超越》，将新疆的艺术元素贯穿于整个舞蹈中，展现了当年新疆生产建设兵团保卫祖国疆域的雄姿和改变戈壁面貌的坚韧品格，这种集艺术性、思想性和地域性为一体的优秀作品，很好地树立了自己的文化艺术活动品牌形象。

3. 形式创新

创新活动形式是增强文化艺术活动吸引力的重要举措。一是活动形式多元化。只有活动形式多元化才能满足学生多样化、个性化的需求，提高学生参加活动的积极性。文化艺术活动形式多元化主要是指传统和现代相结合、高雅和通俗相结合、特色与普及相结合、线上和线下相结合等。如学校同时举办传统戏曲演出、民俗文化展示活动、校园歌手大赛、手机文化艺术节等活动，就是传统和现代的结合。二是活动群体新型化。高校要充分发挥学生社区、网络虚拟群体等新型大学生组织在文化艺术活动中的重要作用，加强有效引导，确保校园文化艺术的正确发展方向。如"桂林理工大学举办的社区文化艺术节以'宿舍装饰大赛'、'楼栋优秀学子风采展'等为主要内容，活动举办以来受到广大学生的欢迎，绝大多数学生都能走出宿舍，参与其中，参与的学生已达近万人之多，其育人影响逐年扩大、育人效果显著提高，在校园文化活动中独树一帜，自成品牌"①。三是活动平台网络化。高校要树立互联网思维，重视网站、微博、微信等新型媒体平台在文化艺术活动中的作用，不断拓展文化艺术活动的渠道和空间，积极开展健康向上、丰富多彩的网络文化艺术活动。多媒体传播方式是新媒体时代最重要的特征，文化艺术活动要综合利用好文字、图片、音频、视频等各种多媒体手段，吸引更多参与者和拥护者，制作传播贴近大学生特点的新媒体内容产品，运用大学生喜欢的表达方式开展文化艺术活动。通过新型媒体平台，可以把活动的空间拓展为线上、线下现场互动和交流评论的共享平台，如微信宣传、网站宣传、微博现场互动点评、活动留言板等。

4. 机制创新

文化艺术活动机制创新是提高活动质量的需要。将项目化管理模式引入高校文化艺术活动的管理中，具有很强的实践价值，是推动文化艺术活动管理规范性、系统性、科学性和实效性的重要手段。"项目管理是一种以项目为对象的管理方式，它以系统论为指导，以先进的管理理论和方法为基础，通过特有的组织形式，实现项目全过程的综合动态管理，从而有效完成项目目标。"② 文化艺术活动的项目化管理就是在文化艺术活动中，以活动项目为基本单位，采用招标制度立项，通过立项申报、答辩、审批、项目执行、中期检查、项目验收和评价等程序，使校内外的人力、物力、信息、资金等多方面资源达到最优化配置的管理方式。文化艺术活动项目化管理实现了对活动全过程的合理规划、有效组织以及指导和监督；打破了自上而下的活动方案制订过程，形成上下结合、内外结合的信息传导路径。这种方式有利于突出学生在活动中的主体性，发挥大学生的积极性、主动性和创造性，培养学生的宽容精神、民主意识，锻炼了学生的组织协调能力，有效提升了文化艺术活动的质量和品

---

① 李南、张瑞：《高校校园文化品牌建设研究》，载《思想政治教育研究》2013 年第 4 期。
② 王务均：《大学生社会实践项目化管理的运行机制研究》，载《学校党建与思想教育》2012 年第 2 期。

位，从而更好地实现了大学生在文化艺术活动中自我培养的目标。

案例：广州大学中华经典诵读活动的实践与探索

中华经典诵读活动是广州大学校园文化品牌活动，其前身是广州大学中文系 1997 年创办的唐诗宋词系列活动，2002 年起成为全校活动，2009 年成为优秀品牌活动，得到师生好评和社会高度关注。2010 年，广州大学成为全国首批"中华经典诵读示范高校"，并成功承办了由教育部、国家语委、中央文明办、中国教育电视台主办的"中华诵·2010 经典诵读晚会（端午篇）"。2011 年，广州大学获得国家语委颁发的"中华诵·经典诵读行动"特别贡献奖。经过多年的努力，广州大学中华经典诵读活动已实现规划长期化、活动多元化和参与全员化。

整合挖掘资源，重视人文土壤培育

广州大学于 2002 年 10 月成立了"人文教育基地"，2006 年 4 月，与广东外语、外贸大学等广州大学城及周边地区 7 所高校联合申报的"国家大学生文化素质教育基地"获得批准。这两个基地的成立和建设为中华经典诵读活动创造了良好的阵地，通过基地建设整合校内外资源，对活动的推进进行了系统规划。学校还拥有人文学院、新闻学院等相关学科背景的学术力量和师资资源，这些都为开展中华经典诵读活动提供了强有力的学科支持和专业保障。

为了进一步保障中华经典诵读活动的顺利开展，广州大学启动了"五个一工程"："编制一本《选本》""开发一个考试软件""建立一个网站""汇集一批语音资料"和"建设一批精品课程"。屈哨兵副校长牵头组织学校古典文学方面的专家遴选了中华经典优秀作品中诗词曲赋文共100 篇，汇集出版了《中华经典诵读选本》。学校网络中心开通了中华经典诵读网站，在网站中设立了诵读角、专家讲坛、诵读考试、经典 100 篇、经典拓展、诗书音画和交流园地等栏目。组织师生对经典 100 篇篇目进行了详尽的分析、导读和提供示范朗读音频文件，为师生提供丰富的中华经典音视频学习材料，建设了以"中国古代小说经典""唐诗宋词欣赏"为代表的精品通识课程，供学生选修，实现中华经典诵读进入第一课堂。

在《中华经典诵读选本》编写和宣讲的基础上，广州大学网络中心结合学校第二课堂学分的实施，自行设计了面向全校学生的中华经典诵读学分考试系统。中华经典诵读学分考试贯穿大学生四年的学习期间，每年的 4 月和 10 月，学生都可以登录诵读网站进入中华经典诵读考试模块，进行春考或秋考的考试报名。

通过一系列举措，广州大学形成了"诵经典、学经典、用经典"的风气，为大学精神的培育提供了极大的营养源泉。

丰富活动形式，激发学生参与热情

为真正实现中华经典诵读的全覆盖，充分调动学生参与的积极性，在校园内形成人人爱读经典的氛围，广州大学重点打造了以"雅言传承文明　经典浸润人生"为主题的全校中华经典诵读比赛，"传自经典　承在当下"为主题的辩论赛，以"诗意的生存""我的大学 我的生活""文学之思"和"青春·梦想"等为主题的四届年度文学创作大赛等；利用"博学讲坛"这一平台，开设"经典系列"，邀请《人民日报》原副总编辑梁衡，北京大学中文系系主任、博士生导师陈平原教授，中央电视台著名戏曲节目主持人白燕升等著名专家学者开展解读经典专题讲座；成立学生社团"沧浪诵读社"，在校园内开设了"诵读角"，每周二下午举办诵读活动，活动形式包括学生朗诵、名师指导及学生们互助背诵等，给更多学生创造了交流诵读经验和体会的平台；在全校范围内倡导"每天半小时记诵一百篇"，各学院以班为单位开展主题班会、团日活动、知识竞赛和诵读比赛等各式活动。

在长期开展丰富多彩的经典诵读活动基础上，2010 年广州大学成功承办了由教育部、国家语委、中央文明办主办的"中华诵·2010 经典诵读晚会（端午篇）"大型诵读晚会，整场晚会"以鼓为号，感受楚风的余韵；以诗抒怀，追忆圣哲先贤"，结合端午节丰富的文化内涵，以及广州大学合并建校以来取得的辉煌成就，融合岭南文化以及师生的爱校敬校之情，分"风情·端午""风格·端午""风骨·端午"三个篇章展开，晚会现场广州大学多名师生与著名语言艺术表演家同台演出，展示了中华经典诵读活动开展的成果。中国教育电视台、广州电视台、南方电视台在黄金时段面向社会播出了这场晚会。

师生共同参与，诵读活动成效显著

经过多年的努力，目前已有近千名学生参加经典诵读考试，全校累计有 1 万多人次参加各种经典诵读活动。广州大学中华经典诵读活动已经取得较为显著的成效。来自广州大学机械与电器工程学院的罗中允同学，自学音乐，取灵感于广州本土经典创作的《西关情缘》组曲获得2009 年第七届中国音乐金钟奖最佳作曲奖。来自法学院的黄焕秋同学，热爱粤剧，利用业余时间带领曲艺社，传播传统戏曲知识，并站上意大利的舞台，《广州日报》予以报道。在广州大学校园内，有更多的学生因为经典诵读而热爱传统文化，愿意传播传统文化，进而影响其人生。广州大学开展的中华经典诵读活动，着力推进了优秀文化的传承和思想文化的创新，为广大学生提供了优秀传统文化的教育平台，全面提升了学生人文素养，促进了广大学生对中华文化精粹、中华民族精神与品格切入灵魂的理解，为实现大学办学的根本使命，培育大学精神做出了应有贡献。

（资料来源：教育部思想政治工作司编写的《高校校园文化建设理论与实践》，中国人民大学出版社 2011 年版。内容有修改）

第 四 章

日常管理活动

大学生日常管理，是维护大学教学和生活秩序、确定大学的规矩和方圆、提高大学生文明程度的重要举措，是培养大学生遵纪守法意识、诚实守信品行、文明礼貌修养的有效手段，是激发大学生努力学习、积极进取、勇于创新的教育机制，是培养大学生崇高使命和责任担当的重要途径。

第一节　日常管理活动概述

一　日常管理活动的主要内容

1. 行为管理

大学生行为管理就是对大学生的言行举止的文明化和规范化管理。行为管理是提升大学生文明程度、养成良好行为习惯、镌刻高等教育烙印、促进全面成长成才的重要手段和有效措施。大学生行为管理的核心任务，是加强基础文明建设，提高大学生文明修养，塑造大学生的美好心灵。

大学生行为管理包括诸多方面的内容，其中最重要的是两个方面：一是文明行为管理。包括文明用语、文明待人、文明处事、文明举止等方面的教育管理。"高校要在日常管理活动中培养大学生的社会公德意识和环境保护意识，使大学生做到行为美、语言美、心灵美，养成文明的个人品质和行为规范，使大学生把文明修身活动与热爱祖国、人民和学校的行为有机地结合起来，做到以心传心，以情感情，以德涵德，以志养志"①；二是习惯养成管理。包括遵纪守法习惯、遵守公约的习惯、尊敬师长的习惯、尊重同学的习惯、诚实守信的习惯、保护环境的习惯、俭朴节约的习惯、锻炼身体的习惯、科学作息的习惯、勤于动脑的习惯、热爱劳动的习惯、热心公益的习惯、助人为乐的习惯等方面的教育管理。

2. 纪律管理

纪律是指要求人们在集体生活、工作、学习中，遵守秩序、执行命令和履行自己职责的一种行为规则。纪律管理是通过制定和实施约束制度，以保证组织规范、科学、公正、有序运行的管理，其手段和形式是约束，其实质和目标是发展。所谓"制度是自由的尺度"，正如马克思指出的那样，"制度不是具有各自偏好的人们自由的缔结社会契约，相反，是与生产力相适应的制度决定着人的价值取向和选择空间"。② 大学生纪律管理就是按照事先确定的行为规则，约束大学生按照大学的要求行事，目的是规范大学生的日常行为，确保高校各项工作顺利进行。所以纪律管理是大学生自由而全面发展的保障，是日常管理活动的重要组成部分。

纪律管理的内容主要有两大类：第一类是教育教学纪律。其中包括注册纪律，如按照规定每学期注册，按规定缴纳学费；请假纪律，如有事要按程序请假，期满要按规定销假；课堂纪律，如不迟到、不早退，不做与课堂教学无关的事情，保持课堂秩序；考试纪律，如自觉遵守考场规定，诚信考试不作弊；学术纪律，如自觉遵守学术道德规范，不抄袭、不剽窃他人科研成果，不抄袭他人作业；实习纪律，如实习期间听从带队老师和实习单位工作安排，不得无故离开实习场所；实践活动纪律，如参与各类实践活动，要有团队意识，遵守团队纪律，不做有损大学生和学校形象的事情；政治纪律，如不做违背四项基本原则的事情，不轻信谣言，不传播影响稳定的不良信息，自觉维护党和国家的声誉；评先评优纪律，其中包括诚实提供相关评定信息，公平公正参与，自觉尊重集体意见，自觉维护班级团结；社会交往纪律，如男女交往要得体，同学之间相互谦让，不打架、不斗殴，不做损人利己的事情等。第二类是公共场所纪律。其中包括宿舍纪律，如不得在宿舍使用违规电器，未

① 杨巍：《基于以人为本理念的高校学生管理创新模式研究》，载《山东青年》2014年第8期。

② 林岗、刘元春：《诺斯与马克思：关于制度的起源和本质的两种解释的比较》，载《经济研究》2000年第6期。

经批准不得在外住宿，不得在休息时间大声喧哗影响他人休息等；食堂纪律，如自觉排队，节约粮食，维护食堂卫生；校园纪律，如爱护校园不破坏花草树木，遵守自行车摆放秩序，不乱扔垃圾；图书馆纪律，如保持图书馆安静，按规定借还图书，不占座位，保持室内卫生；实验室纪律，如爱护仪器设备，按照操作规程进行试验，实验结束自觉清理设备设施等。

3. 激励管理

激励是组织通过设计恰当的外部奖酬和工作环境，以一定的行为规范，借助信息沟通，对组织成员的行为进行激发、引导、保持和归化，以有效地实现组织整体目标和成员个人目标的系统活动。激励管理是高校运用健全、透明的激励措施，明确大学生行为与后果、努力与回报之间的关系，维持竞争的公平性和透明性，促进大学生之间良性竞争和发展的管理行为。"激励管理的关键在于针对每个大学生通过努力所取得成绩给予相应等级的物质与精神奖励，既对每个大学生所作出的努力给予了合理的回报，又能保证他们所付出努力的差别在相应奖励上有所体现。"① 激励管理是人才培养中一种十分重要的手段，通过激励管理可以激发和引导大学生奋发学习、立志成才的决心和信心，形成良好的校风和学风，促进全体大学生形成"比学赶帮超"的良性发展局面。

激励管理按照激励对象可以划分为两大类：第一类是个人激励，一是奖学金的评定，如国家奖学金的评定、国家励志奖学金的评定、校级奖学金的评定、新生奖学金的评定、企业奖学金的评定等；二是先进个人的评选，如文明学生评选、三好学生评选、优秀新生评选、社会实践先进个人评选、优秀实习生评选、优秀毕业生评选、优秀团员评选、优秀团干评选、优秀学生干部评选、学习标兵评选以及免试推荐研究生等。第二类是集体激励，如军训先进单位评选、优秀青年志愿服务集体评选、文明班级评选、优秀班集体评选、优良学风班评选、免监考荣誉班级评选、星级班级评选、文明宿舍评选等。

4. 安全管理

安全是指人与生存环境的和谐相处，互不伤害，也不存在危险的隐

① 林煜：《浅析博弈论在大学生激励管理中的作用》，载《科学大众（科学教育）》2011年第11期。

患。安全管理是高校通过对有关信息的综合研判，准确及时地把握大学生的思想动态和行为状态，做到早发现、早报告、早控制、早处置，维持高校正常的教学、科研与生活秩序，确保大学生人身和财物安全的管理行为。

高校的安全管理主要包括：公寓安全，如养成随手关、锁门窗的习惯，保管好自身的贵重物品（如手机、笔记本电脑），遵守学校的规章制度，杜绝违规电器的使用等；消防安全，如不在公寓内使用热得快、酒精炉、液化气，不点蜡烛学习，不躺在床上吸烟，不随处乱扔烟头等，不做任何可能引发火灾的事情；交通安全，如在道路上行走，应走人行道，无人行道时靠右侧行走，走路时要集中精力，不与机动车抢道，不在道路上进行球类活动等；大型活动安全，如自觉遵守活动场所的规章制度，服从工作人员的指挥和管理，有序地入场、退场，严禁故意拥挤、起哄、吵闹、打架斗殴等扰乱活动场所内外秩序的行为，严禁随意抛洒物品或携带易燃易爆等危险品，管制刀具和其他妨害公共安全的物品进入活动现场；信息安全，如树立信息安全意识，了解信息保护的基本方法、计算机犯罪的危害性、信息技术可能带来的损害身心健康的因素，养成健康使用信息的习惯等；网络安全，如正确认识网络使用规范，遵守网络伦理道德的规范，能够识别并抵制网络的不良信息，增强自觉遵守与网络活动相关的法律法规的意识；外出安全，如外出时尽量搭乘大众交通工具，如公交车、火车等，不要乘坐"黑车"，外出社交活动中，要把握好尺度，与陌生人接触时要提高警惕，不要随意接受陌生人的邀请去吃饭、娱乐、游玩等。

二 日常管理活动的重要意义

1. 日常管理活动是人才培养的组成部分

人才培养是依据高等教育的目标，针对大学生的成长规律，运用各种教育要素，有计划地实施教育的综合培养活动。按照高等学校的人才培养作用机制，人才培养由课内培养和课外培养两部分组成。课内培养是以课堂教学为主的系统化教育，包括课堂教学、教学实习、教学实验、毕业论文、毕业设计等环节和过程，课外培养工作是指除课内培养以外的全部培养工作的总称。在我国大多数的普通高等院校，一个全日制的大学生有超过一半的时间是在课外度过的，很重要的一部分时间是在课外的各种培养活动中学习成长的，所以课外培养工作是人才培养的重要组成部分。课外培养是由思想教育活动、日常管理活动、帮扶解困活动、心理健康教育活动、学业发展指导活动、创新创业活动、校园文化活动、社会实践活动、志愿服务活动、学生社团活动、学生党团活动等一系列活动构成的，日常管理活动是课外培养的重要组成部分，因而也是高校人才培养的组成部分。

成功学大师拿破仑·希尔说过："习惯能够成就一个人，也能够摧毁一个人"①，因此，习惯对一个人成长发展极为重要。日常管理的本质和核心任务并非是简单的事务管理，而是促使大学生养成良好的习惯。日常管理通过制定和贯彻行之有效的规章制度，约束、协调、指导和规范大学生的行为，全面提高大学生素质，促使大学生养成自觉遵守社会道德规范和日常行为规范的习惯。大学生良好习惯的培养，对其成长成才影响极大，一些看上去微不足道的细节可能会对大学生产生深远的影响，甚至影响到大学生的前途。日常管理涉及文明行为、纪律约束、学习习惯、诚信人格、成才意识等多个方面的素养培养，这对培养大学生逐步成为能够胜任社会发展需求的高素质人才具有重要的基础性作用，因而是高校人才培养的重要组成部分。

2. 日常管理活动是大学管理的重要内容

大学管理是大学健康运行的根本保障，大学管理的内容包括行政管理、人员管理、学术管理、信息管理和资产管理等，大学的人员管理包括学生管理和教职工管理。随着"以学生为中心"的培养理念在我国高等学校的传播和运用，学生管理将越来越成为大学管理中最重要、最活跃的内容，而日常管理则是大学学生管理中最核心、最重要的内容。

日常管理活动是协调大学生适应高校组织运转，适应大学人才培养各项制度要求，适应各种人际关系，并有效促进大学生成长成才的管理行为。它不仅承担着维护大学教学和生活秩序、确定大学的规矩和方圆的使命，更重要的是通过管理，培养大学生遵纪守法的意识、诚实守信的品行、文明礼貌的修养，激发大学生努力学习、积极进取、勇于创新的精神，培养大学生的崇高使命感和责任担当。

日常管理活动不仅体现了大学学生管理的理念，也体现了大学整体

---

① 屈平：《习惯的力量》，北方妇女儿童出版社 2014 年版，第 1 页。

管理的理念，更重要的是它深刻地反映了大学管理和人才培养的理念。传统的管理思维总是把大学生日常管理定位于"订立规矩""实施约束"，而现代的管理思维则把大学生日常管理看作"协调关系""引领发展"。因此有什么样的人才培养理念，就会有什么样的大学管理理念，从而也就会有什么样的日常管理理念，日常管理活动是构成并体现大学管理的重要内容。

三　日常管理活动的培养目标

1. 素质培养目标

日常管理活动的素质培养目标，主要是思想政治素质，重点是培养思想政治素质中的道德素质和法律素质，核心是培养大学生遵纪守法的意识、文明礼貌的品行、积极进取的精神，通过日常点点滴滴的教育和管理提升大学生的整体素养。

培养道德素质。"道德素质是大学生通过道德认知和道德实践而形成的道德观念、道德判断、道德情感、道德行为等方面的素养，它是大学生道德认知和道德行为的综合反映。"[1] 在日常管理活动中，学校和老师会宣传学校的纪律、规范、规则、办法、措施、要求、导向，会提醒学生哪些事情必须做，哪些事情不能做；怎样做是正确的，怎样做是错误的；哪些事情该这样做，哪些事情该那样做等。这就给大学生提供了道德认知和道德实践的思考和范式，能够有效引导大学生知善恶、知真假、知美丑、知正误，不断强化道德观念，强化道德情感，引导和促进大学生正确的道德实践。

培养法律素质。法律素质的实质是自觉依法办事的思想意识和行动自律的品质，它是法律知识、法律意识和法律实践的有机统一。现代大学学生工作中，尽管日常管理的理念发生了新的变化，日常管理活动不再仅仅局限于"定立规矩"和"实施约束"，而是把"协调关系"和"引领发展"作为日常管理的目标，这是管理的进步和升华。但是管理的基础并没有变化，管理的根基仍然是"先有规矩，后有方圆"。高等学校通过建立制度，贯彻和落实制度，教育和引导大学生学习制度、了解制度、遵从制度、运用制度，然后实现"自由而全面的发展"，在这一过程

① 杨国欣等：《大学课外培养》，中国社会科学出版社2016年版，第49页。

中，日常管理活动有效地培养了大学生自觉遵守校纪校规的意识和行动的自律，这就是大学通过日常管理活动培养大学生法律素质的教育机制。

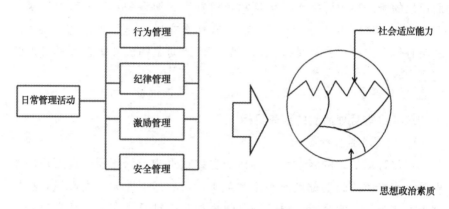

图4—1   日常管理活动的培养目标

注：其他附带培养的素质和能力未予标出。

2. 能力培养目标

日常管理活动的能力培养目标，主要是培养大学生的社会适应能力。通过日常管理活动，让大学生深刻认识制度的价值导向作用，并能有效地运用制度规范促进自己的全面发展，并在制度的影响中，提高自身的学习适应能力、环境适应能力、交往适应能力、角色适应能力、活动适应能力等。

日常管理活动，能够帮助大学生学会在学习和生活中如何与他人开展有效的沟通和交往，与他人保持良好的人际关系，表现出符合人际交往和职场要求的礼仪和风范。在日常管理活动中，学生通过管理实践的历练，开始学会运用恰当的语言，学会倾听别人的意见，学会劝说、帮助和安慰他人，学会正确表达自己的观点和态度，学会恰如其分地运用语气、表情和动作等。这些历练对提高大学生的社会适应能力极为重要，发挥着耳濡目染、潜移默化的作用。

在日常管理活动中，还有一些机制对大学生社会适应能力的培养极为重要。如大学生在交往和学习中会出现挫折和失败，如出现交往不顺畅、考试成绩不佳等情况。然而顺利与挫折、成功与失败是一枚硬币的两面，只要能有效引导大学生发现挫折和失败中蕴含的成功因素，从不可能中发现可能的机会，就会促进大学生新的进步。比如某个大学生在奖学金评定中因为微小的差距没有评上，如果他能认真分析自身存在的不足，从中吸取教训，努力提升自己，下一次就可能会获得更高级别的奖学金。

还有通过自我调节机制，可以进行目标转移；通过朋辈劝导机制，可以消解各种冲突；通过建立组织团结机制，可以提高容忍程度等。通过日常管理活动，大学生能够总结教训、改进方法、调整心态，正视自己的缺点和不足，扬长避短，不断进取。在这个过程中，学习更加深入、环境更加熟悉、交往更加娴熟、各种角色认知更加明晰等，不仅社会适应能力得到了提升，也使自己在环境适应中变得更加智慧。

第二节　日常管理活动组织

一　日常管理活动的组织形式

日常管理活动的组织形式，是指日常管理活动是由谁来组织以及怎样组织。按照高校当前日常管理的情况，可分为学校组织管理和学生自我管理，学校组织管理包括职能部门管理和院系组织管理，学生自我管理包括学生组织自我管理和学生个人自我管理。

1. 学校组织管理

职能部门管理。职能部门是日常管理活动的策划者、推动者。职能部门管理的形式主要是宏观上安排、全局上协调以及程序上监督，其具体形式包括：通过制定规章制度指导院系对学生进行行为管理、纪律管理、激励管理、安全管理等，规范大学生的言行举止，对大学生进行校纪校规教育、安全意识教育，实施奖惩激励，提高大学生的思想觉悟；通过工作计划和工作任务布置，将日常管理的目标进行分解并层层落实；通过有效的奖惩工作，激励和引导大学生努力学习、积极进取，增强大学生成长成才的使命感；通过加强学生工作队伍建设，不断更新教育观念、改进工作方法、提高队伍素质，不断推动学生工作队伍的工作水平；通过对日常管理的考核，对院系工作完成情况进行全面、客观的评价，在肯定成绩、总结经验、正视差距的基础上，加强和改进日常管理工作。

院系主体管理。院系是日常管理活动的组织者、实施者，是高校学生日常管理的主体。院系在学校人才培养总体目标的指导下，按照职能部门的具体部署，结合自身发展和社会需要，因地制宜地开展日常管理活动。其具体形式包括：一是按照学校职能部门的工作部署，全面安排本院系学生日常管理的具体事项，有效的组织校纪校规教育、评先评优工作、违纪学生处理工作、安全教育管理工作、学风建设促进工作等，实施具体的教育、管理和服务；二是院系结合自身优势和学生特点，开拓创新日常管理活动的内容与形式，在基础文明建设、校纪校规教育、评先评优活动、安全教育管理等方面，创新工作思路和管理形式，将院系的日常管理引向深入。

2. 学生自我管理

学生组织自我管理。通过学生组织开展管理是日常管理的重要形式，学生组织是高校实施教育、管理和服务的重要途径，也是日常管理的重要力量。主要形式包括：通过学生会开展自我管理。学生会是在校党委领导下，在校团委指导下，学生自我管理、自我服务、自我教育、自我监督的群众性组织，是学校联系学生的桥梁和纽带，是高校学生自我管理工作的重要依托，是实施大学课外培养的重要力量。在日常管理过程中，学生会组织可以通过多样化的途径参与管理，包括开展基础文明建设活动、学生自律教育活动、倡议引导活动、纪律检查活动、参与学校管理决策活动、组织提出日常管理合理化建议等；通过班委会开展自我管理。班委会是学生班级的行政管理组织，按照学校和院系的要求，在辅导员或班主任的具体指导下对班级的行政事务进行管理。主要包括对本班学生开展纪律教育、安全教育、文明教育，在班级内组织奖助学金评选，组织先进个人评选，组织开展班级课外培养活动，开展班风、学风建设等。

学生个人自我管理。学生个人自我管理是大学管理的最高境界，学生通过个人自我管理达到"生活上自理""行为上自律""品德上自修""评价上自省""心智上自控""情感上自强"的境界。大学生通过个人自我管理，学会正确地认识自己、接纳自己；独立地解决生活、学习、交往中出现的各种问题；认识了解周围环境，同环境保持适应，增强应对环境与压力的能力和勇气；通过个人自我管理，寻求生活的意义和价值，促进自身的健康发展，经历有意义的、充实的大学生活。

当然，学生的自我管理还有多种方式，包括各种学生社团的自我管理，学生党支部、学生团支部等多种组织的自我管理。

二　日常管理活动的组织策略

1. 坚持激励引导的管理理念

大学管理重在教育，因而日常管理的核心使命也是教育。教育的手段很多，在日常管理中最重要的手段就是激励引导。通过激励引导大学生建立内在的需要动机，将激励措施转化为一种内在的成长机制，不断提高和促进大学生的积极性、主动性和创造性。

尊重和信任激励。对于已经步入成年的大学生来说，尊重和信任的力量是巨大的。尊重他们的人格，尊重他们的个性和意见，让每个大学生深切体会到自己受到了关注，觉得自己是重要的、有价值的，对于增强他们的自信心、激发他们奋发向上的力量，是极为重要的教育管理措施。

期望和赏识激励。对大学生的期望和赏识，是一种更深层次的激励。在充分了解大学生个体的基础上，向他们提出切合实际的期望目标，并告知学校和老师对他们的赏识，暗示他们应该达到怎样的目标，并且他们有能力一定能够达到这样的目标，这将会促使他们产生一种不让学校和老师失望的决心。

参与和体验激励。让大学生个体都能参与到日常管理活动中来，如采取轮流担任学生干部、轮流担任兼职学工干部，让每一个学生都能亲自实施某项具体活动等方式，感受到学生干部与学工干部工作的艰苦性和挑战性，体验到组织活动成功后的喜悦，从而提高他们组织参与活动的积极性，增强集体荣誉感。

表扬和奖励激励。表扬与奖励是最常用的激励手段，及时的、恰当的表扬和奖励，不仅对受表扬者是极大的肯定，同时对其他同学也是极大的激励。从心理学层面看，表扬和奖励能引起大学生不同程度的愉悦感觉，对表扬和奖励的渴望与追求，会促使他们追求行为的规范化和行动效益的最大化。美国哈佛大学的心理学家詹姆斯在研究中发现，人在没有奖励的状态下，只能发挥自身能力的 10%—30%；在一般奖励状态下，能发挥自身能力的 50%—80%；在适当的表扬和奖励状态下，能发挥自身能力的 80%—100%，甚至超过 100%。①

---

① 参见斯蒂芬·罗宾斯《管理学》，中国人民大学出版社 2008 年版。

2. 坚持公平公正的基本准则

大学生是一个追求公平公正的群体，日常管理中如何实现大学生的这一需求，是提高日常管理实效和满意度的重要前提。因此，坚持公平公正的基本准则是日常管理活动的重要组织策略。

坚持公平公正，关注程序透明。高校日常管理活动涉及奖学金评定、先进个人评选、助学金评定等与大学生切身利益密切相关的工作。随着大学生的主体意识、竞争意识、效率意识、公平意识的不断提高，如何实现学生在大学期间获得公平的发展机会，让大学生站在同一起跑线上公平地参与竞争，已经成为高等学校人才培养中的一个重要问题。大学生对于信息传递是否公开、信息反馈是否及时到位、政策制定是否合理、评定过程是否公开公正等都十分敏感，他们会特别关注评先评优的细则，会比较这些规则对自身或其他同学的利益倾向性。所以高校在发布重要通知和信息时，要保证每个大学生获取信息渠道的畅通性；在制定评先评优的细则时，要保证每个大学生都有平等参与的机会；在评先评优过程中，要公平公正地对待每一位同学。学工干部必须具有公平公正、科学民主的现代管理理念，高校职能部门要加强对日常管理的指导和监督工作。

为后进生点赞，关注特殊群体。关注弱势群体和特殊群体，是落实公平公正基本准则的重要体现。教育者对待后进生的态度，很大程度上决定了他们的发展和成长。如果能够正确引导，他们会迎头而上，倘若以冷眼观之，他们则会自暴自弃。面对这样的马太效应，学工干部要给予后进生更多的鼓励，以宽容的态度对待他们，帮助他们找到问题的根源和解决问题的办法。在日常管理工作中，要学会发现后进生的长处，并恰如其分地为其点赞，让后进生在受到欣赏的过程中不断挖掘自己的长处，激发他们发展进步的信心。当然，点赞要真诚，要让大学生感受到学工干部的关爱，并在这个过程中建立信任关系，要鼓励他们积极参与班级活动，展示自身的优势，激发他们参与的激情，最大限度地发展自我、完善自己。

3. 坚持教育为主的价值导向

在日常管理工作中，有一项重要的工作就是对违纪学生的教育。学生工作者必须要明确教育为主的价值导向，必须明确大学的核心使命是人才培养，大学生违纪后首先要进行教育，能够通过教育解决问题的，就不要进行处分；能够给予较轻处分的，就不要给予较重处分，要始终把教育的理念贯彻到日常管理的始终。

正确选择教育方式。教育的方式多种多样，高校可根据大学生违纪的不同情况，采取不同的教育方式。情节较轻的可以采用谈心谈话、书面检查、书面保证、公开检查、通报批评等方式；情节较重的可以采取处分的方式。不论采用何种方式，都是为了教育学生，只要大学生接受了教育，主观上能够深刻认识到错误，就应该给予他们改正错误的机会。

正确把握处分原则。大学生违纪存在多种类型，有的是初次犯错，有的是屡次犯错，有的是过失犯错，有的是故意犯错，有的错误影响较轻，有的错误影响较大。原则上，针对初次犯错且情节不太严重的，可以采用批评教育的方式，或者较轻的纪律处分；对屡次犯错、情节严重、影响较大的，要给予较重的纪律处分。

积极做好后续教育。对于受处分的学生，在受处分之后一定要认真做好教育和帮扶工作，让他们明白错误所在及其在学生中产生的不良影响。要帮助学生克服因处分带来的不良情绪，引导和激发受处分学生进步的动力。要告知学生解除处分的时限和办法，引导学生在接受教育、实现新的进步的过程中，实现成长和发展。

三　日常管理活动的目标控制

1. 明确培养目标

日常管理活动的最终目标是培养大学生的思想政治素质和社会适应能力，始终明确这一目标，是在管理实践中把控并实现这一目标的关键。通过明确培养目标，确立"管理重在培养、管理为了培养、管理就是培养"的目标导向，建立日常管理活动"事事有规则，处处有人管，件件有落实，时时有教育"的工作机制。

为了始终明确培养目标，要将大学生平时的遵纪守法、集体观念、劳动观念、文明举止等方面的表现情况，与班委会选举、学生会竞选、各类奖学金评定、先进个人评选等有机结合起来，促进大学生的行为养成教育；要实现过程管理和目标管理的有机结合，有效调动大学生日常的自我教育、自我管理、自我发展、自我完善的积极性；要明确提出在日常管理中教育引导大学生做人、做事、交往、合作、竞争等培养要求；要在日常管理中帮助大学生端正学习态度，明确学习目标，树立远大理想；要充分运用各种平台和载体对大学生进行帮助，在学习方法、考级、考证、考研、科研、实践、服务等方面给予耐心细致的指导；要倡导大学生快乐生活，培养他们积极的生活态度，正确认识和妥善处理大学期间日常生活中出现的各种关系和问题，形成完善的人格。

2. 把握目标方向

把握目标方向，是实现日常管理活动培养目标的关键环节。正确把握目标方向的前提是明确日常管理活动的培养目标，在目标明确的前提下，高校学生工作者要通过多种途径把控培养目标。其中主要的途径有：

职能部门把控目标。高校学生管理部门，要经常反思和研究日常管理活动开展的情况，评判管理部门和院系是否存在"为管理而管理"的现象，反思日常管理活动是否具有"管理重在培养、管理为了培养、管理就是培养"的理念，在实际工作中是否很好地贯彻了这些理念，并不断地宣传先进的理念，调整管理的思路，确保日常管理活动培养目标的实现。

院系主体把控目标。作为日常管理主体的院系，要在具体管理实践中把控培养目标。要经常检查和反思院系管理活动中，是"板着面孔"去管理，还是"倾注爱心"去管理；是"拿着制度"去管理，还是"确立目标"去管理。要不断通过反思调整管理实践，更多地注入培养目标的相关内容，在谈心谈话、宣传教育上下功夫，在培养目标上下功夫，在提升学生素质和能力上下功夫。

学生组织把控目标。大学生既是管理的客体，又是管理的主体，在日常管理过程中充分发扬民主，调动大学生的积极性，加强学生组织的自我管理，是日常管理活动非常重要的组成部分。在日常管理活动中，通过发挥学生组织在了解学生思想状况、采取朋辈教育引导、实施组织教育、开展活动培养、建立交流平台等方面的作用，可以有效地推进大学生素质和能力的提高。因此，加强对学生组织的培训和指导，发挥学生组织在日常管理中的培养作用，是实现日常管理活动培养目标的重要途径。

学生自我把控目标。现实的一切管理实践都是学生成长成才的外在因素，真正起决定作用的是学生自己。所以大学日常管理的真谛，就是通过管理让学生为自己确立一个大学的目标，并在自觉自愿中、自警自省中、自我追求中、自我监督中朝着这个目标奋进。因此，在日常管理中，教育者除了通过管理实践直接开展培养工作、通过学生组织开展培养工作以外，更为重要的是直接在管理实践中，教育学生学会自我激励、自我教育，让学生从一个教育培养的对象，转化为一个自我教育、自我培养的对象，让大学生真正成为基于制度规范的自由的全面发展者。

第三节　日常管理活动创新

一　日常管理活动的现状

1. 日常管理活动的开展情况

教育行政部门高度重视大学生日常管理。为规范普通高等学校学生管理行为，维护普通高等学校正常的教育教学秩序和生活秩序，保障大学生合法权益，培养德、智、体、美等方面全面发展的社会主义建设者和接班人，教育部制定了《高等学校学生行为准则》《普通高等学校学生管理规定》《国家教育考试违规处理办法》《普通高校学生安全教育及管理暂行规定》《关于切实加强和改进高等学校学风建设的实施意见》《关于加强考试管理，狠刹各种违纪、舞弊歪风的意见》等文件，各省、自治区、直辖市也制定了相关学生管理的制度和文件。特别是 2016 年 12 月新修订的《普通高等学校学生管理规定》，坚持问题导向，针对原有管理制度中存在的缺陷和新近学生管理中出现的问题，从培养什么人、怎样培养人的高度，明确了高校学生管理的任务，突出了社会主义办学方向和培养目的，更加注重维护学生的合法权益，完善了学籍管理制度，鼓励支持大学生创新创业，加强了对诚信缺失和学术不端行为的惩戒，完善了学生申诉和救济制度，使学生管理工作更加注重运用法治思维和法治方式，为实现依法治校、依法办学奠定了制度基础，为通过日常管理实施培养工作指明了方向。

高等学校高度重视大学生日常管理。高等学校长期以来对大学生日常管理工作的高度重视，不仅有效地促进了人才培养工作，也确保了高校的稳定和持续发展。主要表现在以下几个方面：一是建立了相对完善的管理制度。各高校都制定了符合自身实际的制度体系，如请假管理办法、违纪处分规定、学生申诉处理办法、对违纪学生进行跟踪教育的实施意见、学生德、智、体、美综合测评办法、奖学金评定办法、先进集体先进个人评选办法、早操管理办法、学生干部选拔任用管理条例等一系列文件，有效地保证了日常管理活动的正常开展。二是建立了相关协调组织机构。很多高校设置了学生工作领导小组，研究和讨论学生管理中的重大事项，统筹和协调学生管理中较为复杂的问题。有的学校在院系层面上还设置了学生工作小组，主要负责本院系学生工作的推进实施、组织协调、监督管理等工作。三是学生工作队伍建设有了长足的发展。近年来许多高等学校高度重视学生工作队伍建设，从人员配备、职业提升、工作创新等方面给予了有力的支持，高校学工队伍正努力朝着职业化、专业化方向有序发展，专兼职学工干部能够深入学生，深入开展管理和教育工作，发挥了极其重要的培养作用。四是日常管理经费基本得到保证。高校为日常管理活动提供了较为充足的资金支持，多数高校能够按照事业经费收入的 4%—6% 预算奖助学金，大学生的奖学金和困难帮扶资金基本得到保证。

2. 日常管理活动存在的问题

思想观念方面存在的问题。不少高校在思想观念上一直存在落后的观念，认为高校学生管理就是"管住学生不出事"，强调严格管理、学生绝对服从，缺少对大学生的教育和培养，导致大学生在日常管理中处于被动地位；一些高校职能部门和院系，缺乏为大学生服务的意识，管理模式粗放，工作方式简单；一些高校在需要多个部门协调联动时，各自为政，不能形成合力；一些高校教师错误地认为大学生的日常教育管理与自己无关，认为自己的职责就是教学和科研，存在重科研轻教学、只教书不重视育人的现象；一些高校学工干部不能准确把握大学生日常管理的本质，在繁忙的管理中迷失了人才培养的方向，把"管住学生不出事"作为自己的工作目标，影响了教育育人、管理育人的成效。

管理制度方面存在的问题。高校大学生日常管理制度方面存在的问题，主要表现为：缺乏培养理念，日常管理制度过分注重严格管理，对怎样通过管理进行人才培养，怎样实施管理育人缺乏明确的指导意见；缺少生本理念，长期以来许多高校大学生的日常管理，没有真正体现以学生为本的理念，制度"板着面孔"、制度实施"板着面孔"，没有体现以学生为中心；制度不够完善，尽管部分高校近几年在日常管理制度上力求创新，有所突破，但是不少方面还存在制度性缺陷，比如许多高校成立了大学生申诉委员会，但是申诉委员会一般设在学生工作处，由于学生处分一般由学生工作处或教务处审核提交学校领导研究，因此申诉委员会放在学生工作处或教务处都是不合适的。另外由于日常管理制度在制定的过程中，缺乏大学生、学工干部、教师以及学生家长的参与，也影响了制度设计的周密性。

队伍建设方面存在的问题。辅导员数量不足，许多高校相比专业教师队伍建设，对辅导员队伍建设重视不够，很少有高校能够达到专职辅导员与学生1∶200的比例，导致学工干部数量不足；学生工作重点不明，学工干部工作繁杂琐碎，精力投入大，耗时多，导致了日常管理活动的随意性强，经常出现"眉毛胡子一把抓"的现象。由于学工干部把大量的时间和精力用在具体事务的处理上，他们无法潜心研究日常管理活动所面临的新形势、新任务，难以深刻把握大学生群体的新特点、新变化，难以有效实施课外培养工作；学生工作内容泛化，许多高校对学工干部的工作内容日趋泛化，把许多辅导员无法解决的问题作为考量的指标，例如将大学生的英语四级通过率、旷课率、就业率等指标与学工干部的业绩挂钩，认为只要是涉及大学生的问题，都是学工干部的职责范围。这种工作内容的泛化，在一定程度上削弱了日常管理活动的实效性。

二　日常管理活动的创新

1. 日常管理活动的思维创新

深入贯彻"以学生为中心"的理念。"以学生为中心"的理念是针对"以教师为中心"的理念而提出来的，其基本要求是要把学生置于教育教学结构的中心位置，强调教与学中"学"的第一性。深入贯彻"以学生为中心"的理念，就要实现教学理念、管理理念、服务理念的深刻转变，提供丰富多彩的资源、手段和平台，全力支持大学生的培养。"以学生为中心"的理念，在日常管理工作中就是要把学生放在管理的中心位置，一切为了学生的成长；一切为了学生的发展，在管理中实现培养，积极推动大学生自我教育、自我管理、自我服务、自我监督，让大学生真正成为管理的核心而不是被管理的对象。

贯彻"以学生为中心"的理念，要求高校要着眼于大学生的全面发展，为大学生的学习、交往、生活、发展等提供一切可能的条件。要实现高校的领导、教师、学生工作干部思想观念的重大转变：要由原来的学生工作"服务于教学"，转变为学生工作"服务于学生成长成才"；由原来的学生工作"以事务管理为主"，转变为"以教育培养为主"；由原来的"管住学生不出事",转变为"促进学生全面发展";由原来的"管理的目的在于稳定校园秩序",转变为"管理的目的在于培养学生遵纪守法的意识";由原来的学生活动在于"丰富校园文化生活",转变为学生活动是"课外培养的载体",在日常管理活动中体现培养的目的、任务和效果。

"以学生为中心"的理念,深刻地揭示了高等学校在人才培养中重视学生的需求深刻道理,强调学生日常管理工作要全心全意为大学生成长成才服务:通过服务,优化管理环境和体系,实现全方位地理解、关爱和指导大学生;通过服务,循序渐进地提升大学生的个性品质,使学生得到身心和谐的发展。英国的威灵顿公爵曾说过:"滑铁卢战役的胜利,是建立在伊顿的操场上的,而不是在课堂里。"① 因此深入贯彻"以学生为中心"理念,日常管理工作将会有效地发挥培养的作用。

认真落实以学生自我管理为核心的管理思想。大学生自我管理由来已久,世界上最早的大学——意大利的博洛尼亚大学,最初就是由大学生进行管理的,并且这种体制延续了一百多年。近现代世界高等教育发展的过程中,许多大学创造了学生自我管理的成功案例。在教育部新修订的《普通高等学校学生管理规定》第五条中提出:"实施学生管理,应当尊重和保护学生的合法权利,教育和引导学生承担应尽的义务和责任,鼓励和支持学生实行自我管理、自我服务、自我教育、自我监督。"② 在这样一部重要的法规性文件中,明确提出了对实施学生自我管理的鼓励和支持态度。

落实以学生自我管理为核心的管理思想,更深层次原因是要充分调动学生的管理自觉,规章制度虽然能在一定程度上规范大学生的行为,但只有从大学生自身入手才能从源头上解决问题。大学生具有基本的思维和判断能力,绝大多数能够客观冷静地面对生活和学习中的问题,能够控制自己行为。每个正常的大学生在年龄、体质、思维等各方面都经历了不同的成长阶段,拥有一定的生活经验、学习经验和社会经验。研究表明,自觉性差的大学生和自觉性强的大学生在步入社会以后,对待

---

① 游缰、范伯根:《精英教育的时空对话——面对未来:伊顿与上海》,载《航空港》2009年第1期。
② 中华人民共和国教育部令第41号:《普通高等学校学生管理规定》。

自己的生活的方式和态度上大相径庭，所取得的成就也有云泥之别。因此，落实以学生自我管理为核心的管理思想，最终目的就是要促进大学生学会自我管理，以主观自觉管理自己的言行举止。这不仅是大学生在高等教育阶段获得学科知识和基本能力的重要前提，这种自我管理的自觉本身就是高校要教给学生的重要素养和能力，对今后步入社会实现事业发展具有重要的保障作用。

落实以学生自我管理为核心的管理思想，需要我们以更加开阔的视野，深入教育学生、引导学生、鼓励学生学习自我管理，不仅要充分发挥学生组织和学生干部的作用，更要学会发挥每一位学生的作用，让每一位学生都成为自我管理的参与者、组织者、实施者，让每一位学生在进行自我管理的过程中，实现自我提高、自我锻炼、自我培养，从而实现日常管理的培养目标。

2. 日常管理活动的形式创新

不断改进传统管理模式。要实现日常管理形式的创新，首先要探讨如何突破传统的管理形式，如积极探索构建社区管理，实现导师管理与辅导员管理的融合等，以弥补传统管理形式中存在的不足。

实施社区管理，即以学生公寓为中心，以楼幢、宿舍为基本管理单位，进行日常管理活动。完全学分制的实施，使班级概念淡化，完全以班级为单位的学生管理模式，将面临许多问题。社区管理将以往班级所承担的部分功能转移到学生宿舍，学生宿舍成为学习生活的重要场所，是开展思想政治工作和大学生自我管理工作得天独厚的优势空间。在社区建立学生自治组织，负责基础文明建设、校纪校规教育、学习竞赛活动、课外培养活动、宿舍卫生检查等，通过学生自治组织进行日常管理，对原有的班级管理起到强有力的补充作用。

实行导师管理，即聘任各专业高层次教师作为大学生的导师，深度参与日常管理，实现课内培养与课外培养的有机结合，完善课内与课外双轨并行的培养机制，充分发挥高层次教师在人才培养中的重要作用。导师的职责不仅包括学业和科研指导，还包括思想的引领和行为的指导。导师可以通过多种形式与学生沟通交流，在交流互动中实现对学生的指导。对于导师在交流中发现的突出问题，可由导师和学工干部一起研究解决。

不断更新技术手段。新技术经常是通过一个范式突破并取替另一个范式而实现的，并不总是在同一方向上的累积、提升、深化，许多过去的或现行的技术可能成为新技术的研究思路和分析工具。高校需要充分利用现代信息技术和手段，改变传统的粗放型日常管理模式，实现学生工作的精细化管理。

高校必须精心建构学生管理系统，建立现代化的学生信息管理手段，高校职能部门、院系领导以及学工干部等相关人员分别被赋予不同的权限，实现在线信息补充、信息查询与工作办理。"学生管理系统有效地优化了校内电子资源，搭建起各部门联动的平台，减少了重复性劳动，提高了工作效率。"① 应当将"大数据"思维应用到日常管理工作中去，把教务系统、学生管理系统、就业系统等各职能部门独立的系统进行整合，在大学生入校之初便将指纹等不可复制的信息录入到系统中去，在教学区域、公寓区域、图书馆、餐厅、运动场、超市等校内场所建立统一的身份识别系统，通过掌握大学生的上课信息、门禁记录、上网行为、阅读习惯、饮食消费等信息，对大学生的行为进行全面的了解和分析。

新技术的发展为日常管理提供了现代化手段，高校要充分认识到其优越性和重要性，畅通管理中的信息渠道、建立学生信息反馈网络，及时接收、回复学生的信息，不断提高日常管理的效率和水平。通过信息反馈网络及时公布日常管理各方面的情况，如校内重大活动安排，学生获奖、违纪通报、温馨提示、热点话题等多方面的内容，使大学生能随时了解到学校最新的教育与管理的措施，不断完善日常管理决策的准确性和可行性。

日常管理活动需要从实际出发，找寻一条适合不同高校、不同院系、不同年级、不同专业大学生的路径，把握日常管理活动的主体性、导向性和创新性，积极推进制度管理人性化、公寓管理社区化、日常管理网格化的思路，使日常管理活动主动适应高校人才培养的需要，充分发挥日常管理活动的培养功能。

案例：复旦大学探索基于书院建设的培养模式

复旦大学 2012 年全面推行住宿书院制。目前有志德书院、腾飞书院、

---

① 邓宁平：《和谐视域下的高校学生工作》，甘肃人民出版社 2010 年版，第 155 页。

克卿书院、任重书院和希德书院五个书院。复旦大学建设本科生住宿书院的目的，是通过书院使不同学科的学生，能够有充分的交流，就大家所感兴趣的问题进行深入的探讨。复旦大学书院建设始终注重思想引领、文化育人、师生共享和学生自我教育，逐渐形成融贯第一课堂与课外培养的育人体系。

复旦大学的书院按住宿区域划分，物理空间相对独立，包括一个区域内的公寓和公共空间。书院内的住宿安排，基本按学科交叉和大类融合的原则。书院的功能，是实现文化育人的住宿园区，是师生共享的公共空间，是学生自我管理的教育平台。各书院院长由复旦大学聘请资深教授担任。书院设有管理委员会，协助院长工作，书院内学生组建自我管理委员会，自主设立各职能委员会，履行自我管理、自我服务、自我教育的各项职能。复旦大学充分尊重院长对书院的领导，尊重学生在书院管理和生活中的自主权，培养学生的自我管理能力。

打造青年思想引领的重要阵地，提升思政教育实效

一是深化学生党建。各书院设立学生党建活动室，为各学生党支部开展组织生活、民主评议、谈心谈话等提供良好环境。开辟党建宣传栏和党建书库，为学生开展理论学习活动提供指导和保障。针对海外交流党员，各学生党支部依托党建活动室远程视频会议设备实现管理服务全覆盖、教育培养无盲点、思想引领不断线。二是开展主题教育。各书院以中国传统节日为重要节点，通过主题讲座、文化游园会、趣味竞赛等师生喜闻乐见的形式开展社会主义核心价值观和中华优秀传统文化教育。每年组织学生清明祭扫活动，引导和教育学生追思缅怀先贤，继承遗志，传承发扬复旦精神。三是加强队伍建设。各书院选拔富有经验的学工干部担任团工委书记，指导书院学生开展主题教育活动。各院系设立书院职能学工干部，将专业特色与书院平台紧密结合，积极探索德育生活化。"包涵工作室"面向全校学生工作队伍定期开展交流沙龙、技能培训等，打造"学工干部的加油站"。

建设校园文化育人的住宿园区，促进学生全面发展

一是提升文化认同。各书院建有文化陈列室，悬挂匾额和楹联，设计独特的文化标识系统，并将其作为传承中华优秀传统文化、弘扬复旦

精神、加强书院认同感和凝聚力的重要载体；二是聚焦书院特色。经过十余年的发展，五大书院逐步形成了各具特色的书院文化和品牌活动。志德书院着眼提升学生国际视野，着力拓展国际文化交流项目。腾飞书院以科学精神和工程实践为特色，大力实施"腾飞科创计划"。克卿书院强调医学人文精神，持续开展新华医院、红房子医院志愿导医活动。任重书院注重中华传统文化，倾力打造"中华优秀传统文化月"。希德书院突出社会实践，积极组织书院学生前往青州开展支教活动；三是推进经典研读。各书院建立藏书阁，以"在阅读中体悟经典，在清谈中畅想人生"为宗旨，依托"经典研读计划"开展读书活动，邀请专家学者带领学生精读经典，结合社会热点和学生实际进行讨论，传承中华优秀传统文化，培养人文精神。计划开展至今，读书小组累计800余个，参与学生人数8000余人。

优化师生互动共享的公共空间，夯实通识育人基础

一是升级公共空间。在现有学生生活园区的基础上，合理规划书院整体布局，精心设计建筑结构，深挖育人功能，在每个书院建设阅览室、健身房等各具功能的公共活动空间，加深师生间传递知识、传递学养、传递人格魅力与关怀的亲密关系。二是加强师生互动。2011年开始推行本科生导师制，目前按照1：20的比例配备导师。各书院设立导师咨询室，导师通过定期值班、学生预约辅导、专题项目指导等方式答疑解惑。形成各具特色的师生交流渠道，志德书院"明德沙龙"、腾飞书院"腾飞论坛"、克卿书院"明道讲堂"、任重书院"任重沙龙"、希德书院"导师论坛"均在全校师生中形成一定影响。鼓励导师积极参与书院社团、社会实践活动，担任指导教师，在学识上指导学生、在生活上熏陶学生、在人格上引领学生。三是注重学业发展。聚焦学生需求、创新工作形式、提高工作实效，在书院内建设复旦大学学生发展中心，以学业促进夯实成才基础，以学术提升促进科研创新，以研究咨询探索成长规律，至今已开设"英语达人""信息辅导""五大书院本科学生校庆学术报告会"等十余个发展项目。

完善学生自我管理的教育平台，推动校园科学治理

一是强化自我管理。各书院成立学生自我管理委员和学生监督委员

会。学生自我管理委员会围绕书院建设宗旨和精神，设计开展学习、生活、文化类活动，承担书院公共空间运营与管理。学生监督委员会听取和反映学生意见和需求，定期发布《书院学生组织公报》，对涉及书院建设与公共利益的重要方案进行审议。二是创新管理模式。各书院书吧采用公开竞标模式创新公共空间管理模式，中标团队可自行设计相应空间内发展规划和管理规则，面向书院学生开展相关活动，并接受自管会和监委会的考评和监督。三是加强校园民主。搭建日常化交流平台，向书院学生组织开放部分公共事务，通过相应培训帮助学生规范参与书院管理和决策，锻炼学生公共生活的参与实践能力。书院学生组织在园区管理督导员选聘、楼内公用品调研、学生浴室开放时间和空间改造等项目上发挥了积极作用。

复旦大学的书院以宿舍为载体，建立师生互动、朋辈互勉、学科交融、注重养成、环境温馨、民主包容的良性循环机制，促进学院的专业教育与书院的素质教育的有机结合，培养有责任感的完整的人。书院成为全天候的课外培养基地，书院制所指向的以生为本、师生互动、社区自治、全环境育人等思想理念，是每一所高校必须在学生日常管理中要坚持的。

（资料来源：中华人民共和国教育部官方网站新闻频道 2016 年 10 月 10 日，内容有修改）

第 五 章

困难帮扶活动

困难帮扶活动是高校通过解决大学生的各种实际问题，帮助大学生正确应对各种困难，树立战胜困难的决心和毅力，并在顺利完成学业的过程中，提升自身素质和能力的一种特殊的教育形式，是高校课外培养的重要途径。

第一节　困难帮扶活动概述

一　困难帮扶活动的主要内容

高校对大学生困难帮扶是全方位的，主要内容包括经济困难帮扶、心理问题帮扶、学习困难帮扶、适应困难帮扶和就业困难帮扶等。

1. 经济困难帮扶

经济困难帮扶，是对家庭经济贫困的大学生进行的帮助和扶持，其任务是确保不让一位大学生因为家庭经济困难而辍学，并在困难帮扶中开展诚信、励志教育，鼓励大学生励志成才，教育大学生学会感恩，诚实守信。

长期以来党和政府高度重视家庭经济贫困大学生的教育问题，构建了完整的学生资助政策体系，目前在高等教育阶段已经建立起了国家奖学金、国家励志奖学金、国家助学金、国家助学贷款（包括校园地国家助学贷款和生源地信用助学贷款）、师范生免费教育、退役士兵教育资助、基层就业学费补偿助学贷款代偿、服义务兵役国家资助、直招士官国家资助、新生入学资助项目、勤工助学、学费减免等多种形式有机结合资助政策体系。与此同时各高校还设立了"绿色通道"，对于家庭经济特别困难的新生如暂时筹集不齐学费和住宿费，可在开学报到的当天，通过学校开设的"绿色通道"报到，入校后大学生可以再向学校申报家庭经济困难帮扶，由高校核实认定后采取不同措施给予资助。解决经济困难大学生的学费、住宿费问题，主要以国家助学贷款为主，以国家励志奖学金等为辅；解决经济困难大学生生活费问题，主要以国家助学金为主，以勤工助学等为辅。

各高校作为经济困难帮扶的主体责任者，均已通过完整的资助体系，对经济困难大学生进行了全方位的帮扶活动，并在帮扶的过程中开展了一系列的培养和教育工作，并取得了巨大的成效。根据《2016 年中国学生资助发展报告》的数据，我国政府、高校及社会设立的各类政策措施共资助全国普通高等学校学生 4281.84 万人次，资助总金额达到了 955.84 亿元。①

2. 心理问题帮扶

心理问题帮扶，是指对存在心理健康问题的大学生进行的帮助和扶持，其任务是普及心理健康知识，帮助大学生预防或消除或调适心理问题，解决大学生在学习、生活中产生的心理压力，不断促进大学生提高心理素质和应对各种压力的能力。

目前几乎所有的高校都建立了心理健康教育中心，专门负责大学生的心理健康教育工作。不少高校建立了从学校心理健康教育中心、学院二级心理辅导站、班级心理委员到宿舍心理联络员四个层级的心理帮扶网络体系。高校每年要对大学生进行心理状况普查，并对普查结果进行分析，对有心理异常问题的大学生要建立心理档案，进行个性化心理辅导；对有突出心理问题的大学生要给予及时的心理辅导和心理干预；对于问题特别严重的大学生则要成立专门的帮扶小组进行重点帮扶或建议到专门的医疗机构就诊。

心理帮扶的主要内容包括：帮助大学生掌握各种减压方法及基本技巧，学会自我调控，消除焦虑感、失落感和不公平感；帮助大学生解决身心发展的冲突，包括帮助大学生全面了解自己，正确评价自己的不足，发现和认可自己的优点，悦纳自我；鼓励他们多参加体育活动等形式培养和磨炼他们的意志，增强自主性、独立性；帮助大学生正确处理与家长、老师和同学的关系，学会与人为善，学会宽容和谅解，克服忌妒自

① 中华人民共和国教育部：《2016 年中国学生资助发展报告》。

闭等不健康心理,与周围人保持和谐的人际关系,让他们生活在一种轻松、自由、愉快、民主的氛围之中。

3. 学习困难帮扶

学习困难帮扶,是对存在有某些学习问题的大学生进行的帮助和扶持,这些学习问题包括学习厌倦、基础较差、缺乏交流、自我调控能力弱、学习态度不端正、学习压力大、考试多门不及格等。学习帮扶的任务主要是帮助大学生分析并找准问题表现和原因,帮助大学生调整精神状态,建立积极的学习情绪,激发学习的动力,解决学习中存在的理解和认识难题,帮助大学生在各门课程学习中快速进步,从而顺利完成学业。

目前已经有部分国内高校开始设立大学生学业发展指导中心,专门负责大学生的学业指导工作,其中一项重要的任务就是组织师生对学业困难的大学生进行帮扶。主要帮扶措施有:辅导员建立学习帮扶档案,制订帮扶计划;开展教师或学生与困难生结对子,实行"一对一"帮扶;实行辅导员或班主任定期谈话制度,定期约谈学习困难的大学生,强化约束力;加大任课教师答疑工作的组织力度,引导学习困难的大学生答疑;组织学习优秀的大学生学霸,开展"学霸答疑坊"活动;实施班级考试"挂科清零活动",发挥班级同学小集体激励和班级集体互助的形式激发学习困难的学生;开展小型学习励志主题教育活动,由学习困难的学生查摆问题,由主导教师进行思想开导和激励等。

学习困难的大学生存在的问题根源不同、表现程度也不同,高校在选择帮扶措施时,要紧密结合学生的情况,选择合适的帮扶办法,灵活运用学籍预警、关心关爱、引导激励、学业指导、朋辈辅导等多种措施,在解决大学生实际学习问题的同时,培养大学生学习勤奋进取的精神、勇于战胜困难的决心和信心,提高大学生学习研究的能力。

4. 适应困难帮扶

适应困难帮扶,是指对难以适应大学学习、生活和人际交往的大学生进行帮助和扶持。大学的教育对于高中毕业生来说是一个崭新的环境,不同的教学方式、不同的管理模式、不同的交往形态,总是有一部分学生存在适应上的问题。适应困难帮扶的主要任务就是帮助大学生了解大学的学习、生活和人际交往新形态,积极主动地认识新的环境,积极适应新的学习管理模式,积极地在交往中学习他人的长处和优点,从而更好地适应大学的学习生活。

近年来，高校越来越关注大学生的适应困难帮扶问题，通过越来越丰富的新生入学教育，通过新生军训教育，通过开展多样化的迎新生活动，通过第一个学期或者第一个学年甚至更长的时间，在不断观察中了解和发现大学生存在的适应问题，开展各种针对性的帮扶活动。

大学生适应困难帮扶的主要内容有：环境适应帮扶，即在新生入校时及入校后，选派高年级优秀大学生，帮助新生办理报到手续，介绍学校和学院基本情况、校园周边环境、学校办事流程等，让新生尽快熟悉并适应高校生活；学习方式适应帮扶，通过入学教育介绍大学的学习方式和学习管理方式，通过高年级同学的现身说法，帮助新生认识和了解大学的学习方式；集体适应性帮扶，通过在军训活动中融入团队合作意识、集体主义观念、吃苦耐劳精神的培养，提高新生的集体适应性；交往适应性帮扶，通过开展"破冰训练""迎新生"等课外拓展活动，增强大学生之间的交流和沟通，培养大学生主动寻求沟通与合作的能力，提高交往的适应性。

5. 就业困难帮扶

就业困难帮扶，是对在寻求就业过程中存在有经济问题、观念问题、机会问题的大学生进行的帮助和扶持。其主要任务不是直接给大学生提供现成的工作岗位，而是针对其在寻求就业的过程中存在的问题提供帮助。

党和政府高度重视大学生就业工作，高校内部建立了与大学生就业挂钩的招生指标分配、绩效考核评价、校内绩效工资分配等联动机制，有力地促进了高校内部相关部门和学院对就业工作的高度重视。许多高校充分发挥各自优势，不断拓展毕业生就业渠道，学校就业职能部门不断加强就业信息网络平台建设，及时为毕业生提供大容量的就业信息服务，积极引导毕业生参加"选调生""三支一扶""应征入伍"等各种就业促进项目，促进毕业生多渠道、多层次就业。与此同时，高校更加关注就业困难大学生的帮扶工作，努力构建就业困难大学生的就业帮扶体系。

就业困难帮扶的主要内容有：开展就业指导、发布就业信息、搭建招聘平台、优化就业流程、提供经济帮助等。有些高校结合自身实际，分学院分专业进行针对性帮扶，对分析确定的帮扶对象实行"一对一、一帮一"的方式，建立了就业困难毕业生联系帮扶制度；有的高校对就业困难毕业生实行"四优先"，即"优先提供就业指导、优先提供就业信息、优先推荐就业岗位、优先办理就业手续"；有些高校除了政府提供的就业补贴以外，高校也按一定的比例对这些大学生进行就业补贴；有的高校加大对就业困难大学生的指导，帮助他们分析自我情况，调整就业心态，提高自我表达水平和展现自身素质能力；有的高校除了召开大、中、小相结合的人才招聘会，还建立了片区性、行业性的大学联盟，共同邀请用人单位，在联盟大学循环招聘。特别是近年来国家提出"双创"的号召后，又对高校提出了创新创业教育的新要求，这将对大学生就业工作特别是对开展就业困难帮扶工作具有重大促进作用。

二　困难帮扶活动的现实意义

1. 帮助大学生顺利完成学业

困难帮扶活动的直接意义是帮助大学生顺利完成学业。目前我国高等学校大学生都存在一定的淘汰率，主要表现为三种情况：第一种是由于各种原因如身心健康问题、中途退学问题、违反校纪校规问题等不能顺利完成学业；第二种是尽管能坚持到毕业，但是没有完成学业要求，不能授予毕业证，只能获得结业证；第三种是由于不能达到学位授予要求，只能授予毕业证，但不能授予学位证。导致这些问题的原因是多方面的，其中最主要的原因有以下几个方面：一是因为身心健康问题，有一部分学生由于产生了某种疾病，经过治疗后仍然难于恢复正常，不能正常完成学业。还有一部分学生因为各种原因导致心理问题，虽经不断的心理帮扶甚至到专业医院治疗，仍然不能恢复正常，导致学习不能继续。二是因为学习基础较差，或者由于迷恋网络，或者由于痴迷于其他事项，不把主要精力投入学习，导致无法正常完成学业。三是因为违反校纪校规，被勒令退学或开除学籍，或者由于违反国家法律受到法律制裁，从而被开除学籍，无法完成学业。四是因为自身的其他原因，如因为自己找到了合适的工作，不愿再继续读书，或因为其他原因中途自动退学等。

针对以上各种情况，困难帮扶工作就显得极为重要，高校通过开展各种经济困难帮扶、学习困难帮扶、心理问题帮扶、适应困难帮扶等措施，有效地保持了本科生的毕业率和学位授予率，发挥了有效的课外培养作用，帮助了更多的大学生顺利完成学业。

2. 促进大学生身心和谐发展

大学生无论产生了哪些困难问题，最终都会直接影响他们的身心健康发展。经济困难的大学生，常常因为经济压力，社会支持相对匮乏，容易受到社会歧视等原因，多数都会存在诸如自卑、抑郁、冷漠、焦虑、负疚、敏感等不良心理表现；学业困难的大学生往往也会表现出多种心理特征，其中比较突出的是自卑心理和逆反心理。因为学业受挫，自己的学习成绩总是不如别人，只要学习成绩差的局面没有改变，自卑心理就会一直伴随自己，并由此引发焦虑、抑郁等心理问题。与此同时，由于学业不如人，自卑只存在于内心，但是又绝对不愿意表现出"技不如人"，于是就会产生逆反心理，对老师和同学善意的提示和劝说难于入耳，在行为方式上表现出易于冲动、固执己见、自以为是的特点，这些学生往往自控能力差，意志力不坚定，集体意识淡漠，组织纪律性不强；适应困难的大学生，往往由于难以快速转变学习管理方式，难以与大学同学特别是同宿舍同学相处，难以融入班集体，难以参加大学课外集体活动或难以进入师生互动模式等，常常表现为性格内向、喜欢独处、情绪不稳定、易于紧张，甚至会表现出焦虑和抑郁的情绪特点等；就业困难的大学生，往往因为学业成绩问题或个人形象问题，或性格特征问题，或不善表达问题，或经济困难问题等，导致缺乏自信，缺乏阳光的心态，从而在寻找就业机会，特别是面试时，往往成为学校和老师担忧的对象。

困难帮扶除了要帮助解决大学生面临的各种实际问题以外，最重要的是心理和思想上的帮扶，高校要解决因不同困难而导致的各种心理问题，帮助他们建立良好心态，学会正确认识自我，正确认识环境，学会与人交流、沟通和相处，学会排解和调整不良情绪，学会培育自身积极阳光的心态。同时，要加强思想政治教育工作，引导困难学生勇于面对社会现实和自身实际，敢于战胜各种实际困难，培养乐观向上的精神状态。通过心理和思想的帮扶，帮助大学生培养健康的心理状态和积极的精神状态，促进大学生身心素质的健康发展。

3. 强化思想政治教育成效

思想政治素质是大学生最重要的素质，党中央历来高度重视加强大学生思想政治教育工作，从 2004 年《中共中央国务院关于进一步加强和改进大学生思想政治教育的意见》（中发［2004］16 号）文件的出台，到 2016 年召开全国高校思想政治工作会议，出台《中共中央国务院关于加强和改进新形势下高校思想政治工作的意见》（中发［2016］31 号），党中央对加强大学生思想政治教育工作做出了一系列部署。在中发［2004］16 号文件中，把"解决思想问题与解决实际问题相结合"作为加强和改进大学生思想政治教育的一项重要原则，提出"既讲道理又办实事，既以理服人又以情感人，增强思想政治教育的实际效果"。

特别是近年来，高校把开展大学生的思想政治教育工作与解决大学生的实际问题紧密结合，将思想政治教育融入困难学生帮扶的各个环节，如在经济困难帮扶中，深入开展"诚信校园行"系列活动，培养贫困学生的诚信意识、感恩意识和艰苦奋斗精神，大力推进诚信励志教育；在学业困难帮扶中，深入开展学业指导工作，在培养大学生学习观念、学习方法的同时，重点开展理想信念教育，引导大学生努力学习、全面成长，实现德、智、体、美全面发展；在心理问题帮扶中，在开展心理健康知识教育、心理辅导和心理干预的过程中，融入团体意识、集体观念等教育；在适应困难帮扶中，重点引导大学生积极融入班集体，学会正确认识自己与他人的优点与长处，学会与人相处，学会尊重他人、相信他人、学习他人，形成相互服务、共同团结进步的思想氛围；在就业困难帮扶中，除了提供就业信息、指导、机会、平台、资助等帮扶以外，积极引导学生开展创业活动，扩大就业门路，提高职业规划能力等。

以河南科技大学为例，2016 年通过各类奖学金、助学金、勤工助学、助学贷款、学费减免、学费补偿、困难补助、过冬补贴、绿色通道等经济困难帮扶，受益人数超过 3.2 万人次；开展个体心理辅导和干预有 350 人受益；开展学业困难帮扶，有超过 500 人受益；开展就业困难帮扶，有超过 300 人受益。通过解决大学生面临的各种实际问题，不仅帮助了许多大学生顺利完成学业，促进了这部分大学生的身心健康，更重要的是强化了思想政治教育的成效，使困难帮扶工作在大学课外培养中发挥了重要作用。

三　困难帮扶活动的培养目标

1. 素质培养目标

困难帮扶活动的素质培养目标主要是心理素质和思想政治素质。

增强心理素质。困难帮扶活动要努力促进大学生身心健康发展，尤其是要努力促进大学生心理素质的发展。因为无论是经济困难、学习困难、适应困难还是就业困难的大学生，由于困难导致精神压力，都会伴有多种心理方面的问题，在个人情感、意志和人格等方面，学生要得到及时的指导和调适。特别是要通过困难帮扶活动，培养大学生建立正确的自我意识，学会客观看待和评价自我，既要明确自身存在的问题和不足，又要对自己充满信心；培养大学生树立坚强的意志品质，为自己确立明确的目标，学会战胜各种困难，无论遇到何种难题都不放松、不放弃；培养大学生积极健康的精神追求，始终对未来充满信心，学会控制自己的情绪波动，克服精神萎靡不振，敢于直面失败并能够从失败中重新站立起来；培养大学生健全的人格，培养良好的气质和性格，提高言语反应的敏捷性、情绪变化的恰当性、行为举止的合理性、思考问题的灵敏度、学习精力的集中度、组织与群体的适应性等。

提升思想政治素质。思想政治教育应贯穿大学教育的全过程、全方位。在开展困难帮扶活动的过程中，开展思想政治教育工作，培养大学生的思想政治素质，是困难帮扶活动的最本质、最核心任务，是落实"解决思想问题与解决实际问题相结合"这一基本原则的重要体现。在困难帮扶活动中培养大学生的思想政治素质，表现是全方位的，比如在思想素质方面，它可以培养困难大学生对党和政府、对高等学校的思想情感，在帮扶的具体实践中可以培养大学生的思想方法；在政治素质方面，通过有效地贯彻和落实国家的资助政策，可以更容易地培养大学生的政治信念，更容易帮助他们形成正确的政治观点、政治方向和政治立场；在道德素质方面，能够培养大学生的道德认知水平和道德实践自觉性，能够在实践中培养他们的感恩意识、诚信意识、服务意识和奉献意识；在法律素质方面，可以培养大学生敬畏学校规章制度，遵守学校各种纪律，运用各种制度约束和指导自己学习生活的意识和自觉性，从而实现纪律约束下的自由而全面的发展。

除此之外，困难帮扶活动还能够培养某些科学文化素质和专业素质。如在学习帮扶活动中能够培养科学的学习方法、培养科学精神，能够培养知识掌握与拓展、思想表达与阐述、解决专业技术难题等多种专业素质。

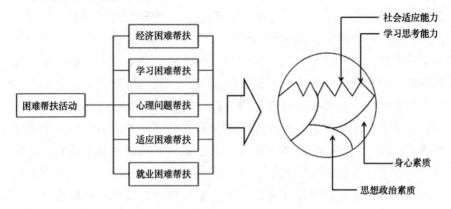

图5—1　困难帮扶活动的培养目标

注：其他附带培养的素质和能力未予标出。

2. 能力培养目标

困难帮扶活动的能力培养目标，主要是社会适应能力和学习思考能力。

培养社会适应能力。社会适应能力是大学生应对环境变化的能力，"是大学生在社会组织中，积极参与社会组织互动，并实现个人与组织协调发展的能力。在这种交互作用中，不仅是个体对环境的'顺应'，也是改变、推动社会组织变革的过程"。① 困难帮扶活动培养社会适应能力的基本目标，是帮助大学生提高"顺应"环境变化的能力。根据困难的不同表现，分别包括适应经济条件相对其他同学较差的生活局面、适应学习方式的重大变化所带来的挑战、适应全新的人际关系和校园生活环境、适应面临各种压力情况下的竞争、适应前途未卜的就业焦灼等；困难帮扶活动培养社会适应能力的最高目标，是培养大学生积极改变和推动环境变革的能力。其中包括积极创造条件改变自己的经济状况、积极寻求老师和同学的帮助改变自己的学习状况、积极与同学们交流和沟通以改善人际关系、积极取得心理辅导老师的帮扶以改善自己的心理健康状况、积极取得学校的指导和帮助实现满意就业等，并在这个过程中提高自己适应各种状况的能力。

提高学习思考能力。在学习困难帮扶活动中能够提高大学生的学习

---

① 杨国欣等：《大学课外培养》，中国社会科学出版社2016年版，第59页。

思考能力，特别是在"一对一"的帮扶活动中或者在学习方法经验介绍中，学习困难的大学生能够得到学习思考能力的引导和训练。除此之外，其他困难帮扶活动也能培养这种能力，在经济困难帮扶活动中，困难学生会不断思考自己的经济状况，并引发试图改变这种状况的学习行为，如他会思考如何努力学习并获得国家奖学金、国家励志奖学金或者其他奖学金，并通过老师和同学的帮助为之而努力；在适应困难帮扶活动中，困难学生会思考为什么别人会这么快的适应大学生活，而自己不能，为什么自己总是在与他人交往中显得不顺畅、不自然等，并通过帮扶者的引导改进这些能力；在心理问题帮扶活动中，这种学习思考更加突出，在心理咨询的过程中，心理辅导老师会根据学生的心理状况，提出调适心理的建议，学生会学习和思考这些建议，并在生活中实验等。困难帮扶活动有效地训练了困难学生对各种问题的思考和学习。

当然，困难帮扶活动通过诚信教育活动、学术道德教育活动、人际交往活动、心理教育活动，还能够培养大学生道德判断能力。通过困难帮扶活动本身的组织和熏陶，也能培养大学生的合作竞争能力等。

第二节 困难帮扶活动组织

一 困难帮扶活动的组织形式

1. 经济困难帮扶的形式

目前高校开展经济困难帮扶的形式，已经形成了相对完善的体系，其中主要形式包括：国家奖学金，由中央政府出资设立，奖励特别优秀的二年级及以上的全日制普通高校本专科学生，每年奖励 5 万人，每人奖励 8000 元；国家励志奖学金，由中央和地方政府共同出资设立，奖励资助品学兼优、家庭经济困难的二年级及以上的全日制普通高校本专科生，按本专科学生的 3% 评选，每生奖励 5000 元；国家助学金由中央和地方政府共同出资设立，主要资助家庭经济困难的全日制普通高校本专科生的生活费开支，按本专科学生 20% 资助，平均每人每年资助 3000元；国家的助学贷款是由政府主导，金融机构向困难学生提供的信用助学贷款，贷款学生在校期间贷款利息全部由财政支付，毕业后自己支付。助学贷款包括校园地助学贷款和生源地助学贷款两种形式。助学贷款是经济困难帮扶最重要的形式；除此之外，还有退役士兵教育资助、高校毕业生基层就业学费补偿及学费资助、师范生免费教育、勤工助学、学费减免、绿色通道、临时困难救助、冬季送温暖活动、伙食补贴、学校奖学金、社会组织和个人设立的奖助学金等。

2. 心理问题帮扶的形式

高校心理问题帮扶的主要形式有心理健康教育、个体心理咨询、朋辈心理辅导、心理危机干预等。心理健康教育是通过普及心理健康知识、开展心理辅导和心理咨询等方式，引导和帮助大学生优化心理品质，增强心理调适能力和社会适应能力，预防和缓解心理问题，提高心理素质和生活质量的培养活动。① 高校针对困难大学生的心理健康教育主要有举办心理健康讲座、心理知识测试、建立心理档案和团体心理辅导等；个体心理咨询是指心理咨询师与来访者"一对一"进行咨询，咨询师通过详细了解、分析来访者的心理问题，帮助学生摆脱不利于心理健康的因素，掌握自我调适技巧，提高解决问题、适应环境的能力；朋辈心理辅导主要是从班级或学生心理社团中挑选适合做心理辅导的学生，经过一定的专业训练后，为需要帮助的同辈提供倾听、支持或咨询的服务。大学生的心理问题多数属于成长过程中遇到的人际交往、环境适应、恋爱困惑、就业焦虑等发展性问题，他们在遇到心理困扰时，更倾向于寻求同龄人的帮助，朋辈心理辅导能够发挥其独特的优势；心理危机干预是指对存在心理危机的学生进行干预援助，通过提供有效的方法，采取及时的应对措施来使其摆脱心理危机的困扰，减轻心理危机造成的影响。其中包括心理危机预防、心理危机预警、心理危机干预、心理危机后干预四种具体形式，这是高校进行心理问题帮扶活动中十分重要的形式。

3. 学习困难帮扶的形式

学习困难帮扶是一项处于不断探索和创新过程中的工作，帮扶的形式还没有形成固定的体系。根据高校近年来的实践经验，目前主要采用以下几种形式：思想教育，即对学习困难大学生开展针对性的思想教育，其中包括教育引导他们端正学习态度、激发学习动力、确立发展目标；学业指导，通过教师专题讲座、同学经验交流、学业导师有针对性的学习指导等，帮助学习困难的学生掌握学习方法、积累学习经验、掌握学

---

① 史济纯、陈玉民：《大学生心理健康教育存在的问题与对策》，载《教育探索》2011 年第 5 期。

习规律；课程帮助，针对学习困难学生的某一门或某几门课程学习的困难，组织学习较好的同学进行课程学习帮助，解决最具体、最实际的问题；学业预警，通过学籍管理制度或师生帮扶人员，对学业存在问题的同学及时提出预警，发挥提示和警示的作用，激发学生奋发学习；学业干预，根据学生学习困难的原因，采取不同的干预措施。如对自律性差的学生，要加强纪律管理，实行同学、老师、家长三位一体的监控措施。对于学习基础差、方法不得当的学生，学校安排专门的老师和同学进行重点辅导。对于没有把精力用在学习上的学生，学校要约法三章定期约谈，辅导员、班主任对学习困难的学生要建立定期约谈制度，定期开展谈心活动，了解学习进步情况，牢牢地抓住学生，让其不能放松、不敢放松，逐步赶上其他同学，扭转学习落后局面。

4. 适应困难帮扶的形式

由于大学生适应困难主要集中在学习适应、生活适应、交往适应、环境适应、心理适应等方面，因此，解决大学生适应问题的一部分途径仍然是解决经济困难、学习困难和心理问题等。就常规的适应困难帮扶而言，重点是解决人际交往中存在问题，包括不善言谈、独来独往、难与人相处、与人沟通不畅、难以适应集体生活、不能很好地在集体中互动等，针对这些问题，主要帮扶的形式有：活动帮扶，通过各种各样的集体活动，促进这部分学生与其他人的沟通、交流和互动，培养集体荣誉感，强化自己是集体成员的意识。如通过军训活动，开展军训的各种评比，能有效地实现这一目的。通过"破冰训练""新生主题晚会""新生郊游活动"等都能够起到很好的作用；教育帮扶，通过开展新生入学教育，深度讲解如何适应大学生活，通过开展主题讲座，指导学生如何与人沟通、如何建立良好的室友关系、如何与异性同学相处等，均能发挥教育帮扶作用；朋辈帮扶，对在交往、沟通、互动中有困难的同学，辅导员和班主任要及时掌握，并安排有经验的同学多关心、多关注、多带领、多帮助，逐步增强信心，不断改进交往方式，提高交往成效。

5. 就业困难帮扶的形式

近年来，各级政府高度关注就业困难帮扶工作，高等学校也想了很多办法，但是总体上看，相比经济困难帮扶等，还缺乏更多更好的举措。其原因是，高校是教育者，其主要任务是培养人，用什么样的人和用多少人，不取决于高等学校，取决了用人单位，取决于国家整体经济发展水平。高等学校承担不起大学生就业的重任，这个重任也不该落在高等学校。高校只能做力所能及的就业推进和指导工作。就目前的情况来看，高校实施就业困难帮扶的形式主要有：发放求职补贴，目前部分省市向家庭经济困难的学生发放求职补贴，帮助经济困难学生求职，也有部分高校，除了省级补贴以外还设立有校级的求职补贴；开展优先支持，如河南科技大学针对就业困难学生，提出了"四个优先"，即优先提供就业指导、优先提供就业信息、优先推荐就业岗位、优先办理就业手续；强化重点帮助，高校各学院对毕业生进行分类分析，找准可能的就业困难帮扶对象，实行"一对一"帮助，提供针对性情况分析和选择指导；增加就业选择机会，不少高校通过增加就业机会的方式，帮助就业困难学生实现就业，如增加招聘会的场次，开展针对性强的招聘活动，利用学院和行业资源开招聘会，利用校友资源召开招聘会等，扩大就业门路，增加选择机会。

二　困难帮扶活动的组织策略

1. 建立档案，重点跟踪

做好困难帮扶的基础性工作，就是要通过各种措施摸清楚各类困难学生的情况。根据经济困难学生认定程序和日常观察，确定哪些学生是经济困难学生，哪些是经济特别困难的学生；通过新生入学心理普查和日常观察，确定哪些学生需要关注，哪些学生需要特别关注；根据第一个学期的考试结果和日常同学们掌握的情况，分析哪些学生需要得到学习帮扶；通过一个学期或一个学年的观察，分析哪些学生需要得到适应帮扶；到了毕业前一年，就要尽快弄清楚每个班级的考研和就业情况，摸清哪几位学生需要得到帮助。根据分析、评估和观察，确定的困难学生帮扶对象，要建立一个动态的管理档案，并根据情况的变化，进行动态的调整。对进入档案的学生，要组织老师和学生进行重点帮扶和跟踪，并将帮扶的措施和效果记入帮扶档案，依据学生的变化的情况，不断改进帮扶措施。

2. 多策并举，分类实施

由于困难学生的困难表现不同，即便同一困难类型的学生，也会因为导致困难的原因不同，出现不同的情况。多策并举，分类实施是增强针对性、有效解决各种问题的根本措施。比如在经济困难帮扶活动中，目前已经有超过十种以上的措施，但是具体到某一个学生身上，可行的办法并不多。针对这种情况，我们的教育管理工作者的重要任务就是，对于那些特困生如何才能多策并举地解决他们的经济困难问题；在学习困难帮扶活动中，有个别学生由于迷恋于网络，把大量的时间和精力用于网络，经过两个学期的考试，几乎到了退学的边缘。对于这样的学生，如果没有最严厉的教育、最严格的管理、最贴心的朋辈牵拉、最有效的学业辅导等综合措施，是不可能挽救过来的。同样，在心理问题帮扶、适应困难帮扶和就业困难帮扶中，对于重点关注的学生都要有多种措施共同作用，方能见成效。

3. 点面结合，四级联动

建立点面结合、四级联动的工作格局，是做好困难帮扶工作的一个重要策略。困难帮扶活动的点，就是某个具体的帮扶对象，或者某个具体的帮扶措施，或者某个具体的帮扶内容；困难帮扶活动的面，就是整个帮扶群体，或者全部帮扶措施，或者所有的帮扶内容。点面结合，就是把对个体的帮扶与对整个群体的帮扶相结合，如把对个体帮扶作为解决群体问题的突破口，探讨并取得经验后推而广之；就是把某种具体的帮扶措施与其他各种措施相结合，如对因家庭问题导致的心理问题的帮助，除了用心理帮扶的措施，还要用经济困难帮扶的措施和适应困难帮扶的措施等；就是把某一帮扶内容与其他帮扶内容相结合，如在开展经济困难帮扶、学习困难帮扶、适应困难帮扶、就业困难帮扶中，都要结合心理问题帮扶。建立四级联动机制，就是要建立学校、学院、班级、宿舍四级联合行动的机制。学校有关部门负责制定困难帮扶的相关政策，组织落实校级层面的帮扶措施；学院做好本学院困难帮扶的统筹安排，建立帮扶档案，组建师生帮扶队伍，落实帮扶制度，检查帮扶成效；班级发挥党员、班委、团支部和优秀学生的作用，做好本班困难同学的帮扶工作；学生宿舍的同学，共同做好本宿舍同学的帮扶工作。从而形成自上而下的联动帮扶机制。

4. 分工协作，合力帮扶

困难帮扶工作涉及学校的方方面面，必须建立分工协作的工作机制，才能形成帮扶合力。这种协作包括高校职能部门之间的协作，如学生工作部、学生工作处、就业指导中心、心理健康教育中心、校团委、后勤服务部门等要加强协作，在困难帮扶活动中相互沟通、共同协商、互通信息共同关注困难学生群体；包括职能部门与学院之间的协作，职能部门要做好统筹安排，提供好政策支持，学院要落实好职能部门的工作要求，做好各项帮扶的组织工作，确保本学院帮扶工作落到实处；同时也包括参与帮扶的师生之间的协作，所有参与困难帮扶的辅导员、班主任、任课教师、学生骨干等，要定期交换意见，共同讨论和研究帮扶情况，形成帮扶合力，不断改进帮扶成效。

三　困难帮扶活动的目标控制

1. 明确培养目标

困难帮扶活动的培养目标，是培养困难学生的心理素质、思想政治素质、社会适应能力、学习思考能力等素质和能力。困难帮扶活动中，解决实际困难和问题不是最终目的，最终目的是通过解决这些实际困难和问题，达到培养学生相关素质和能力的目的。

实际上在五类帮扶工作中，有些帮扶活动的育人作用是非常直接的，如学习困难帮扶、适应困难帮扶和心理问题帮扶，这些困难帮扶活动本身就是教育培养活动，但是要培养哪些素质和能力，并非每个帮扶者都非常明白。在经济困难帮扶和就业困难帮扶中，帮扶者往往重视困难本身的解决，对通过解决困难开展教育和培养工作，往往认识不足，重视不够，而这恰恰是需要我们高度重视的问题。因此，在困难帮扶中明确培养的目标，始终以培养目标为引领，在解决实际问题过程中实现培养目标，是对开展帮扶活动的更重要的要求。

那么怎样才能始终明确困难帮扶的培养目标？

明确困难帮扶的培养目标，关键要做好三件事情：一是始终牢记不忘记。在困难帮扶活动中，不论我们为解决实际困难付出了多大的努力，不论这些实际问题和困难解决的效果如何，也不论困难帮扶活动开展到何种程度，帮扶者都要始终牢记自己的最终使命和根本任务，不要忘记培养目标；二是每项工作要询问。在开展每一类困难帮扶工作的每一项活动中，都要经常询问自己，这样做能实现我们的培养目标吗，我们开展这些活动有没有融入我们的育人思想，我们开展这项具体活动能培养哪种素质和能力等，这种询问会不断提醒我们怎样实现培养目标；三是紧盯目标不偏移。明确培养目标的目的，就是要始终紧盯目标，不偏离目标，让目标成为在帮扶中开展培养工作的指挥棒。

2. 把握目标方向

把握目标方向，就是在明确了困难帮扶活动的培养目标之后，在困难帮扶的每一项具体实践中，落实培养目标。这是实现困难帮扶培养目标的根本保证。

把握经济困难帮扶活动的培养目标。经济困难帮扶活动形式多样，每种帮扶形式都有特定的培养内容，如在鼓励大学生努力获得某种奖学金的过程中，要培养学生自强自立的意识；在鼓励学生办理助学贷款的过程中，要开展诚信励志教育，教育学生诚实守信，按时还贷；在评审国家助学金的过程中，要培养学生感恩意识和公平公正的意识；在组织学生勤工助学的过程中，要培养学生的劳动观念和自食其力的本领等，通过这些具体的工作，培养大学生的多种素质和能力。

把控心理问题帮扶活动的培养目标。心理问题帮扶活动中，重在通过普及心理学知识，倾听和分析学生心理活动，为学生提供自我调适的方法和措施，帮助学生提高心理调适能力和社会适应能力，从而提高大学生的心理素质。因此，帮扶过程中要紧紧围绕这些培养目标开展工作，要着眼解决目前的问题，更要着眼于长远的问题，通过心理帮扶过程，让学生学会并掌握心理调适的方法，不断提高大学生的心理承受能力，无论出现什么样的突发情况和环境变化，都能气定神闲地泰然面对。

把控学习困难帮扶活动的培养目标。在学习困难帮扶中，要通过思想政治教育，引导学生下定决心、集中精力实现学习上的突破；要通过心理帮扶，帮助学生树立信心，有决心、有毅力勇于摆脱学习困境；要通过学习内容和学习方法的辅导，帮助学生深入理解学习内容；掌握学习规律，逐步总结出自己的学习思维体系。在学习困难帮扶中，要把思想的教育、心灵的武装和方法的形成作为突破口，并通过一系列的帮助提升学生的素质和能力。

把控适应困难帮扶活动的培养目标。适应困难帮扶的培养目标就是提高学生的社会适应能力，这种适应不仅仅是"顺应"，更重要的是通过参与和顺应，实现推进和改变组织现状的目标。这是当代大学生的重要能力，更是重要使命。帮扶工作要围绕这个目标，通过多种多样的活动参与、沟通交流、互动探讨、鼓励表扬等行为，激励适应困难学生不断突破自我、超越自我，实现从"不适应"到"顺应"再到"改变"组织的能力跨越，实现适应困难帮扶活动的培养目标。

把控就业困难帮扶活动的培养目标。就业困难有多种情况，帮扶者要分析每一位就业困难者的具体原因。从直接的任务看，就业帮扶就是帮助学生顺利地找到就业岗位，而从教育者的核心使命上来看，其真正的任务是帮助学生认识自己、了解自己，并以恰当的心态和尽可能充分的表现，参与到就业双向选择中来。因此，帮扶者不是要紧盯某些工作岗位，而是要紧盯学生自己的自我认知，包括让学生了解自己就业困难的原因是什么、怎么能够弥补某些缺憾、自己应该以什么样的心态选择工作岗位、怎样恰当地在择业时表达和表现自己等。通过这种目标把握，才能真正实现就业困难帮扶的培养目标。

第三节　困难帮扶活动创新

一　困难帮扶活动的现状

1. 困难帮扶活动的基本情况

高校经济困难学生资助帮扶成效显著。2004 年《国务院办公厅关于转发教育部 财政部 人民银行 银监会关于进一步完善国家助学贷款工作若干意见的通知》（国办发［2004］51 号）的出台，2007 年《国务院关于建立健全普通本科高校高等职业学校和中等职业学校家庭经济困难学生资助政策体系的意见》（国发［2007］13 号）的出台，大学生经济资助帮扶体系初步形成；2009 年到 2013 年财政部、教育部、总参谋部等部门先后出台多个文件，完善高校学生应征入伍服义务兵役学费补偿贷款代偿及学费资助政策；2014 年财政部、教育部等出台《关于调整完善国家助学贷款相关政策措施的通知》，提高了助学贷款的额度；2015 年教育部、财政部等再次出台《关于完善国家助学贷款政策的若干意见》，进一步调整助学贷款的相关政策，提出学生在读期间的利息全部由财政补贴、贷款最长期限由 14 年延长到 20 年、还本宽限期从 2 年延长至 3 年整、建立国家助学贷款还款救助机制、简化学生贷款手续等，进一步强化了国家助学贷款作为资助帮扶主要渠道的帮扶效用，一系列政策的出台和落实，有效地提高了经济困难帮扶的成效。

大学生心理问题帮扶工作得到进一步加强。长期以来国家高度重视大学生心理健康教育和心理帮扶工作，从 2001 年教育部印发了《关于加强普通高等学校大学生心理健康教育工作的意见》之后，2002 年教育部印发了《普通高等学校大学生心理健康教育工作实施纲要（试行）》，2003 年教育部办公厅下发了《关于进一步加强高校学生管理工作和心理健康教育工作的通知》，2005 年教育部、卫生部、共青团中央印发了《关于进一步加强和改进大学生心理健康教育的意见》，2011 年教育部办公厅印发了《普通高等学校学生心理健康教育工作基本建设标准（试行）的通知》等一系列重要文件，有力推动了大学生心理健康教育工作和心理问题帮扶工作。目前高校大学生心理健康教育的组织机构基本健全，所有高校基本都设立了专门的心理帮扶机构，配备了专门的帮扶人员。许多高校探索出了具有自身特点的工作经验，形成了科学合理的工作机制，通过心理咨询教师和广大辅导员的努力，一大批学生得到了及时有效的帮助，不仅有效促进了大学生身心素质的发展，而且避免了许多因心理问题引发的恶性事件，确保了高校的稳定发展。

就业困难、学习困难、适应困难学生帮扶工作越来越受到重视。2009 年教育部办公厅印发了《关于当前做好高校困难毕业生就业帮扶工作的通知》（教学厅［2009］7 号），要求高等学校要以高度的政治责任感，加强领导，周密布置，统筹安排，按照"重点关注、重点推荐、重点服务"的原则，通过"一对一"帮扶、专人辅导、岗位推荐等方式，尽快帮助他们实现就业。近年来，教育部每年在做好毕业生就业工作安排和通知中，都要对困难学生就业提出帮扶要求。各高等学校按照教育部和各省、自治区、直辖市的要求，认真做好困难学生的帮扶工作，充分体现了党和政府以及高等学校对学生的关心关怀。在学习困难和适应困难学生帮扶方面，虽然国家没有出台专门的文件，但是在相关重要文件和领导的讲话中均有要求。特别是许多高校结合大学生的思想实际，已经启动了学习困难帮扶和适应困难帮扶工作，有的高校还形成了自己的制度体系和具有推广价值的好经验、好做法。更为可喜的是越来越多的高校开始关注学习困难和适应困难的学生的帮扶工作，这对全面推进大学的素质教育具有重要的现实意义。

2. 困难帮扶活动存在的问题

困难帮扶活动的培养目标不甚明确。近年来高校在开展困难帮扶活动的过程中，把解决大学生面临的实际问题和困难作为最主要的任务和目标，而对通过解决困难培养大学生的某些素质和能力这样一个更为重要的目标，任务不明，意识不强。这就导致了困难帮扶活动"就事论事"

"浅尝辄止"，没有充分利用帮扶活动这样的好时机充分发挥教育最本质的作用。把解决大学生的实际问题与开展思想教育，在解决问题的同时开展思想教育相结合，在解决问题的同时开展深入的素质和能力的培养工作，是发挥教育作用的最佳时机和最好的形式之一，只要我们努力向前跨越一步，我们就可以实现困难帮扶活动的培养目标。因此，困难帮扶要解决困难问题，但是解决困难问题并不是我们的最终目的，我们必须明确我们的目标是培养学生的相关素质和能力。

困难帮扶活动的帮扶体系不够健全。大学生面临的实际困难很多，目前初步明确的帮扶内容包括经济困难、心理问题、学习困难、适应问题和就业困难五大类型。而实际上今后高校对大学生的帮扶将不限于这五个方面，如随着创新创业教育的广泛开展，会有更多的学生投入创新创业实践活动，将来高校对大学生的创业帮扶问题将会日益凸显。另外从目前的五大帮扶内容来看，经济困难帮扶和心理问题帮扶，高校投入的精力更多，体制相对比较完整，而学习困难、适应困难和就业困难帮扶体系还不够完善，还缺乏必要的政策、制度和运行机制，这在一定程度上也影响了活动的深入开展。因此深化帮扶体系的建设，也将是今后高校开展困难帮扶工作的一个重要任务。

困难帮扶对象的精准确定缺乏有效的手段。精准确定帮扶对象，明确"哪些学生""因为什么问题""需要何种帮助"，已经成为高校困难帮扶的首要问题。近年来在开展困难帮扶的过程，困扰高校教育工作者的一大难题就是怎样精准地确定帮扶对象。在学习困难帮扶、就业困难帮扶和适应困难帮扶方面，精准确定帮扶对象还相对比较容易，但是在经济困难和心理问题帮扶中，要精准确定"哪个同学"处于"何种程度"是十分困难的一件事情，许多高校在探讨如何建立一套科学的、行之有效的学生家庭经济困难认定程序和办法，但是目前还没有取得真正突破。在心理困难帮扶方面。许多高校仍然是通过心理普查和日常观察来确定需要帮助的对象，在这方面也没有取得新的突破。而传统的确定方法，具有很大的模糊性和不准确性，给我们的精准帮扶带来了困难。所以如何建立精准确定困难帮扶对象的体系和办法，仍然是高校面临的重要课题。

二　困难帮扶活动的创新

1. 困难帮扶活动的思维创新

思维创新在一切创新活动中具有基础地位和先导作用，它包括对前人的理论观点进行丰富和发展；对不断出现的新情况和新问题做出新的理论分析和解答；对认识对象或者实践对象的本质、规律和发展变化的趋势做出新的揭示和预见；对历史经验和现实经验做出新的理性升华等。因此，在大学生困难帮扶活动中，如何实现思维创新，是不断推进困难帮扶活动创新发展的核心动因。根据近年来高校困难帮扶活动的开展情况，特别需要高校及教育工作者在以下几个方面实现思维创新。

一是在精准帮扶方面实现思维创新。精准帮扶是今后推动困难帮扶活动创新的一个重要思维路径，正像习近平总书记在讲到扶贫开发时提出的那样，"要坚持因人因地施策，因贫困原因施策，因贫困类型施策，做到对症下药、精准滴灌、靶向治疗，不搞大水漫灌、走马观花、大而化之"。① 困难帮扶活动只有"对症""精准""靶向"才能产生更好的成效。精准帮扶为我们提供了多条思维路径，其中包括：精准确定帮扶对象，即精准地确定谁是经济困难的学生、谁是需要心理帮扶的学生、谁是学习困难的学生、谁是适应困难的学生以及谁是就业困难的学生，在传统的工作中，由于工作不够精准，会存在帮扶遗漏，有一些需要帮助的学生会失去受助的机会；精准确定困难程度，即对每一类困难学生都要进行程度分级，每一个需要帮助的学生，他们处在哪个困难程度等级，我们都必须精准掌握，这是我们采取针对性工作措施的基础；精准确定工作方案，即在弄清楚了每个帮扶对象的困难程度之后，有针对性地制定帮扶措施，形成持续的工作方案，是精准解决困难问题的关键；精准确定培养目标，即对每个学生的困难类型和困难程度，确定对他进行培养的目标。这样制定的目标才有针对性，才能够成为促进学生发展的动力机制。精准帮扶的思维，是引导高校困难帮扶的重要理念，深入思考和探讨精准帮扶，将会给高校的困难帮扶活动创新打开一片新的天地。

二是在综合帮扶方面实现思维创新。综合帮扶就是针对某种困难学

---

① 习近平：在贵州召开部分省区市党委主要负责同志座谈会上的讲话精神，2015 年 6 月 16 日。

生实施多元化的综合帮助。比如针对经济困难的学生，在实施经济帮扶的同时，还要视情况进行学习帮扶、心理帮扶、适应帮扶、就业帮扶和成长成才帮扶。由于家庭经济困难的学生，进入大学后会面临一系列问题，由于经济困难，自身的阅历和交往的范围会受到局限，同时往往会因为缺乏自信等产生一系列心理上的问题。对于这些学生，引导他们如何战胜困难，如何为自己确立远大目标，如何立志成才，在整个帮扶工作中始终是最重要的任务；对需要心理帮扶的学生，往往在学习、交往、适应环境等方面会存在困难。因此，心理帮扶也不能仅限于心理咨询和心理干预等心理帮扶手段，要与解决经济困难、学习困难、适应困难、就业困难以及促进全面发展相结合；同样，在开展学习困难帮扶、适应困难帮扶和就业困难帮扶中，都要开展综合的帮扶。综合帮扶为我们提供了一条重要的思维创新路径，沿着这条路径，我们可以依据学生的困难表现和原因分析，采用多种措施，同时在几个方面开展帮扶，这样就会更容易取得帮扶成效。这种思维的实质就是综合创新，实践证明这种综合帮扶是十分有效的措施。这就需要高校要把多方面的帮扶力量集中在一起，做好统筹管理，同时也要求高校从事帮扶工作的教师干部要加强沟通与协作，建立相互配合、相互支撑、共同帮扶的工作机制，做到多策并举、综合帮扶，做到齐抓共管、共同培养。

三是在发展帮扶方面实现思维创新。发展帮扶就是把困难帮扶的目标直接定位于学生成长成才和全面发展，实现以发展为导向的帮扶。发展帮扶更加关注困难学生的发展，把帮扶的力量集中于推动学生的发展。如果说传统的帮扶更加注重解决学生实际问题和困难，那么发展帮扶则更加注重解决学生的发展问题，通过解决学生面临的经济困难、学习压力、心理问题等直接把目标指向引导学生的发展。因此，发展帮扶更加充分地体现了课外培养的精髓和基本要求。在发展帮扶方面实现思维创新，是对困难帮扶活动最本质的要求和期待，因为它是通过困难帮扶推动人才培养创新的重要思想源泉。实现发展帮扶的思维创新，就要求我们广大的教育工作者要开阔思路，更多地考虑把学生培养成什么样的人、怎样对他们进行培养这样一些重大的问题，要敢于设想、敢于谋划、敢于实践，要善于观察学生的情况和点滴的变化，要乐于投入更多的精力和时间开展实验，要善于总结教育规律和敏感地抓住学生发展中的积极因素，学会集中一切力量推动学生的发展进步。对困难学生实施发展帮扶，是教育实践中最有意义、最有价值的教育实验。学生给了我们帮扶的机会，我们要给学生以发展的前景，这就给我们提供了巨大的思维创新空间。

2. 困难帮扶活动的形式创新

形式创新是提高帮扶成效的重要手段，形式创新有许多突破口，结合近年来困难帮扶活动的情况，高校和广大干部教师要努力推动困难帮扶形式的几个转变：

一是实现由物质帮扶向精神帮扶的转变。传统的学生困难帮扶主要以物质帮扶为主，精神帮扶占的比重很小，即便在心理问题帮扶中，也注入了较多诸如矫正、调适方法等物化的东西。在就业帮扶中，高校能开展的帮扶还主要集中在提供岗位信息、向用人单位推荐人选、适当的求职补贴等。过多的物质帮助，使困难帮扶局限于解决实际问题和困难，缺少了对学生的精神启发和引导，结果学生只能接受被动的帮助，缺少学生内心的精神力量的培育。实现由物质帮扶向精神帮扶的转变，就是由过去主要靠物质帮扶的局面向今后主要靠精神帮扶的局面转变，从而实现在各类帮扶中主要进行精神帮扶。这并不意味着物质帮扶的减少，物质帮扶不仅不会减少，而且还会增加，但是精神帮扶将成为最重要、最核心、最需要费心用力的帮扶形式。在以精神帮扶为主的格局下，要营造温暖关爱的氛围，营造公平公正的制度氛围，营造团结谦让的和谐氛围；要加强思想政治教育，尤其是要加强自强、自主、自信教育，加强挫折教育，提高大学生耐挫折能力；要实现精神帮扶与学生发展相结合，不断提高学习成绩，实现精神帮扶与综合素质发展相结合，不断提高综合素质和能力，实现精神帮扶与就业发展相结合，不断提升职业规划与发展能力。

二是实现由他助向自助和助人的转变。传统的困难帮扶是以他人帮助为主的帮扶形式，学生作为受帮扶的对象主要接受别人的帮扶。在这种帮扶形式下，学生的积极性、主动性和创造性未能得到充分的发挥，因而，通过帮扶培养学生素质和能力的目标，也难以完美实现。今后的困难帮扶活动必须转变形式，要充分调动学生自身的积极性，激发学生内心的精神和内在的力量，在老师和同学的帮助下，逃出困难的藩篱，主动寻求解决问题和困难的办法，并在这个过程得到全方位的历练，实现自我的重大突破，使自身素质和能力得到全新的发展。不仅如此，困难学生由于得到学校老师和同学的帮助，特别是在自己努力下实现了自我超越，这种情感和经历，让其更加乐意并能够去帮扶其他同学，实现由自助到助人的飞跃。通过这种形式的转变，困难帮扶活动也将进入更高的境界，实现帮扶工作的连锁反应。

三是实现由多条战线向统一战线的转变。目前高校学生困难帮扶工作由多条战线共同开展，经济困难帮扶工作由学生资助管理中心负责；心理问题帮扶由心理健康教育中心负责；学习困难帮扶，有不少学校还没有专门的机构，有的由教务处负责、有的由学生处负责，只有少数高校设立专门的学业发展指导中心专门负责此项工作；适应困难帮扶更是五花八门，有的由学生处的思想教育科负责，有的由武装部结合军训活动开展工作，有的主要由学院结合入学教育开展一些工作；就业困难帮扶，多数由招生就业处或就业指导中心负责，有的学校就业指导工作在学生处，因而就业帮扶也由学生处统筹安排。由于高校内设机构不尽相同，所以这些帮扶工作会分散在各个部门，即便是所有工作都集中在学生处，也是由学生处各个科室或中心负担，总体上呈现了多条战线的局面。因此，在学校层面上如何实现多条战线的统一，形成稳固的统一战线，是提高困难帮扶成效的重要举措。这种统一包括：建立统一的帮扶对象档案库；形成一套相互衔接的帮扶制度；实施统一的帮扶工作部署；建立一个相互沟通的工作机制等。统一的帮扶行动和工作部署，对学院具体开展统一的帮扶活动也具有重要意义。高校各学院在具体工作中，常常要面临学校各个部门的工作安排，所谓"上面千条线，下面一根针"。所以，学校层面上对各种困难帮扶的统一部署，将会有效指导各学院集中力量、多策并举地开展帮扶工作，提高帮扶的成效。

案例：北京理工大学打造现代化的困难帮扶体系

北京理工大学紧密围绕学校人才培养目标，从困难大学生在成长过程中所面临的实际困难出发，工作重心从单纯的经济资助转为对困难大学生的全面帮扶，将资助工作与大学生德育、心理健康教育结合起来，逐步开创多元化帮扶成才途径，促进大学生健康成长，构建现代化的困难帮扶体系。

经济帮扶打基础

恪守"决不让任何一名大学生因家庭经济困难而辍学"的庄严承诺。学校高度重视经济困难大学生资助工作，建立并不断完善了"以国家助学贷款、奖助学金为主体，勤工助学、减免学费、困难补助等为辅助渠道"的资助体系。自2007年起，学校设立暑期资助热线，负责为新生等解答各类咨询问题，并及时针对困难大学生进行回访，为大学生制订入学后资助计划。自2015年起，学校开展"梦想启航"路费补助项目，在家庭经济困难新生入学之前，即可通过电话、网络等方式，告知家庭经济困难情况，寻求来校路费帮助，经学校资助办核实后，在开学之前就将路费汇至大学生手中，学校也在绿色通道现场开通"梦想启航"路费补助板块，没能在暑期及时领到补助的同学，也可在绿色通道现场报销路费。对有特殊困难的大学生，学校资助办公室为每位同学制定经济资助方案，贷款解决学费，助学金、补贴解决生活费用，勤工助学解决学习资料费等。学校本着"特困优先，应助尽助"的原则，大力开展困难大学生的精细化、个性化服务；2015年学校为经济困难大学生发放资助资金4500余万元，资助了占大学生总数的24%的家庭经济困难大学生。

学业帮扶添助力

确保困难大学生顺利完成学业。面对困难大学生学习基础相对薄弱，组织班级里获得励志类奖学金的同学，与学习困难大学生结对子，一起上课、自习，解决其学习困难；设置大学生进步奖学金，专门奖励学习进步大的同学。2007年以来，学校依托励志社团开展学习互助活动。自强社组织WORD、PPT、C语言等培训和上机实操；励志中队组织考前答疑、考前串讲，四六级真题模拟测试等；曾宪梓卓越发展社开展集体自习，从自身做起带动身边更多同学参与进来。这些长期坚持的学习帮扶活动"传、帮、带"效果很好，形成良性循环。学校每年组织优秀少数民族大学生去到预科学校交流经验，促进他们抓紧预科学习时间强化语言学习，为大学学习打好基础。

心理帮扶来保障

培养困难大学生健康、自信、快乐成长、成才。大学生资助办公室与心理健康咨询中心联合组织学工干部、培训，力争基层工作时做到互补融合，有效帮扶；做家庭经济困难等级认定与心理中心做"五困排查"时，及时沟通相关情况，针对"双困"大学生及时制定帮扶方案。励志类实践团制订实践计划时，资助办老师负责带队和过程指导，心理老师帮助分析实践目标设定和实践预想；新生生活座谈会上，资助办老师讲解申请各类奖助学金和补助的办法，心理老师帮助同学分析初入学遇到的生活上的障碍和困难；学习经验座谈会上，在优秀学长交流后，心理老师会从心态上给同学进行启迪。

实践锻炼鼓干劲

为困难大学生了解社会、开阔视野创造条件。学校有八百多个岗位招聘经济困难大学生做大学生秘书；通过这个途径，老师可以充分了解大学生的想法、生活及学习状态，大学生也通过帮助老师工作，增进对学校的认同感。大学生在获得经济资助的同时，也提升了人际交往能力、办事工作能力，实现了自身综合素质的提升。积极组织大学生参加"希望工程激励行动"，鼓励励志类社团的成员立项参与公益活动。开展"励志先锋"暑期社会实践，由获得"励志先锋"的同学组成实践团，开展社会调研和社会观察活动。组织大学生走进企业开展实习，与企业合作派遣品学兼优的大学生到美国参访学习，鼓励大学生到社区服务，参加志愿者服务等。

公益活动做补充

开展自强、自立、诚信和感恩教育，引导受助大学生积极参与公益活动，形成感恩互助的良好氛围。学校开学期间开展"爱心1＋1"活动，即1名高年级自强社骨干成员联合其他社员，与其接待的"绿色通道"困难新生结成为期1年的互助小组，学长给予新生学业、生活各个方面帮助。学校大学生服务大队、自强社等励志类社团开展了丰富多彩的公益活动：组建大学生电影放映队，从选片、宣传、放映到成功举办电影节；开展"爱心宿舍"项目，爱心宿舍成员捐赠书籍、废旧物品、零钱，筹集到善款捐给希望小学及红十字会；举办"薪火相传"赠书活动，将捐赠的考研复习资料及课本收集并分类整理，分发给有需要的同学；走进社区开展电脑义诊活动，上门服务，现场维修。各项活动坚持长期开展，形成品牌，注重实际效果。学校结合大学生资助工作坚持开展诚信感恩教育；结合国家助学贷款工作开展"感恩青春 诚信人生"图片展，结合奖助学金申请开展"诚信校园行"宣讲会，开展"校园诚信月"及"感恩毕业季"活动，与学校基金会开展毕业生回馈母校小额捐助"大爱基金"等活动，在校园里营造和形成感恩互助、自强诚信的氛围。

北京理工大学打造困难大学生"顺利入学、无忧生活、快乐学习、个性发展、如愿就业"的平台，培养大学生"先自强、再自立、能诚信、敢担当、知感恩、有回馈"的意识，实现学校"高远的理想、精深的学术、强健的体魄、恬美的心境"的育人目标。

（资料来源：全国学生资助管理中心官方网站理论探讨及经验介绍频道 2016 年 1 月 21 日，内容有修改）

第 六 章

学业指导活动

　　大学生学业指导是学校利用课余时间培养学生的重要形式，是高校实施课外培养的重要路径，是提升大学生的专业素质，培养大学生的学习思考能力、研究创新能力和解决问题能力的重要举措。加强学业指导工作，是全面提高大学生学习成效的重要手段，是促进大学生全面发展的重要支撑。

第一节　学业指导活动概述

一　学业指导活动的基本概念

1. 学业指导的含义

　　大学生学业是大学生在高等教育阶段所有学习活动的总称，它不仅包括课堂上科学文化知识的系统化学习，还包括课外培养活动中各种以综合素质和能力培养为核心的实践性学习。

　　学业指导（Academic Advising）发源于美国，美国国家学习指导协会（NACADA）认为："学业指导是基于高等教育的教学目标，对学生在课程、教育和学习结果等方面进行的一系列内部互动过程。学业指导能够帮助学生获得系统化的学习经验，并且激发学生的学习兴趣、提高学生的学习能力，使学习延伸到校外并帮助学生实现终身学习。"①

　　日本《教育心理学辞典》中对学业指导作如下解释："所谓学业指导，就是为了使学生的学习更容易些，而去安排、提示学习内容，准备学习环境等各种条件，对学习活动计划的展开和调整给予必要的指导和

---

① http：//www. nacada. ksu. edu.

建议。"① 由此可见，在日本教育界学业指导是一个专门术语，他们把教学称为学业指导，把德育称为生活指导，这是一种更为广泛意义上的界定。

长期以来，我国的学业指导并没有一个统一的定义，国内的学者对学业指导的含义、内容、目的和任务的解释诸多，可谓是仁者见仁智者见智，归纳起来主要有以下几种观点：

从学生的角度来定义，学业指导是学生在学习过程中向指导教师询问有关课程、学习方法以及学习效果等方面的问题和困惑，旨在充分利用学术资源和学习机会，获得系统化的学习经验，并最终实现自我价值的最大化。学业指导是学生获取专业信息、指导服务、学术资源以及在服务评价中接受帮助和使用资源的重要途径，是一种持续的、具有目的性和教育性的合作关系。

从教育者的角度来定义，学业指导是教育者按照学习的过程和规律，指导大学生的学习实践。教育者根据学生的教育背景、学习动机、兴趣与能力，帮助他们寻找最适合自己的发展方向，是对学生学习观、学习心理、学习动力和学习能力的全方位指导。通过科学的学习理论和系统的指导方法，帮助学生解决学什么、为什么学、怎样学的问题，主要目的是让学生学会学习，培养良好的学习习惯，提高学习效率和学习质量，促进自身发展。

从高校的角度来定义，学业指导是在学校或院系层面建立相应的组织机构，充分利用高校学术资源，对大学生在学业方面提供的指导和帮助。旨在借助高等教育理念和现代学习理论，调查学生的学习状况，评估学生的学习效果，明确学生的发展需求。通过策划和实施学生学业发展指导项目，解决学生学习过程中的实际问题。学业指导的目的和任务是最大限度地挖掘学生的潜力，引导大学生科学学习，使学生在大学期间能够获得有效的教育经历，促进学生成长成才。

从学业生涯规划来看，学业指导是指为帮助大学生有效完成学业，而对大学生在学业生涯中遇到的问题进行专题指导的教育活动。范围涉及与大学生学习相关的所有方面，不仅仅是一般意义上的学习方法的指导，而是包括学习观念、内容、目标、方式、手段和学习心理等全方位

---

① 金子元久：《大学教育力》，华东师范大学出版社2009年版，第39页。

全过程的系统学业指导。大学生学业指导的根本目的与任务，就是要帮助学生尽快树立起符合时代要求的学习观念，具备较强的自主学习能力，具备批判性思维和终身学习能力，顺利有效地完成大学学业，并为一生的学习生涯和未来的职业生涯打下坚实的基础，让大学学习真正成为终身学习的基础和新的起点。

基于国内外对学业指导的认识，教育部在 2010 年发布的《中国高等教育评估词汇》中，将学业指导定义为：学业指导是高等院校对在校生进行的学术与非学术、课内与课外、大学学习与终身学习乃至职业生涯规划等在内的所有学习活动的指导。内容包括学习思想与观念、学习目标与内容、学习方法与手段、学习心理与道德等。目的和任务是最大限度地挖掘学生潜力，拓宽学生受教育经历，帮助学生顺利地完成学业，培养学生的学习能力，促进学生更好地发展。[①]

2. 学业指导的内容

学业指导的内容十分丰富，根据学业指导的定义，作者认为学业指导主要有以下几方面的内容：

学科学习指导。学科是相对独立的知识体系，每门学科都有其特殊性，要想使学生学有所得，必须重视学科学习的规律性。学科学习指导将课外的学业指导活动与课内的专业课程学习结合起来，重点是帮助学生科学有效地学好本学科课程及其相关课程。学科学习指导包括两方面的含义：一是对学习内容的指导，指导学生学习课程里某一方面的知识；二是对学习活动本身的指导，如学有余力的学生，引导他们在专业内进行更深入的研究，对于学习困难的学生，动用一切资源帮助他们解决实际的学习问题。

学习方法指导。学习方法是学生在具体的学习环境和问题中采取的相应的学习技巧和具体手段。科学的学习方法是学生实现学习目标、获得良好学习效果的重要手段。教育者在对大学生的学习方法加以指导时，除了合作性学习、创造性学习、研究性学习等常用的学习方法之外，还要引导学生发挥优势，取长补短，找到适合自己的学习方法。最重要的是培养大学生在面对不同问题时，选择有效且合适的学习方法的能力，

---

① 参见教育部高等教育教学评估中心《中国高等教育评估词汇》，高等教育出版社 2010年版。

甚至形成新的学习方法的能力，以便获得最佳的学习成效。

专业意识指导。专业意识指导的主要目的是让大学生真正了解和认识所学专业，稳固学生的专业思想，激发学生对专业学习的兴趣，完善专业知识结构、增强专业能力和专业素质。教育者应在新生入学后，针对本专业的学科背景与研究领域、教学计划与人才培养方案、专业特色与优势、主要课程与知识结构、就业方向与发展前景等内容，向学生作系统、详细的介绍，帮助他们正确认识专业发展趋势和社会发展对人才的需求，引导学生树立正确的专业观，确立远大的志向，把自我实现的需要同社会需要结合起来，在专业领域内有所成就。

课程选修指导。课程选修指导是教育者在全面实施学分制的背景下，根据学校的培养计划对大学生的选课过程、学业发展等方面给予指导和建议。在尊重学生个人意愿的前提下，通过指导学生科学选课，合理安排学习进程，帮助他们寻找自身兴趣、学业目标与学校所提供课程的最佳结合点，构建系统、完整的知识结构，顺利完成大学学业。课程选修指导最大限度的尊重和关注了学生的个体差异，让学生有更多独立思考、独立实践的机会，提升素质并发挥潜能，对学生的个性发展有很大的帮助。

学习资源使用指导。每一所大学都有着丰富的资源帮助学生实现学业目标，学生的学习资源不仅仅是图书馆的书籍，实验室的仪器，教师在课堂上传授的知识，而且还包括网络资源、专业教师、学业辅导老师、同学及学校举办的各种知识讲座、专家论坛、学术报告、各类课外培养活动等。但并不是每个学生对学校的各种资源都能够详细地了解、合理地利用，这就需要教育者提供相应的帮助，学会有效利用各种学习资源可以迅速提高大学生的学习效率。

学业规划指导。学业规划是指大学生根据自身情况（性格、兴趣、能力、学习风格）和对社会未来需要的深入分析，结合现有的条件和制约因素，确立自己在大学期间的学业目标，制定包括课内培养和课外培养方面的发展规划，并在目标的指引下逐步实现自身规划。学业规划指导，就是教育者对大学生学业规划的制定和实施过程进行个性化指导的教育活动。通过帮助学生进行客观的自我评估，使学生能够全面认识自己及所处环境，确立合理的学业目标，同时在实施过程中辅之以定期评估和反馈，指导学生及时修订和调整学业规划，增强自我教育、自我管理的意识和能力。

自主学习指导。自主学习是学生发自内心的自觉自愿地学习，具有独立性、主动性和能动性特征，是一种主动的、建构性的学习行为。自主学习的实质是区别于"被动"学习的一种自我决定性学习，但同时又是一种可以被指导的学习能力。自主学习过程，应该起于浓厚的兴趣，之后产生强烈的学习愿望，然后是主观能动性和个体创造力的充分发挥，结果是自我提升的不断实现。大学学习与中学一个重要的不同点就是学习的自主性较大，因此如何指导学生在课外进行自主学习，提高学习积极性，提升学习的效率，是学业指导的一个非常重要的内容。

学习心理指导。人才竞争已不仅仅是专业知识、技能的竞争，也是心理素质的竞争。大学生在学习过程中，不可避免地会遭遇失败和挫折，如期末考试挂科，大学英语四六级考试没通过等，这些都可能导致学生产生自卑或消极情绪。也有一些适应能力差的学生在面对新的学习环境时，未能及时有效的做出调整，从而出现学习成绩下降、学习压力增大等心理问题。因此，教育者需要多关注学生的心理变化，帮助学生及时有效的调节学习心理，舒缓学习情绪，使学生正确面对压力，采取适当的方法解决学习问题，促进学生学习心理的健康发展。

阅读策略指导。阅读策略指导主要针对希望改善自己阅读习惯，提高学习效率的学生。通过帮助学生明确自己的阅读兴趣点，选择适合的阅读书目，刺激阅读积极性，掌握阅读技巧，能够有效地提高学生的阅读质量，增强学生思维的灵活性。学生在指导者的帮助下制订好阅读项目的学习计划，根据自己的实际情况选取练习主题，培养良好的阅读习惯，提高阅读的速度和理解能力，获得对应的阅读技巧。

二　学业指导活动的重要意义

1. 促进以学生为中心理念的贯彻落实

以人为本，实现人的全面发展，是教育的本原价值，是马克思主义关于人的全面发展思想的最高境界。以学生为中心的理念正是"以人为本"理念在高校人才培养中的具体体现，其任务是把学生作为教育活动的主体，驱动学生的好奇心，挖掘学生的潜能，培养学生的自由独立之精神。其基本思想包括充分尊重学生的权利，承认学生的自我价值，重视学生的个性差异，一切围绕学生的发展而开展教育管理工作等。

以学生为中心，就是从学生的根本需求出发，尊重学生的价值主体地位，因材施教，致力于学生全面发展基础上的个性化发展。长期以来，人们习惯于把教育简单地理解为对学生进行知识的灌输，过多地强调教师对学生的传授教导，忽略了学生本身主观能动性的发挥，学生的潜能得不到有效的发现和发展。特别是当今生源结构呈现出多元、分层和复杂的趋势，教育者应该通过有效的学业指导，变注重"教学生知识"为"引导和促进学生进行自主学习、创造性学习"，发展大学生的主体能力、主体意识和主体人格，从而使每一个大学生真正成为具有自主学习能力和自我教育能力的主体，自觉地将学业与自身需要和未来发展联系起来，让大学学习真正成为每一个学生终身学习和发展的基础。

学业指导正是基于相信学生、尊重学生、发挥学生主体作用这个基点上的课外培养实践活动。学业指导以学生的学习和发展为中心，不是简单的传授已有知识，而是教会学生独立思考，培养学生创新思维的意识与能力。学业指导具有在指导内容上的针对性、组织上的灵活性、方法上的多样性，在实施过程中充分尊重学生的主体地位，发挥学生的主观能动性、积极性和创造性，倡导自主性学习，重视学生的个性化发展。学业指导是解决"教"的给予与"学"的需求的矛盾、克服千人一面、造就个性化人才的有效途径，充分体现了对人的生命意义的尊重和对个体潜能发挥的激发作用。

2. 促进学生高质量完成大学学业

随着学生人数的大幅增加，课堂教学规模居高不下，小班教学难以实现，学生的基础和个性差异难以在师生互动中得到尊重，特别是国内高校普遍存在着重科研轻教学的倾向，高校教师承担着较大的科研压力，不可避免地减少了与学生交流的时间和精力，无法向学生提供针对性的学业指导，学生中存在学业困惑的人数比例逐渐增多，部分学生甚至因为不能正确面对学习发展方面遇到的困难和挫折，出现休学、延期毕业、结业、肄业、退学等现象。学者们普遍认为学习目标不明确、自我管理能力弱、自主学习能力差、学习动力不足、学习缺乏规划等是目前部分大学生学习状况的真实写照。这在一定程度上影响了学生的学习质量，阻碍了学生的学业发展。

学习是大学生在校期间的主要任务，也是他们实现个人发展和成长成才的重要基础。随着完全学分制、拔尖创新人才培养、卓越工程师以及大类培养模式等改革措施的推进，学生在课堂之外的自主性越来越大，对课外培养中开展个性化、专业化的学业指导也提出更高的需求。大量的研究表明，高质量的学业指导对于学生成功动机的激发具有关键性的作用。因此，对大学生的学业进行有效指导是促进大学生取得学业成功的重要举措。通过专业化的学业指导活动为学生答疑、解惑，逐步改变学生以往"被学习"的被动局面，增强学习的主动性，解决学生学习过程中遇到的问题，有利于学生高质量地完成大学学业，有利于促进大学生成长成才和全面发展。

三 学业指导活动的主要形式

1. 传统组织形式

组织学习经验交流会：经验交流的形式在学业指导的实践中是出现最早也是最常见的方式。优秀学生通过反思和回顾，将个人在学习过程中行之有效的学习方法、学习技巧和学习心得等内容总结出来，如英语四六级备考经验，独特的考研心得，学科复习方法等，还包括各类学科竞赛、学术论文、专利申报和科技创新竞赛的经验和体会。由学校或院系组织经验交流会，安排不同年级的同学参加，在交流分享中实现对其他同学的学习指导和帮助。这种形式有利于学生从同学的现身说法中获取符合自身实际的经验，内化成自己的学习方法和技巧。

举办学业指导讲座：学校和院系两级根据学生的学习需要，针对学生普遍关心的专业学习、学术前沿、职业规划等内容，有计划的邀请校内外专家以专题讲座的形式进行辅导讲授、答疑解惑。常见的有知识讲座、专家论坛、学术报告等形式。为了确保学生在学业指导讲座中学有收获，教育者应该提前对学生的学业需求做出调研，并在邀请的专家方面进行挑选，在讲座开展前进行必要的宣传，在讲座时配套发放相关的学习资料。

开展学习困难帮扶：通常指的是优秀学生对学困生的一种帮助和辅导，是学生在教育者的组织下或者同学之间自发的一种学业指导的形式。学习帮扶充分发挥朋辈辅导的作用，尽自己所能给被帮扶学生以精神上的鼓励、困难上的帮助和方法上的传授，发挥"身边人教育身边人"的作用，实现学生自我教育、自我管理、自我服务，最后共同提高的目的。教育者在开展过程中要注意完善激励机制，规范选拔培训机制，注意维持朋辈辅导志愿者的积极性，提高学习帮扶的持续性和帮扶效果。

发放学业指导书籍：学业指导从 20 世纪 80 年代开始就备受专家学者们的重视，因此，许多高校也相继开始了对学业指导的研究，出版了很多指导学生学习的书籍。此类书籍一般紧密结合学生的实际，用教育学、学习心理学、脑科学等学科知识指导写作，与大学生的生涯发展和素质拓展紧密结合，注重实用性、可操作性。如中国人民大学出版社出版的《大学学习生涯指导》，普通高等院校公共基础课"十二五"应用型规划教材的《大学生职业生涯规划与学业指导》等。

2. 现代组织形式

建立学业指导网站：学业指导网站能够为大学生提供自助式的学业指导服务。学生可以通过学业指导网站获取到更多的信息和资源，也可以通过电子邮件的形式向学业指导人员咨询或是预约具体指导时间。与实体的学业指导机构相比，学业指导网站不受时间和空间上的限制，学生能够随时随地获取所需要的资源。这种形式提高了学业指导的效率，拉近了教育者和大学生之间的距离，得到了大学生和高校的广泛认可。目前，国内已经有部分高校建立了专门的大学生学业指导网站，如清华大学学习与发展指导中心、北京交通大学学生学业发展指导中心、湖北大学本科生学业指导网等，各个学校的学业指导网站均有不同的侧重。通常设有学习政策、学习规划、学习心理、学习方法、学习导师、学习调查等栏目。

实行学业导师制：学业导师制是高校为学生提供个性化指导服务的一种制度。是在大学生入校以后，在师生双向选择的前提下，由专业造诣深厚，品学兼优的老师担任学业导师，对学生的学习、发展及心理等方面进行个别指导的形式。学业导师能够培养学生的治学精神，指导学生专业发展，引导学生科技创新，研究学业发展规律。学业导师制造就了一种新型的师生关系，促进了师生间的沟通和互动，有效弥补了课堂教学的不足。学业导师制使学生从入学起就置身于一个良好的学习环境并长期浸润其中，提高了学生的专业兴趣，学生从学业导师的教诲中获得的不仅有丰富的知识，还有科学研究的方法和带有批判意识的学习态度，以及可能影响一生的学习生活方式。

开展学业个体咨询：由专职的学业指导人员担任咨询师，设立专门的咨询室，主要针对来访学生学习与发展问题，以预约面谈的方式为学生提供个性化的学业咨询服务。每次咨询时长大约为 1 小时。根据问题的严重程度和学生的个体差异可安排一次或者数次的咨询。咨询的主要方向为学习方法与习惯养成问题、学业发展规划设计与实施问题、学习动力提升、学习目标设定（就业/读研/出国/创业）、时间管理、考试焦虑、自我认知等。学业咨询师多采用正向辅导法，以鼓励为主，通过了解学生的个人背景、认知水平、学习风格等关键信息，指导学生正确面对、合理解决在学业方面的问题和困惑，帮助学生建立自信心、增强学习的自我效能感和学习的成就感。

设立学业工作坊：工作坊是以灵活性、趣味性、启发性的互动模式，让学习和提升自我成为一个有趣和主动的过程。以一名在某个领域卓有成效的主讲人为核心，10—40 名左右的参与学生在主讲人的引导之下，通过主题发言、讨论、参与活动等多种方式，共同探讨某个话题，为学生提供针对具体课程学习、学业规划、学习方法和技能、告别拖延、可迁移能力的指导，旨在让学生在参与中成长，在获取所需技能的同时帮助学生提高专业学习、交流协作、解决问题等综合能力。学业工作坊具备一些鲜明的特征：一是探讨的话题更有针对性。每个工作坊都具有特定的主题，都要经过前期调研统计参与学生的实际需求，通过后期反馈统计学生的意见和建议，以确保工作坊的实际效果；二是组织形式更为灵活，更贴近学生的生活。可以在正规的活动中心里面进行，也可以在教室、会议室里面进行，甚至可以在校园的草坪上，学生的宿舍里面进行。

发放学业指导手册：教育者可在学校的指导下，编写具有本学院专业特色的学业指导手册，在入学教育时发放给学生。学业指导手册的内容一是突出学院历史和专业背景、发展前景和就业形势介绍，提升学生的认同感、自豪感，使学生对大学学习生活充满信心和希望；二是重点对学科专业的知识结构、主要课程、特色课程及阅读书目等进行介绍，引导学生合理分配时间精力，安排学习进程；三是针对专业社会需求，系统地介绍专业相关的学科竞赛、资格证书，以及本学院毕业学生的去向和发展情况，便于学生了解信息，制定明确的学业目标，进行合理的自我规划。学业指导手册的编写不是一劳永逸的，要定期根据新的政策制度和变化，对手册的内容进行更新和完善，提高学业指导手册的针对性、指导性和实用性。

第二节　学业指导活动组织

一　学业指导活动的培养目标

1. 素质培养目标

学业指导活动的素质培养目标主要是专业素质，包括专业知识的掌握与拓展、专业信息阅读与检索、专业思想表达与阐述、专业调查与研究、解决专业技术难题等方面的素质。学业指导的内涵是十分丰富的，根据指导内容的不同以及学生的指导需求，学业指导还可以培养学生的科学素质、文化素质、心理素质和思想政治素质。

专业素质是经过专业教育，在学习专业知识、习得专业技能、参与社会实践过程中形成的从事专业性工作应具备的特殊素养。专业素质的形成是专业知识积累、沉淀、升华、内化的结果，是专业实践历练的结果。是个人专业知识、操作技能、理解力、判断力、应变力、协调力、创新能力、解决问题能力等的综合体现。

高等教育是以专业教育为基础的教育，大学生通过接受专业教育，进而掌握专业知识，拥有专业素质。但专业知识的掌握，专业素质的培养不能一蹴而就，这需要大学生在构建自己的专业知识结构时，要本着博而精的原则，即基础知识要广博、宽厚，专业知识要精深、透彻，尽可能多的掌握专业知识和技能，并使之系统化。

培养大学生的专业素质不仅需要科学合理的培养方案的支撑，需要学生的自觉和努力，更需要科学有效的学业指导，学业指导所包括的具体内容，如专业意识指导、学科学习指导、学习方法指导、学业规划指导和自主学习指导等，都在从各个方面培养学生的专业素质。开展学业指导工作的目的，就是要在课内培养的基础上，通过多样化的课外培养活动，增强大学生主动学习观念，端正专业学习态度，努力培养学生勤奋学习的自主意识、严谨治学的科学精神、求实创新的学术品格、目标导向的学业规划、团结协作的集体观念、奋发进取的精神风貌，努力实现学生全面发展的培养目标。由于学业指导工作紧密围绕着大学生的专业学习，以学生的学习成效为目标，因而对大学生获得良好的专业素质具有关键性的作用。

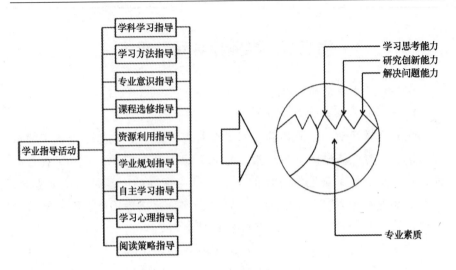

图 6—1 学业指导活动的培养目标

注：其他附带培养的素质和能力未予标出。

2. 能力培养目标

每个人都具有先天的潜能，对潜能进行有效激发的过程就是能力的培养。学业指导活动的能力培养目标，最主要的是培养大学生的学习思考能力、研究创新能力和解决问题能力。除此之外，有些学业指导活动还能培养大学生的语言表达能力、合作竞争能力和策划实施能力。

学业指导活动能够培养学生的学习思考能力，这是由学业指导的核心价值所决定的。大学里课堂讲授仅占到整个学习时间的三分之一左右，学生自由支配的时间较多，这就要求大学生要有较强的学习能力，通过课外自主学习掌握更多的内容。而学业指导的核心价值就是通过激发学生的学习动机、提升学习的积极性和主动性，发展学生的主体意识、主体能力和主体人格，使每一个大学生真正成为具有自主学习能力和自我教育能力的主体，锻炼学生的独立思考能力，发展学生的批判精神，强化学生的参与意识，让学生在获得学业成就的同时，掌握有效学习和终身学习的技能，培养学生的学习思考能力，为今后的学习和发展奠定良好的基础。

学业指导活动还能够培养学生的研究创新能力。研究创新能力是高等教育人才培养的核心目标，是人才的核心竞争力。提高大学生研究创新能力的关键在于强化学生的创新意识、培养创新思维、传授研究创新的方法。通过各类学科竞赛、科技创新竞赛和各种以解决实际问题和理论问题为导向的课外培养活动，鼓励学生积极参与其中，引导学生活学活用所学知识，充分发挥知识的作用，优化学生的知识结构，培养学生善于研究、敢于质疑、勇于创新的精神；通过各种实践活动，引导学生学会运用逻辑思维与非逻辑思维、发散思维与收敛思维等多种思维方式，使其在相互冲突、碰撞、对立之后，最终实现协同、融合，在思考中巩固和加深所学专业知识，拓宽知识面，在实践中进一步提升学生的研究创新能力。

学业指导的目的是授之以渔，通过学业指导的方式和手段培养学生发现问题、提出问题、解决问题的能力。问题意识是培养大学生解决问题能力的前提。在学业指导活动中，教育者要坚决摒弃传统教育中教师说什么，学生就做什么的被动状态，通过给学生创设问题情境，增强学生学习过程中的探索性、自主性，引导和启发学生主动发现和提出问题，引导学生独立思考，鼓励学生主动获取知识、应用知识、在解决问题的动态过程中进行学习，通过自己的探究与尝试，寻求多种解决办法，在获得问题解决的同时获取新的经验，进而提高自身的解决问题能力。

此外，学业指导的某些具体工作，如开展学术研讨会、学习经验交流会等活动，学生能够提升语言表达能力、文字写作能力；开展学习困难帮扶活动时，通过发现学业问题、制订帮扶计划、开展帮扶措施等培养学生社会适应能力；开展学业工作坊和学业咨询活动能够通过学生的主动参与和互动环节培养学生的合作竞争能力、策划实施能力。

二 学业指导活动的组织与实施

1. 组织保障

成立专门的学业指导组织机构。成立学业指导组织机构是实现大学生学业指导工作的规范化和制度化，确保学业指导工作顺利实施的有效保障。高校可以在学校和学院层面分别设立专门的学业指导机构。校级学业指导中心为全校大学生学业指导工作的领导机构，调查研究大学生学业发展中的突出问题，搭建学业指导平台，整合各类资源保障学业指导工作的进行；院级学业指导中心直接面对本院学生，开展针对性强的、较为具体的学业指导工作，定期向校级学业指导中心汇报学生学业方面的实际情况。

组建专业的学业指导师资队伍。一支高素质、专业化、职业化的工作队伍是做好大学生学业指导工作的人员保障。目前，大部分高校的专职学业指导人员相对较少，还不足以满足所有学生的学业需求。学校可根据工作开展情况，组建一支以专职指导人员为骨干，专兼结合、相对稳定、综合素质较高的学业指导工作队伍。专职学业指导人员一般应具有高等教育学、心理学、咨询学、学生事务等领域的知识和专业背景，具备心理咨询师、生涯规划师等任职资格，能熟练运用现代教育技术手段来引导和帮助学生。兼职学业指导人员主要为高校现有的学业导师、辅导员、班主任等。他们熟悉学生培养目标及整个培养过程，具有一定的学习指导能力。为了保证学业指导的专业化和指导成效，学校应定期对这支队伍进行系统的工作培训。

制定完善的学业指导规章制度。学校应该制定一套完整的学业指导的实施办法，明确学业指导工作的目标任务、工作范畴、指导方法、实施细则、成效评价等内容，以便科学指导，有效实施，确保该项工作在组织上有专人负责，在制度上有章可循，促进学业规划指导工作的制度化、规范化开展。

2. 实施策略

学业指导作为课外培养的重要路径之一，要贯穿于大学教育的全过程，高校要建立校院两级连贯的指导体系，实行分阶段有重点的指导策略。

一年级重点开展适应指导。主要通过专业意识指导、学习资源利用指导和学习方法指导让学生认识环境，了解专业特点，进行合理自我认知，熟悉和掌握本专业的学习方法，尽快实现从高中到大学的过渡。主要采取学习讲座、学习工作坊、学习经验交流会等形式，开展学海导航、学长面对面、导师零距离、专业介绍会、学业规划讲座等学业指导活动。在实施过程中应注重学校文化的传承，各类学生活动要以拓展大学生的素质为宗旨，以学科专业为依托，注重培养学生对专业学习的兴趣和爱好，减少活动的娱乐性，增强对学生的教育意义，使学生能够在活动中有所收获。

二年级着力于专业发展指导。主要是学科学习指导、课程选修指导和学业规划指导。这一阶段的重点是加强专业基础课的学习，指导学生通过深入的学习和广泛的阅读拓展知识面，明确学业目标，制定个人学业规划，提高学生自主学习能力。如通过"学业发展规划大赛"普及学业规划的理念，引导学生在学业导师指导下合理规划自己的专业学习；开展"博士论坛""教授讲坛"等活动，介绍专业的前沿知识和发展趋势，拓展学生的专业视野，促进学生学术思想的启蒙；开展"我的专业NO.1"等专业技能展示大赛，加深学生对专业的了解，培养学生的专业意识。

三年级注重专业深化指导。主要是自主学习指导、学科学习指导和学习心理指导。重点是引导学生进一步明确专业发展方向，掌握扎实的专业知识和完整的知识结构，不断提升自己的综合实力。以学科竞赛和各种实践活动为平台，促进学习成果转化，利用学校已经建立的各种实践基地、工程训练中心、专业实验基地、学术交流等平台和校外企事业单位，扩大学生的实践范围，指导学生将所学知识与实践相结合，在过程中培养学生的创新精神和动手能力；利用各类学科竞赛、科研活动，引导学生学以致用，提高学生参与率、科研成果产出率和获奖率，实现学习成果转化。

四年级重在发展选择指导。针对毕业后发展路径，如继续深造或者直接就业等，结合学习心理指导、生涯规划与职业发展指导、创业指导，帮助学生客观评估自身学业情况，合理选择毕业去向，引导学生对自己的人生规划进行思考。根据学生的不同发展路径和需求，提供更具针对性和实效性的指导服务，促进学生个性发展。这个阶段的重点是通过学业指导使学生顺利从大学阶段过渡到下一阶段，使毕业生在就业、择业方面端正态度，学会终身学习，激发终身学习，让大学学业成为实现其人生目标的基础，引导学生将个人成长成才融入国家和民族的伟大事业之中，促进大学生人格完善和健康成长。

三 学业指导活动的成效监控

1. 坚持专业化方向

坚持专业化方向是提高学业指导工作质量的关键措施。学业指导工作本身具有较强的专业性，担任专职学业指导工作的教师应具有教育学、心理学、社会学等相关的学科背景，有指导或咨询方面的资格证书，有一定的指导经验。在指导过程中，应讲究指导方法，因材施教，为大学生提供个性化的学业指导。高校应该通过多种途径不断提升学业指导人员的专业化水平，如定期为学业指导人员开设培训课程，搭建交流学习的平台，通过深入学习指导理论和开展课题研究，提高学业指导人员的理论水平和实践技能，最大限度地满足指导学生发展的需求。

2. 深化学业指导内容

深化学业指导内容，是提高学业指导成效的根本手段。学生进入大学阶段以后，学习已不仅仅是学业成绩的提高，更重要的是知识的消化与吸收、能力的提高与增强、个人的成长与发展，大学生学习指导的内容必须全面，应包括课内与课外、学术与非学术、学业与人格、素质与能力等方面内容，即便是学习指导，也要包括学习观念、学习策略、学习动机、学习方法、学习心理、学业规划和大学生科研创新活动等的指导。要加强学业指导内容的扩展与深化，学业指导不应局限于大学学业本身，应该把目光放得更加长远，与人生规划相结合，帮助学生在自我认知的基础上明确个人发展方向和职业追求，明确自己的社会责任和重大使命。

3. 增强学生需求调研

由于大学生个体的差异性，导致了不同学生的不同需求。如何准确把握不同学生的需求差异，是我们做好学业指导工作的关键。这就需要我们的指导教师不断开展学生需求调研，摸清不同类型学生的真实需要，然后制定针对性的指导方案。因此，指导教师要加强实证研究，密切关注学生情感、身心和人际交往等非学术问题对学生学业的影响，结合学校的育人理念，设计合适的学业指导项目，开展对口指导，提高学业指导的针对性，保障学业指导的成效。

4. 构建评估反馈机制

科学完善的评估反馈机制能较好地反映学业指导的工作状况，有利于掌握学业指导工作的实施情况，有利于检测学业指导的工作成效，对学业指导工作的发展和完善有重要的作用。高校应以学业指导的不断优化为目标，构建学业指导评估反馈机制。工作开展之初对学生学习的基本情况进行统计，然后在每个学期末、学年末、毕业前、甚至追踪到毕业后，通过访谈、问卷调查等形式分别记录，前后对比、分析，对工作成效进行有效评估，反馈学业指导工作体系中存在的问题和不足，找出改进的方法与措施，及时在后续工作中进行调整，使大学生学业指导工作更加科学有效。

5. 促进师生有效互动

教师是人才培养的主导者，充分发挥教师在学业指导方面的作用，调动更多专业教师参与学业指导工作，激发他们用专业的思维对学生开展指导，是保证学业指导工作有效性并扩大覆盖面的重要途径。要保证教师的长期投入，除了依靠教师发自内心地对学生的责任感和对教育事业的热爱，必须要建立合理的考核制度和奖励制度，通过表彰和奖励先进典型，正确评价教师的工作投入，并从制度上给予肯定和鼓励。同时也要注重学生自主性的发挥，学校和教师要对学生进行有效引导，让更多的学生积极参与到学业指导过程之中，要提高学生与教师沟通的意识和能力，发挥学生的主观能动性，促进师生的互动，不断实现自我完善。

第三节 学业指导活动创新

一 学业指导活动的现状

1. 学业指导活动开展的情况

学业指导的探索与实践，最早可追溯至 14 世纪牛津大学的导师制。导师负责指导学生的学业和品行，采用的方式多为面对面的交流，指导的内容注重陶冶价值观和启发思维。[①]

专职化的学习指导，始于 19 世纪末的美国。1979 年，国家学业指导协会（The National Academic Advising Association，以下简称 NACADA）在美国成立，标志着学业指导成为一项公认的专业领域且已具备相应完备的组织保障。目前，美国已经有接近 71% 的高校设立专门指导机构负责学生学业指导工作的开展[②]，学业指导的内容也已经扩展到与学生学习有关的各个方面。

其他国家高等学校也结合国情、校情开展了不同的学业指导活动。

---

① 屈林岩：《改善大学生学习指导促进学与教的创新》，载《中国高等教育》2010 年第 2 期。

② 王烁、曾艳：《美国大学学业指导发展及启示初探》，载《课程教育研究》2015 年第 8 期。

例如，德国高等学校开展了以充分就业为目标的学业指导，澳大利亚高等学校普遍重视入学教育的指导，日本以自主学习为中心的指导①。

我国的学业指导大致起步于 20 世纪 80 年代，以 1984 年上海大学和西安交通大学开设学习方法课为标志。学业指导是学生课外培养的一个重要领域，随着教育改革的深入推进，高校逐渐意识到学业指导对学生个体发展的重要性，逐渐重视对大学生学业指导工作进行探索和研究，如清华大学、同济大学、华东师范大学、西南财经大学、南京邮电大学、河南科技大学等高校开展了一系列的学业指导活动。

在教育部组织的"第四期大学生学习改革与创新研讨班"上，有学者将目前国内的学业指导模式分为以下几类：

一是开设学业指导讲座，通过讲座形式向学生综合介绍有关大学学习、个人发展规划、素质能力培养等内容的学业指导。在开展时间方面，有的高校是在新生入校的第一学年集中安排学业指导讲座，有的高校则是将其贯穿在学生四年的学习生涯中。从讲座内容来看，有的侧重对学习观进行指导，有的侧重学习方法与学习策略指导，有的偏重于学业生涯规划、职业生涯规划指导，有的则偏重于对大学学习目的、对高等教育认知的指导。

二是建立专门的学业指导机构，协调关系，整合资源，为学业指导活动的有效开展做好铺垫。如浙江大学、同济大学等高校建立了学业指导基地，根据本校学生的实际情况，开展针对性的学业指导工作。中国科学技术大学、南京邮电大学、河南科技大学等高校成立了学生学业指导中心，为不同学业发展需求的学生、不同学业困惑的学生、不同年级的学生提供咨询、辅导服务，对他们在学业规划、课程选修、专业选择、未来发展等方面给予专门的指导。复旦大学点面结合，除了校方成立的学业促进中心之外，辅导员赵强以个人名义成立的赵强工作室也发挥了重要的作用。北京交通大学的学习发展指导中心由学生处和教务处共同指导，通过两个部门的合作能够更好地整合资源，实现学业指导工作的规范化和常态化。

三是将学业指导分散在学校的日常管理之中。如有的学校把专业意

---

① 王光辉、谢慧婷：《构建高等学校学业指导工作"闭环体系"研究》，载《文教资料》2013 年第 2 期。

识指导、大学环境适应等学业指导的内容贯穿在新生入学教育中，主要对大一新生实施学业指导；有的学校通过邀请专家、学者向学生系统介绍专业性质与社会定位、专业发展前景等专业认知方面的内容，将学业指导融合在专业导论的内容之中；有的学校通过学科竞赛或者科研活动平台帮助学生解决学习中遇到的问题与困惑，提升学生的学习成效；有的学校则根据不同年级学生对学业指导的不同需求，组织开展丰富多彩的活动，对学生进行有针对性的学业指导。如朋辈学习帮扶活动、师生面对面活动、学霸来袭活动等。

国内高校在大学生学业指导中已经做出了许多积极的、有意义的实践探索，但仍然处于发展的初期阶段，有待我们进一步探索和实践。

2. 学业指导活动存在的问题

国外对大学生的学业指导已经形成了一个较为规范的体系与制度，形成了各国独特的学业指导模式。而我国高校的学业指导工作目前正处于向专业化发展的前期阶段，实践经验较少，存在诸多问题，需要教育者在工作中进行反思和改进。

学业指导的理论研究不够深入。我国高校学业指导的理论研究工作目前还处于起步阶段。如何将国内外理论研究的成果和成功案例切实用于指导实践；如何使个性化学业指导的理念贯彻到日常的课外培养过程中去并发挥其积极意义；如何在大学生学业成长的过程中充分挖掘和发挥教师的作用，在学生和老师之间形成良性互动；如何在学业指导过程中，切实提高学业指导的效果；如何针对不断变化的学生思想动态，合理调整学业指导的方式等，都是需要通过深入系统的理论研究去解决的问题。

学业指导专业化程度有待加强。我国大部分高校的学业指导工作还处于分散和自发的状态，组织开展的部门各异。有些学校依托于教务处、学工部，还有一些学校依靠学生会、学生社团等学生组织，成立专门的学业指导工作机构、建立起完整的学业指导制度和体系的高校还是少数，根据对我国49所985高校的调查研究表明，只有10所高校建立有校级学业指导管理机构，大多数高校的学业指导机构是2009年以后才陆续建立起来，很多还并非独立和完整的机构，制度和规章体系尚未健全。学业指导的队伍建设也处于初级阶段，开展指导工作的人员专业化程度不高。① 在不同的高校，班主任、辅导员、专业教师、退休教师、高年级优秀学生等都可能担任学习指导工作。

学业指导形式单一。指导形式是开展学业指导活动的载体，不同的学业指导内容需要以不同的形式开展。形式多样的学业指导活动有利于提升指导内容的实施效果，有利于满足不同学生的学业需求。目前多数高校开展学业指导的单一形式主要有两种：一是在新生入学教育中通过宣讲，简单介绍学校的历史文化、师资队伍、图书馆资源等软硬件设施；二是通过一次或几次讲座介绍本专业的学科内容和学习方法。这两种形式的指导工作都是集体化的、集中式的指导，多数以讲座、社团活动的方式开展。缺乏对学生个体的关注，形式单一，不能满足学生需求。

学业指导的内容不全面。学生期待的学业指导内容包括专业学习指导、课程选修指导、个人发展指导、辅修双学位、出国留学、考研等，希望得到的是发展性的、个性化的、针对性较强的指导。而现有的学业指导倾向于学生课堂知识的掌握和理解，偏重于对具体的课程问题的答疑。与学生对学业指导内容的期待相比，并没有重视对学生自主学习能力和自我规划意识的培养，缺乏的是对学生的思维、创造性、自我意识等方面的培养，用授之以鱼代替授之以渔，学生的可持续发展能力未得到充分挖掘。

缺乏有效的评估和反馈机制。学生通过学业指导获得的收获和学生对学业指导的满意度是衡量学业指导成效的关键指标。而缺乏有效的评估和反馈机制是我国高校学业指导工作发展缓慢的很大一部分原因，开展学业指导的机构平时没有更多地关注和检验学生的学习成效，未能将学生的学习成效和学生需求及时总结反馈。教育者对于自己的工作能否满足学生的学业需求没有清晰的认识，学生对于学业指导工作的满意度和意见也无法得到及时反馈，指导者和指导对象之间的信息孤立阻碍了高校学业指导工作的运行和发展。

二　学业指导活动的创新

随着社会对高校人才培养质量要求的不断提高，高校应不断适应当

---

① 王烁、曾艳：《美国大学学业指导发展及启示初探》，载《课程教育研究》2015 年第 8 期。

代大学生个性化和多元化的需求，不断推动学业指导的思维创新和形式创新，不断提高学业指导的实际效果。

1. 思维创新

传统的学业指导被认为是对学习成绩落后学生所开展的一系列工作，指导的内容一般是对此类学生进行思想教育、严格管理和学习辅导，指导的方式倾向于问题矫正或行为调适。这是一种消极的应对方式，基本停留在以矫正为取向的层面。[①] 这种以学习困难帮扶为主的学业指导模式使学生学习的主动性较差，学业指导缺乏内在动力，难以得到广大学生的积极回应。

在学业指导活动发展过程中，学业指导的工作内容可分为指导、服务与发展三个层次。其中，指导是基础，服务是保障，而发展是指导和服务的深化，是学业指导的最高形式。[②] 学习是学生发展自己的一种手段，其最终目的是发展，教育学的理论主张每个人都有发展潜能。因此，仅有学习指导是不够的，高校为学生提供的学业指导应该从根本上突破旧有的思维藩篱，更新指导理念，从指导到服务，进而提升到更加关注学生个人的发展。

以发展为核心的学业指导活动不应只局限于帮助学生解决目前所遇到的问题与困惑，而是立足当下学生实际情况，服务学生长远的发展，以发展的眼光为学生的学习、生活与生涯规划提出系统化的建议与意见，促进他们的理性思考、行为意识、问题解决能力与决策评估能力等全方位的提高，是一种发展性的辅导。

发展性学业指导关注到全体学生，以激发大学生的学习潜能，促进大学生的个性和人格健全发展为最终目标，是着眼于对大学生的学业以及人生长远发展培养的教育活动。

发展性模式主张平等地对待学生，认为学业指导过程是帮助学生明确人生目标方向的过程。教育者首先要更新观念，从教育的指挥者转变为指导者，要将管理学生转变为服务学生，充分尊重学生在学习过程中的主体地位。教育者与大学生的关系是一种合作的关系，在互动中形成

① 王秀彦：《发展性学业辅导：高校学生工作新视点》，载《中国高等教育》2011 年第 8 期。

② 慕岩、赵希文、张勇：《高校大学生学业指导的有效途径研究》，载《黑龙江教育学院学报》2016 年第 10 期。

和谐、平等、民主的师生关系。学校其他方面的工作制度、方法，以及工作态度，都要从有利于、服务于学生的学习出发，把学习的主动权交给学生，充分调动学生学习的积极性。发展性指导避免给学生提供确定的答案，鼓励学生主动寻求解决问题的方法，引导学生自己思考为什么学，应当学什么，怎么学等问题。

发展性学业指导在目标上注重积极性和预防性，通过指导使学生乐于学习、学会学习、开发学生的学习潜能；在内容与过程上注重发展性，使得每一个学生个体在适应的基础上获得最有效的学业发展，使学生的学习潜能得到充分发挥。在发展性指导模式下，每个大学生都是成熟的、发展的、有自我管理能力的个体，都有责任对自己的决策负责，学业指导的参与感更强。发展性模式是学业指导实现思维创新的出发点和落脚点，也必然会将学业指导的发展带入一种新的境界。

2. 形式创新

学业指导的实施需要采用最有效的形式与途径。2010 年，NACADA 进行过一次关于信息技术对学业指导影响的调查，总结报告中提到，在未来的教育中，信息和网络技术将在学业指导工作中发挥重要的作用，教育者和指导人员都应该熟练掌握信息和网络技术，并将其运用到日常学业指导活动中去。

信息和网络技术的发展为学业指导形式的创新提供了广阔的空间，如何有效地利用这些技术，促进指导形式的创新，给我们提供了新的视角。

在线学业指导。在线学业指导是教育者运用网站为学生提供指导服务的一种形式。在线指导不仅免去了学生预约和等待的时间，为学生提供一个私密的指导环境，学生可以选择匿名的方式与教育者进行线上交流，充分保护了学生的隐私权；在线指导还可以为学生提供多位教育者的综合性意见，当学生对某一位教育者的指导意见不能认同时，他可以随时转向其他教育者。

远程学业指导。远程学业指导不受学生数量和指导场地的限制，提高了学业指导的参与度和范围。比如浙江大学在 2016 年开发了新生养成教育 MOOC 课程，从校史校情、学业支持、心理健康、生涯发展、系统保障五大维度切入，采用线上自主学习、咨询交流和完成章节测试相结合的形式，让新生在入学前就能提前了解大学的学习和生活，引导其树立起自我管理、自我教育和自主学习的意识，养成良好的认知、思维、学习和行为习惯，更快更好地适应大学学习。整个课程的学习采用闯关式、进阶型的办法。学生完成所有章节的学习测试，就可以获得0.5个课外学分，这种方式对学业指导形式的创新具有重要的启发意义。

微信公共平台。微信公众平台的图文推送功能在开展大学生学业指导中起着至关重要的作用。传统灌输式的学业指导形式要花费大量的时间和精力去搜集整理信息，然后，再将整理好的信息以讲授和资料发放的方式传递给学生，信息传递和指导都带有滞后性，也耗费了大量的人力物力，受益面狭窄。而通过微信平台的信息发布功能可以将大量的学业指导信息快速准确地传递给更多的大学生，微信"朋友圈"功能更可以在学业指导信息发布中起到反复传播的作用，在一定程度上提高了信息传递的范围和效果。同时，通过统计每一条微信推送的阅读量，教育者可以更快更全面的了解学生的需求和偏好，开展更有针对性的学业指导活动。

将信息和网络技术运用于学业指导，是顺应新时期大学生学习生活方式的需要。当今时代网络已经融入大学生的日常生活中，充分利用信息和网络技术服务于学业指导工作，能够使大学生接受更高效的学业指导，更愿意体验学业指导为自己带来的收获。信息和网络技术在高校学业指导领域的广泛运用将会使学业指导工作变得更加高效和便捷。

案例：清华大学创新开展学业指导活动

清华大学于2009年在全国率先成立了学生学习与发展指导中心（简称学习发展中心），为学生的学习与发展提供专业化的指导、咨询与支持，整合资源，创新机制，帮助学生有针对性的解决学习与发展问题。经过7年的发展，清华大学学习发展中心已经构建起一套完整的、卓有成效的学习发展指导体系。

组织架构及队伍保障

学习发展中心挂靠校党委学生工作部，统筹开展本科生和研究生的学习指导工作。中心与教务处等部门在困难学生帮辅、优秀学生培养等方面密切合作，定期开展工作研讨，合作开展课题研究。这样的组织制度设计和工作实践打破了高校传统的教务部门与学生工作部门，本科生与研究生人才培养各自为政的格局，促进了第一课堂与第二课堂协调发展。

清华大学学习发展中心采用聘请与培养相结合的方式，建立了专职教师、辅导员、学生志愿者、校友导师等分工协作的工作团队，形成了以指导教师为核心，以朋辈志愿者为主体，以班主任、辅导员为保障，以校友为支撑的指导服务队伍组织架构和工作模式。

目前清华大学学习发展中心有教育学、心理学背景的专职教师、研究生辅导员10名，承担咨询、辅导工作；聘请了来自文、理、工多个学科，具有丰富教学经验的50余位院系教师、研究生辅导员开展一对一咨询、开设讲座工作坊；招募了40余位优秀的高年级同学作为一对一辅导、答疑志愿者，其中不仅有校特等奖学金获得者，也有战胜了家庭经济、学业等各方面困难的"自强之星"。学生志愿者是开展经常性指导服务工作的主体力量，他们与工作对象之间更容易互相理解，便于沟通交流，具有独特的优势。除此以外，清华大学学习发展中心特别重视引入校友资源，聘请校友导师近30名，通过校友的成功经验和人生感悟指导在校学生做好学业和人生规划。中心建立起有效的激励机制和选拔培训体系，为志愿者提供面试选拔、岗前培训、日常交流培训和定期专业技能培训等完善的培训环节；为指导教师提供培训和进修的机会，定期组织交流研讨；为校友导师搭建交流互动平台，持续激发他们参与工作的热情。

针对不同需求构建指导体系

针对不同特点的学生群体，清华大学学习发展中心建立起了包括学习困难学生帮辅、优秀学生因材施教和学习发展能力提升三个系统的全覆盖学习发展指导体系。

学习困难学生帮辅系统，以"分级分类、个性化指导"为原则，根据学习困难等级评估模型帮助学生明确自身的困难，在此基础上灵活组合一对一咨询、小班辅导、基础课程答疑坊、学习方法与能力培养工作坊和学习资料提供五个功能模块，帮助学生制订适合自身特点的个人学习提升计划，提供从学习目标规划指导到具体的学习问题解答的不同层次的学习支持。

优秀学生因材施教系统，遵循"全过程累进支持、全方位匹配教育资源的因材施教"的教育理念，针对学生在科研创新、领导力等方面的潜质和发展需求，通过系统培训、导师指导、国内外学术机构和政府机构实习实践、跨文化交流等环节，为学生的个性化发展提供订单式服务。目前推出的服务项目有"唐仲英计划""思源计划"和"学生学习发展领袖计划"。

学生学习发展能力提升系统，本着"重点培养和普遍提升相结合"的原则，着力于普遍提升全体同学的学习能力和可迁移能力，通过经常性的调研不断跟踪和把握同学的实际需求，推出大学学习方法、时间管理、课程论文写作、为考试做准备、提高学习效率、团队协作、公共演讲等系列工作坊。学生在面临转系、发展路径选择、对未来发展迷茫等个人发展问题时，均可预约一对一发展咨询，与校内名师或者与自己有类似成长途径的高年级学长共同制订个性化发展计划。

开展学业指导的基本成效

目前，清华大学学习发展指导体系已经取得初步成效。中心构建起全频谱学习发展支持体系，2016 年各项服务覆盖总计 30100 人次，比 2015 年增长 23%；学生的学习能力显著提高，学习效果显著，不及格人数和人次不断下降；应届毕业生毕业率显著提高，就业质量提升；学生的科研能力显著增强，创新意识提高，本科生公开发表的学术论文等科研成果逐年增多，各种竞赛获奖也取得突出成绩；在辅导过程中，教师的育人意识也明显增强，大大促进了青年教师的成长，他们不仅仅辅导学生的学业，而且将理想信念教育融入学业指导当中。

学业辅导的工作效果和辐射效果也非常显著，公开发表与学业辅导直接相关的研究论文 10 篇，承担学业辅导直接相关研究课题市级 8 项，校级 3 项，其他委托项目 5 项，合计课题经费 10 余万元。从清华大学学习指导中心的实践来看，以学业指导为手段提高大学生的学习成效是可行的，有效的，对于促进大学生全面发展，提高人才培养质量具有重要的现实意义和推广价值。

（资料来源：《江苏高教》2012 年第 11 期，作者耿睿、詹逸思，内容经作者同意有补充修改）

第 七 章

科技创新活动

大学生科技创新活动是培养大学生创新意识、创新精神和创新能力的实践途径，是大学课外培养的重要路径。探讨和研究科技创新活动的有关问题，对有效组织和管理科技创新活动、实现科技创新活动的培养目标，具有十分重要的意义。

第一节　科技创新活动概述

一　科技创新活动的基本概念

1. 科技创新活动的含义

创新是一个民族进步的灵魂，是一个国家兴旺发达的不竭动力。高校的科技创新在国家创新体系中具有十分重要的地位，是整个社会创新体系的重要组成部分，而大学生科技创新活动作为高校科技创新的重要组成部分，在培养创新人才的过程中发挥了十分重要的作用。我国高等教育法明确规定"高等教育的任务是培养具有社会责任感、创新精神和实践能力的高级专门人才"[①]，创新人才的培养离不开科技创新活动。因此大学生科技创新活动在高校人才培养中，将发挥着越来越重要的作用。

大学生科技创新活动，是在学校的组织和引导下，在指导教师的指导和帮助下，大学生利用课余时间开展的科学学术实践活动。这些活动包括科技文化知识的学习、转化和运用的一系列实践，内容和形式丰富多彩。学生可以通过深化科学知识的学习，如参加学术交流、知识竞赛等，加深对知识的理解和掌握；学生也可以开展科研实践活动，包括申

[①]　《中华人民共和国高等教育法》，第五条，2015 年 12 月 27 日颁布修订。

报课题、专题研究、结题验收等活动，提高科学研究的能力，推进科学知识的转化和运用。高校开展科技创新活动的目的，是引导和激励大学生刻苦钻研、勇于创新、多出成果、提高素质，培养大学生创新意识、创新精神和创新能力。

科技创新活动的主体是大学生群体，客体是各种课外科技学术实践活动。科技创新活动的内涵和功能涵盖了教育、科技、经济、社会、文化等多个领域，在推进人才培养、科技发展、经济发展、社会进步和文化繁荣等方面发挥着重要作用，不仅对高等教育而且对整个社会的发展，都具有极为重要的现实意义。

科技创新活动目前已成为高校大学课外培养工作中发展最快、潜力最大的一项学生实践活动，特别是随着高等教育改革的深入，科技创新活动在高校人才培养、科技创新体系建设和整个国家创新体系建构中，将拥有更加突出的地位。

2. 科技创新活动的特点

实践性。科技创新活动的本质是实践，大学生在实践中学习新知，在实践中开展研究，在实践中产生新的构思，在实践中培养创新意识、创新精神和创新能力。大学生将课堂上所学的理论知识带到更为广阔的现实中，去发现问题、提出问题、分析问题和解决问题，从中培养自身的素质和能力。

创新性。科技创新活动的核心是创新，它不是一般的知识学习和行为训练，它是以创造性运用知识、创造性解决实际问题、创造性提出观点、创造性开展研究等为特征的实践活动。科技创新活动不是仅仅局限于对知识的验证，更重要的是通过创新实践鼓励学生对传统和常规的超越和发展。大学生许多新奇的想法和点子，通过科技创新活动得以释放和实践，并最终成为创新成果。

开放性。科技创新活动的表现是开放，如开放性参与、开放性交流、开放性思辨、开放性视野等。一是面向群体的开放性。所有的大学生只要有兴趣都可以选择参加不同类型的科技创新活动。二是交流和融合的开放性。科技创新活动为不同学校、不同年级、不同学科、不同专业的学生提供了交流与合作的平台。他们在这里可以自由地发表观点和看法，可以开展热烈的讨论和思想碰撞，可以同台竞技和展示风采等。三是视野的开放性。科技创新活动需要学生以更加开放的视野寻找问题、发现问题、思考问题和解决问题，需要学生将关注的焦点从身边和学校，引发扩展到整个人类社会和现实世界。

多样性。科技创新活动的形式是多样的，科技创新活动可以是学术报告、学术讲座、学术交流、学术沙龙等，可以是科研项目训练活动，如撰写学术论文、开展科学实验、进行科技制作、组织科学综述等，也可以是参加竞赛活动，如综合类竞赛活动、专业性竞赛活动、单科性竞赛活动等，每一种形式的科技创新活动都能够从不同侧面培养大学生的素质和能力。

层次性。科技创新活动的方略是分层的，就是实行分层组织、分层参与、分层管理。一是组织管理的层次性，不同类型的科技创新活动，组织管理层次亦不完全相同，如学术交流类科技创新活动，有学校和学院两个层面；科研训练类和科技竞赛类科技创新活动，有国家层面、省级层面、学校层面和学院层面。二是参加对象的层次性，尽管科技创新活动是开放的，但并不是所有的学生都适宜同时参加同一类型的科技创新活动，大学生选择参加何种类型的科技创新活动要结合自身的实际，如大一学生适合选择参加学术交流活动，通过听讲座、报告，参加科技学术类学生社团活动等接受训练。大二学生可以选择参加科研训练项目，来培养创新意识和创新能力。高年级学生可以选择参加科技竞赛活动，来提升自己的素质和能力等。

二　科技创新活动的重要意义

1. 科技创新活动的社会意义

科技创新活动是国家培养创新人才的重要手段。科技的发展，社会的进步，都离不开创新，培养创新人才是全面推动社会全方位创新的重要保障，高校肩负着为国家培养具有创新能力的高级专门人才的重要使命。创新人才的培养仅仅依靠传统的"教学"路径是培养不出来的，这正是"钱学森之问"的关键所在。高等教育的实践一再证明，培养人才的创新意识、创新精神和创新能力，离不开创新教育和创新实践，特别是要培养具备创新能力的高级专门人才，必须开展科技创新活动的实践训练。因此科技创新活动是国家培养创新人才的重要手段。

科技创新活动是大学生服务社会的重要途径。大学生是社会宝贵的人力资源，是社会创新的重要力量。随着大学生科技创新活动的蓬勃开展，越来越多的科技创新成果成功实现了转化，如在每年的"挑战杯"大学生课外学术科技作品竞赛和"创青春"大学生创新创业大赛中，都有一部分作品得到政府和投资者的青睐，被引进到科技园区内进行孵化或被成功转化，为社会创造了一定的经济效益。近年来大学生的科技成果在服务国家经济社会建设中发挥了独特的作用。大学生参加科技创新活动在全面提高自身素质的同时，也通过技术服务和成果转化，为国家和社会发展贡献自己的力量。

科技创新活动是国家实施素质教育的重要路径。科技创新活动是素质教育的重要形式，加强大学生素质教育离不开科技创新活动。科技创新活动坚持知行统一的原则，通过各种创新训练和创新实践活动，把素质教育的内容融入大学生的学习和生活之中，有效地促进了知识向素质和能力的转化，为实施素质教育提供了有效的路径。

科技创新活动是促进学风建设的重要形式。科技创新活动对训练大学生严谨的态度和科学的精神是一种极为重要的机制和途径，因为如果没有严谨认真、一丝不苟的精神，没有正确的思维和科学的方法，就不可能取得科技创新活动的成果。而这种训练要求正是大学学风建设的核心内容。科技创新活动不仅有效地促进了大学生的课程学习，加深了对课程内容的理解和深化，扩展了理论知识的边界，更是有效地训练了理论学习的态度，促进了健康的学习风气的形成。

2. 科技创新活动的个体意义

科技创新活动是大学生变革学习方法的重要措施。实践证明，大学生参加科技创新活动，能够加深对理论知识的理解，寻找知识运用的途径，提高学习效率，更加牢固掌握所学的专业知识，能够拓宽自己对不同学科领域的了解，训练创新思维和实践能力，特别是通过参加科技创新活动能够培养大学生"以问题为导向的学习理念"，带着问题去主动学习能取得比被动学习更好的效果。

科技创新活动是大学生培养创新能力的重要平台。大学教育之道，知识是基础，思维是关键，实践是根本。科技创新活动为大学生提供了一个将理论知识与实践相结合的最佳平台，大学生可以充分自由地把课堂启发、实验心得、构思设想、社会需求等问题，进行大胆的思考和实践，特别是通过参加科研训练和科技竞赛活动，把自己的思考和设想变为现实，不断提高创新能力，实现大学学习的新突破。

　　科技创新活动是大学生锤炼意志品质的重要载体。意志品质的养成，往往比能力更重要。科技创新就像攀登高峰一样，需要有克服艰难险阻的顽强意志、需要有稳定的情绪和坚定的信念、需要有敢于怀疑和挑战权威的精神、需要有不断超越自我的品质。科技创新活动能够训练和培养大学生健康的心理品质和积极进取开拓创新的意志。大学生在科技创新活动中，每一个细节的考验、每一次困难的克服、每一次失败和对失败的总结，都是成长中难得的历练。

三　科技创新活动的培养目标

1. 素质培养目标

　　科技创新活动能全方位地培养大学生的素质，包括科学文化素质、专业素质、思想政治素质和身心素质。

　　培养科学文化素质。科技创新活动，能够促进大学生学习科学知识，增加知识的深度和广度；能够实现知识的系统化、条理化、理性化，促进理论体系的形成，促进科学思想的呈现；能够在理论研究、应用研究、开发推广以及各种实践活动中，学习各种程序、思路、规则、技巧、模式、方法、方式、手段等，促进大学生掌握归纳、演绎、分析、综合等各种科学方法；能够促进大学生形成共同信念、价值标准和行为规范，培养大学生"探索求真的理性精神、实验取证的求实精神、开拓创新的进取精神、执着敬业的献身精神"[①] 等科学精神。与此同时，通过科技创新实践，人类优秀的思想文化成果会内化为学生的性格、气质、修养，在"求真"的实践活动中，形成"求善"的品质追求，形成作为研究者特有的道德判断、艺术审美、深思领悟、对比思辨、思想追求等文化素养。因此，科技创新活动是培养大学生科学文化素质最直接、最有效途径。

　　培养专业素质。科技创新活动必须以扎实的专业知识为基础。大学生在科技创新活动中通过查阅、整理文献，运用专业的思想要求对有关问题进行呈现与阐述，针对具体的问题开展专业调查和研究，利用专业知识解决专业技术难题等，使自己的知识得到积累、扩展、深化、升华和内化。科技创新活动的这种必然性要求，促进了大学生研究问题的一

---

① 　杨国欣等：《大学课外培养》，中国社会科学出版社 2016 年版，第 52 页。

系列习惯的养成，如善于质疑、善于思考、善于总结、善于发现、善于研究等，强化了自己的主观能动性，训练了自己解决问题的方式方法，有效地培养了自身的专业素质。

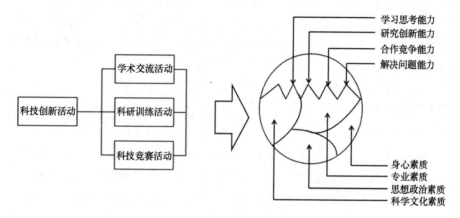

图7—1　科技创新活动的培养目标

注：其他附带培养的能力未予标出。

培养思想政治素质。科技创新活动必须秉承崇尚科学、追求真理、勤奋学习、锐意进取、迎接挑战的学术宗旨。大学生在科技创新活动中，无论是开展自然科学研究还是社会科学研究，都必须尊崇解放思想、实事求是、与时俱进的思想路线，以深入的调查研究为基础，尊重学术道德规范，尊重他人劳动成果，不能弄虚作假，不能剽窃他人成果。这对培养大学生思想素质、道德素质和法律素质都具有十分重要的意义。

培养身心素质。科技创新活动对培养大学生的身心素质特别是心理素质具有重要作用。科学研究和科技创新从来都不是一帆风顺的，没有失败就没有成功，许多科学发现都是在失败的基础上得来的，因此，在科技创新实践中经历失败和挫折是必然的，这种失败和挫折的经历，必然会历练大学生不言放弃、勇往直前、承受挫折、坚韧不屈的心理素质。

2. 能力培养目标

科技创新活动能够培养大学生的多种能力，主要有学习思考能力、研究创新能力、合作竞争能力、解决问题能力。同时也能够培养大学生的社会适应能力、语言表达能力、文字写作能力、道德判断能力、策划实施能力和领导判断能力等。

　　培养学习思考能力。大学生参加科技创新活动，会遇到课堂上遇不到的许多问题，当已有知识显得不足时，他们就必须去学习新的知识，这就极大地激发和调动了大学生内在的学习动力、好奇心、热情与乐趣。在这样的过程中，大学生不再是消极的知识接受者，而是主动的求知者、参与者、探索者。在实践活动中由于目标动因的驱使，大学生就必须不断地学习、不断地思考，在思考中学习、在学习中思考，从而培养了学习思考能力。

　　培养研究创新能力。在科技创新活动中，通过学术交流活动，开阔了大学生的学术视野，促使大学生思维碰撞，产生创新灵感；通过科研训练活动，使学生实现对已有知识的综合与运用，了解和掌握科研的方法，激发对新问题的探索，培养他们的科研兴趣和创新思维；通过科技竞赛活动，激发大学生的创造热情，培养大学生寻找问题和解决问题的能力。因此，科技创新活动对培养大学生的研究创新能力具有直接的作用。

　　培养合作竞争能力。大学生参加科技创新活动，就要与他人交流或合作，无论是参加学术交流活动、科研训练活动，还是参加科技竞赛活动，都离不开群体环境，特别是在科研训练和科技竞赛活动中，团队合作是完成科研任务、取得优异成绩的重要保证。这就需要团队成员要有较强的团队合作意识，进行明确的任务分工，制订详细的研究训练计划等，在完成任务的过程中，团队成员要加强分工协作、互相帮助，朝着既定目标推进各项工作。同时，鼓励团队成员在合作的基础上敢于承担更重的任务，敢于提出新的思路和方法，敢于创新创造。因此，科技创新的过程也是培养合作竞争能力的过程。

　　培养解决问题能力。科技创新活动的根本任务在于依据事物的本质和规律，寻找问题，解决问题。大学生参加科技创新活动，无论是学术交流活动、科研训练活动还是科技竞赛活动，其实质都是寻找到某个问题，或讨论它，或解释它，或研究它，或设计它，或克服它等，共同的目的就是"解决问题"。比如科技竞赛活动，在项目评审上越来越注重项目对解决社会现实问题的贡献度，越来越重视项目最终能否转化为生产力服务于经济社会发展。这种要求导向使大学生在科技创新活动中更加关注社会现实，紧紧围绕社会现实问题去进行科学研究，通过认真细致的调查、实验、求证等活动实现科技创新，从而有效地培养了解决问题的能力。

第二节　科技创新活动组织

一　科技创新活动的主要形式

1. 科技创新活动的类型

根据目前我国科技创新活动开展的情况，科技创新活动的类型大致可以进行如下划分：以活动性质进行划分，可分为学术交流活动、科研训练活动和科技竞赛活动。以活动功能进行划分，可分为科技知识学习、科学研究训练、科技知识创新和科技知识应用等。以组织主体进行划分，可分为社团举办的科技创新活动、学院组织的科技创新活动、学校组织的科技创新活动、行业协会组织的科技创新竞赛活动、省级及以上主管部门组织的科技创新竞赛活动和国际科技创新竞赛类活动。

随着国家对科技创新能力培养重视程度的提高，基于学生创新意识、创新精神和创新能力培养的各类科技竞赛活动，已经成为目前高校校园内最活跃、发展最快、最受大学生欢迎的科技创新活动。目前，针对大学生举办的各类科技创新活动主要有：

综合类科技竞赛，如"挑战杯"全国大学生课外学术科技作品竞赛、"创青春"大学生创新创业大赛、中国"互联网＋"大学生创新创业大赛等；专业类科技竞赛，如全国大学生数学建模竞赛、全国大学生电子设计竞赛、全国大学生机械创新大赛、全国大学生智能汽车邀请赛、全国大学生物流设计大赛、世界杯机器人足球赛、国际企业管理挑战赛、ACM 国际大学生程序设计大赛等；单科类学科竞赛，如全国大学生英语竞赛、全国部分地区大学生物理竞赛、全国大学生化学实验邀请赛等。

在各类科技创新竞赛活动中，"挑战杯"全国大学生课外学术科技作品竞赛被誉为中国大学生学术科技创新的"奥林匹克"盛会，是目前国内参赛规模最大、参赛作品最多、影响范围最广的全国性竞赛，也是最具代表性、权威性、示范性、导向性的科技创新竞赛。

2. 科技创新活动的组织形式

不同类型的科技创新活动的组织形式是不同的，同一类型中不同层次的科技创新活动组织形式也不尽相同。

学术交流活动。大学生学术交流活动的组织形式是灵活多样的，可以通过组织学术报告、学术讲座、学术会议、学术沙龙、学术茶座、社团活动、科技文化周、专业文化节等形式来开展。目前大部分高校结合本校实际，组织开展有各种讲坛论坛、科技文化节、创新活动月等，并逐步形成了具有本学校特色的品牌活动。如一些高校组织的科技讲坛、创新论坛、"科创达人"面对面、大学生科技文化艺术节、社工文化节、各种科技社团活动、科技作品竞赛展览等，在校园中营造了浓厚的科技学术氛围，拓展了科技活动的载体，建立了系统的科技创新活动和实践培训体系，激发了广大学生的科技创新欲望，对培养学生的科技创新意识和科技创新精神、开发学生的科技创新思维和创造潜能起到积极的推动作用。

科研训练活动。教育部组织的国家级大学生创新创业训练计划，是全国大学生重要的科研训练项目，对推动大学生科研训练工作发挥了重要作用。各高校开展的更大规模的大学生科研训练活动，主要是通过大学生科研训练计划来实施的，大学生科研训练计划简称 SRTP（Student Research Training Program）。这项活动主要以学院为单位，开展相关组织、宣传和管理工作，动员发动广大学生积极申报，特别是组织具有某方面特长、动手能力强、科研兴趣浓厚的拔尖学生组成科研团队，配备专业素质强、实践经验丰富的教师，指导学生开展科技创新基金项目的研发工作。科研训练活动一般采取项目化的运作模式，学校设立大学生科研专项基金，由学生自主申报，对确定立项者给予资金支持，鼓励学生在导师的指导下独立完成项目研究。通过引导学生开展科学研究，实施科研训练，培养学生的科技创新能力。

科技竞赛活动。科技竞赛活动一般分层次进行，国家级的科技竞赛活动一般分为三个阶段：初赛、复赛和全国总决赛。初赛由各个高校分别按照活动的通知要求和章程自行组织报名、培训和选拔，根据要求选拔一定数量的优秀作品和团队参加复赛。初赛的形式也各有不同，有的是知识竞赛，有的是技能竞赛，也有的是撰写调查报告、案例、策划方案等；复赛由各分赛区组织，复赛形式多为现场陈述和答辩等。经过复赛评选出一定数量的优秀作品和团队推荐参加全国总决赛；全国总决赛由竞赛组织委员会委托某些具备承办条件的高校轮流承办，全国总决赛的形式和复赛基本相同。经过全国总决赛，评选出特等奖、一等奖、二等奖等不同奖次，并对获奖作品和团队进行表彰。

省部级和行业组织的大学生科技竞赛的组织一般分为两个阶段：初赛和决赛。初赛由各个高校分别组织，选拔优秀作品和团队参加决赛；决赛的形式和复赛基本相同。决赛由竞赛组织委员会委托某所高校承办，评选出不同的奖次，并对获奖作品和团队进行表彰。

二 科技创新活动的管理

策划管理。策划管理主要包括两个层面的工作：一是学校在组织开展科技创新活动时的总体策划，包括方案制定、组织协调、项目设立、宣传发动、指导培训、团队组建、组织实施、中期检查、项目验收或评审、总结评价、成果转化等，如开展大学生科技文化艺术节，要制定出详细的活动方案，确定活动期间开展活动的类型和形式，做好与相关部门的沟通协调，进行广泛的宣传发动，对学院和有意参赛的学生进行必要的指导培训，组织学生报名参加活动，活动中对项目进展情况进行中期检查，活动结束后通过项目评审或验收评选出优秀的团队或作品，对活动开展情况进行总体考核评价，表彰优秀学院和团队，引导项目成果转化等；二是学生和学生团队的策划，包括知识的准备，时间的安排，项目的选择，团队成员的分工，研究进程的安排等。周密的策划是确保科技创新活动顺利开展的关键。

项目管理。科技创新活动的项目管理，根据项目类别进行管理。总体上包括项目的设立、项目的申报、项目的评审、项目实施、中期检查、考核验收等环节。学术交流活动、科研训练活动和科技竞赛活动的项目管理不尽相同，可依据各自的特色进行管理。项目管理除了依据各种类型的不同环节进行以外，还要注意明确学校职能部门、学院、学生组织、学生个人等各自承担的任务，做好衔接和配合工作。

过程管理。科技创新活动的过程管理，要建立"学校保障、教师指导、学生为主"的管理机制。学校要为大学生科技创新项目的实施营造氛围、提供条件、规范流程、做好保障等；学院要组织好具体的宣传、发动、组织和管理；指导教师要做好项目的具体指导和过程检查工作，对项目实施过程中的技术难点要及时了解并给予指导，帮助解决相关的实际困难；在过程管理中要充分体现学生创新实践主体作用，达到学生自我管理、自我教育、自我培养的目的。

团队管理。团队管理是科技创新活动管理的重要内容，组建知识结构合理、任务分工明确、个性优势互补的科技创新团队，是保证科技创新活动正常、有序进行的基础，也是科技创新活动产生成果的保证。合理的团队结构对促进学生之间相互的学习，发挥个性互补作用，提高整体创新能力，具有重要意义。团队组建可以采用三种模式：第一种模式为学生为主模式。这种模式多为高年级本科生自发组织队伍，在互相学习、相互配合的过程中，开展某一类型的科技创新活动；第二种模式为"学生+教师"的模式。这种模式由教师指导几名不同年级的大学生，形成学习和研究梯队来开展某项科技创新项目研究；第三种模式为"教师+研究生+不同年级本科生"模式。这种模式的好处是易于沟通交流，充分发挥了学生之间互帮互助的特性，有利于低水平学生快速提高和进步。①

　　成果管理。科技创新成果管理是科技创新活动中非常重要的工作。主要内容包括：成果保护，要提高大学生对科技创新成果的知识产权保护意识，特别是要保护那些具有应用价值的优秀成果。学校主管部门要主动帮助大学生保护科研成果，指导大学生申请专利，处理好学校、指导教师、学生三者之间的利益分配问题。成果转化，要积极鼓励学生把优秀的项目成果通过参加展示、比赛等活动获得转化的机会，通过参加洽谈会、成果转化推介会等活动实现项目成果转化，实现科技创新成果价值最大化。成果展室，建立科技创新成果展览室，将大学生科技成果进行集中管理、集中展示，对其他学生进行科技创新教育。

　　经费管理。科技创新活动的持续开展，必须有专门的经费支撑。一是要做好经费预算和筹集工作。高校应每年就科技创新活动做出专门预算，保证基本的活动需求，同时还要多渠道筹措经费，如与企业建立产学研合作筹措经费等，建立支持科技创新活动的经费保障；二是要做好经费使用的管理工作。科技创新活动经费，应由学校科技创新活动组织部门统一管理，要建立科技创新活动经费的申请、审核、公示、使用和检查等制度，按照项目化运作的模式进行经费管理，保证科技创新活动经费的规范使用，确保科技创新活动的可持续发展。

---

　　① 孔全存等：《科技创新项目中人员梯队组建模式的探索》，载《实验技术与管理》2014年第5期。

三　科技创新活动的目标控制

1. 明确培养目标

科技创新活动作为大学课外培养的重要路径，只有始终围绕大学生的素质和能力培养目标去策划、组织、实施，才能发挥其应有的作用，这就要求组织者、指导教师、学生三方面都始终明确培养目标，共同推动科技创新活动按照培养目标这一主线来开展。

组织者要明确培养目标。科技创新活动的开展对大学生的素质和能力培养能发挥什么样的作用，是组织者必须始终思考的问题。开展科技创新活动必然要利用大学生一定的时间，组织者要依据科技创新活动的类型、开展的时间、形式、规模、进度、评价指标等要素进行周密的策划，保证活动的开展既能发挥好大学生的主体作用，有效扩大覆盖范围，又能突出活动的效果，充分发挥培养功能。组织者只有始终明确培养目标，以目标为导向开展工作，才能确保活动的组织成效和培养方向，才能有意识的克服组织愿望与参与者实际两张皮现象，杜绝追求轰动效应和功利目的。

指导教师要明确培养目标。指导教师的引导和指导是影响科技创新活动发展方向的关键。指导教师是否明确科技创新活动的培养目标，不仅影响自身参与指导的积极性，而且影响科技创新活动的成效。指导教师要站在培养创新人才的高度来明确培养目标，增强指导工作的方向性和策略性。指导教师要在创新思路和方法的指导中、在学术道德的教育引导中、在项目的立项申请中、在调查研究的过程中、在实验操作和数据获取中、在研究报告的撰写中、在团队建设的过程中等，深入贯彻科技创新活动的培养目标，充分发挥目标的导向作用。

学生要明确培养目标。大学生是科技创新活动的主体，他们对科技创新活动培养目标的认识，直接影响着其参与活动的态度和精神状态，甚至会影响他们面对挫折时的心态，以及他们学习的方法和思维的方式等。大学生对科技创新活动培养目标的认识，需要教育和引导，高校有关组织部门要做好宣传工作，强化科技创新活动的目标意识，让学生深刻认识和了解科技创新活动主要培养大学生的哪些素质和能力，让素质和能力培养目标成为科技创新活动中的指路明灯，从而充分挖掘大学生科技创新的潜能，体验科技创新活动带来的价值增长快乐，有效克服跟风现象，杜绝弄虚作假，培养勇于探索、敢于攀登、追求卓越、超越自我的优秀品质。

2. 把控目标方向

在策划活动时把控目标方向。科技创新活动是否契合培养目标，是否能够沿着目标方向开展，活动的策划是关键。要在活动开展之前，对学生参与的需求、教师指导的期望等进行充分调研，在摸清情况的基础上进行总体策划。策划工作既要考虑如何提供强有力的保障，又要考虑如何确保活动满足学生的发展需求。要对活动的整体流程、组织指导、过程管理、考核评价等进行详细的设计，科学设定活动目标达成度的衡量指标，要通过召开座谈会、征求意见会等形式，听取学院、指导教师、学生对活动方案的意见及建议，在综合各种意见的基础科学策划科技创新活动，力求目标把控工作具有较强的操作性。

在组织活动时把控目标方向。组织者在组织开展科技创新活动的过程中，要加强过程的监督和管理，从营造氛围、组织实施、监督检查等各个环节进行目标把控，一旦发现活动的开展偏离了培养目标就必须迅速对活动组织工作进行调整，如举办的报告讲座不受学生欢迎、科研训练中指导教师代替学生完成任务或学生抄袭他人成果、竞赛活动中片面追求规模效应等，都必须及时进行纠正。否则活动即使组织得轰轰烈烈也不会收到应有的效果，反而影响了学生参与的积极性和对活动价值的认同。

在总结评价时把控目标方向。对科技创新活动的开展情况进行总体评价，尤其是对培养目标达成度的评价，是把控目标方向的核心。组织者可以通过线上线下问卷调查、走访调研、召开座谈会、大数据分析等手段对科技创新活动的目标达成度进行认真的分析，了解哪种活动是学生欢迎的，活动中还存在哪方面的不足。要把那些组织工作扎实有效、学生收获较大的科技创新项目进行深入的总结，挖掘活动中的好做法、好经验，为持续提升科技创新活动成效积累经验。

在考核评比时把控目标方向。考核评比对开展科技创新活动具有重要的导向作用，要把培养目标达成度作为考核评比的关键指标，对活动的策划、组织、取得的成效进行综合评定，表彰先进，树立典型，发挥示范带动作用。考核评比应从活动的培养成效、受益面、组织工作、影响力、创新成果等方面综合考虑，切忌单纯追求影响力或科技成果，避免活动陷入功利主义的误区，削弱培养目标的达成度。

第三节 科技创新活动改进

一 科技创新活动的现状

1. 科技创新活动开展情况

党和政府历来高度重视大学生创新能力的培养。在 1998 年颁布的
《中华人民共和国高等教育法》中就明确规定："高等教育的任务是培养
具有创新精神和实践能力的高级专门人才，发展科学技术文化，促进社
会主义现代化建设"[①]；1999 年颁布的《中共中央国务院关于深化教育改
革，全面推行素质教育的决定》中指出"高等教育要重视培养大学生的
创新能力、实践能力和创业精神，普遍提高大学生的人文素养和科学素
质"[②]；党的十八大报告中提出"全面实施素质教育，深化教育领域综合
改革，着力提高教育质量，培养学生社会责任感、创新精神、实践能
力"[③]；《中共中央国务院关于深化体制机制改革加快实施创新驱动发展战
略的若干意见》中指出"要积极构建创新型人才培养模式"[④]；《国家中
长期教育改革和发展规划纲要（2010—2020 年）》提出"支持学生参与
科学研究，强化实践教学环节""促进科研与教学互动、与创新人才培养
相结合"；[⑤] 随着《国务院办公厅关于深化高等学校创新创业教育改革的
实施意见》文件的出台和全国高等学校思想政治工作会议的召开，党和
政府对培养大学生创新能力的重视程度又提到了新的高度，党和政府的
重视为科技创新活动的开展指明了方向。

高校对科技创新活动重视程度不断增强。在"大众创业、万众创新"
的"双创"背景下，高校对培养大学生创新意识、创新精神和创新能力
的重视程度不断增强，在制度、机制、条件保障、形式和手段等方面进

---

① 《中华人民共和国高等教育法》，第五条，1998 年 8 月 29 日公布。
② 《中共中央国务院关于深化教育改革，全面推进素质教育的决定》，第一条，1999 年 6
月 13 日发布。
③ 参见新华网：http：//news. xinhuanet. com。
④ 《中共中央国务院关于深化体制机制改革加快实施创新驱动发展战略的若干意见》，第
七条，2015 年 3 月 13 日公布。
⑤ 《国家中长期教育改革和发展规划纲要（2010—2020 年）》，第十九条、二十条，2010
年 7 月。

行了大量有益的探索。在组织保障上，有的高校成立专门的科技创新领导小组或指导委员会，对全校科技创新活动进行统一的规划指导；在激励措施上，部分高校制定了专门的科技创新激励制度，如有的高校在规章制度中将指导学生创新活动作为考核指导教师工作量以及职称评定的一项重要内容，对指导科技创新取得重大成果的教师给予表彰和奖励。有的高校建立了一整套有利于大学生自主创新的成果评价体系和奖励制度，通过授予荣誉称号、物质奖励等鼓励大学生积极参加科技创新活动。还有的高校则实行特殊的奖励政策，如有较高创新能力的学生可优先取得保研资格或保研加分，甚至免试推荐为研究生等；在条件保障上，有的高校设立了科技创新专项资金，建立了科技创新基地等，有力地推动了科技创新活动的深入开展。

大学生参与科技创新活动的热情逐步提高。近年来大学生对科技创新活动的认同度普遍提高，他们踊跃参与到科技创新活动中来，使得科技创新类作品的数量和质量都取得了显著的提高。以"挑战杯"全国大学生课外学术科技作品竞赛为例，自 1989 年首届竞赛举办以来，经过近 30 年的发展，"挑战杯"竞赛已经成为吸引广大大学生共同参与的科技创新盛会，从最初的 19 所高校发起，发展到 1000 多所高校参与；从 300 多人的小擂台发展到 200 多万大学生的竞技场，除了传统的重点院校参与热情高涨外，各地方院校的参与也不断升温，"挑战杯"竞赛在广大青年学生中的影响力和号召力日益增强，以"挑战杯"为龙头的各级各类科技创新活动深受广大学生的欢迎，越来越多的大学生踊跃参与到科技创新活动中来。

科技创新活动的形式日趋丰富。在国家相关文件的指导和相关政策的支持下，"挑战杯"全国大学生课外学术科技作品竞赛、"创青春"大学生创新创业大赛、全国大学生数学建模竞赛、全国大学生英语竞赛、中国"互联网＋"大学生创新创业大赛等全国性的科技创新类竞赛，逐渐成为科技创新活动的主要形式和载体。各高校也积极为科技创新活动的开展搭建起各种平台，通过学校主管部门以及学生社团等组织开展了各种各样的学生科技创新活动，内容涉及高校开设的大部分学科专业领域，活动的组织形式不断推陈出新，科技创新活动的组织形式日趋多样化，满足了不同层次和专业方向的学生需求，从而受到了学生的广泛喜爱。各级教育主管部门、共青团系统、政府科技部门和科学技术协会、行业企业等也纷纷加入科技创新活动推动者行列，各省、市地区性的科技竞赛活动也层出不穷，大大拓展了科技创新活动的外延，丰富了活动的形式和内容，对培养大学生的创新意识、创新精神和创新能力产生了深远的影响。

科技创新活动活动效果日益明显。通过各级、各类科技创新类竞赛，逐渐达到以赛促教、以赛促学、以赛促创的效果，大大推动了创新教育、创新辅导、创新成果转化、创业孵化培育、众创空间建设，促成大学生科研成果与社会对接，尤其是数万大学生直接或间接地参与科技创新类赛事，对引导在校大学生勤奋学习、崇尚科学、追求真知，形成良好的校风学风起到了极大的促进作用，同时也深化了高校育人成就，许多成果还收到了良好的经济效益和社会效益。

2. 科技创新活动存在的问题

科技创新活动发展不平衡。从学科、专业种类上看，理工科院校的学生科技创新活动开展情况明显要好于文史经管类院校，理工科专业学生在发明创造、科技制作、工艺设计等方面有专业优势，文科专业学生在论文发表上明显多于理工科专业学生。从参与的学生层次来看，研究生在校期间参加过科技创新活动的比例较高，而本科生参加的科技活动明显少于研究生，高年级学生参加科技活动的比例明显高于低年级学生。从取得的科研成果的数量和质量上看，重点高校比一般高校显示出较强优势。

高校对科技创新活动缺乏有效指导和统一规划。一些高校对科技创新活动重视不够，组织体系、激励体系、保障机制等不完善不健全；对科技创新活动缺乏前瞻性、整体性和长期性的规划，存在"重眼前、轻长远""重竞赛、轻普及"的倾向；缺乏推动协调发展的协同机制，没有构建起学校、教师、学生三位一体的科技创新教育与实践体系，存在理论与实践脱节的现象等。

科技创新活动投入不足。高校在学生科技创新政策、制度、监督、投入上，目前还远远不能满足学生的需要。必要的资金、场地和实验设备等是开展学生科技创新活动的重要物质保障。对大学生科技创新活动投入不足，主要表现为：忽视科技创新活动的组织管理队伍和指导教师队伍业务培训和素质提高，学生科技创新活动经费来源主要依靠学校行政拨款方式，学生科技创新活动阵地少，专门用于学生开展科技创新活动的设施设备数量有限，有的高校甚至是空白。这些物质条件得不到保障，在很大程度上制约了学生科技创新活动开展的层次与质量。

大学生参与科技创新活动的积极性还不够高。学生参与科技创新活动的积极性，没有真正被广泛地调动起来，或者因为学校激励措施没有真正落到实处，或者由于对科技创新认识不到位，不少学生对参加文化娱乐类社团活动和学生会等学生组织兴致比较高，对学术科技类社团活动兴致不高，实际参与科技创新活动的覆盖面较低；尽管一些同学已经认识到科技创新能力的重要性，却不知道从何下手，不知道怎样寻求帮助，不知道怎样利用学校的相关资源，部分学生还会为参加科技创新活动耽误正常的上课和学习感到担心等。

科技创新活动中存在功利主义色彩。追求论文数量、计较鉴定评价、追求科技奖励，几乎成为一部分学生参加科技创新活动的全部内容，其结果是大部分参与科技创新活动的学生不愿进行系统性的长期研究，稍有阶段性成果就匆匆鉴定、报奖，这些短期行为难以保证科技创新活动产生突破性成果，也在一定程度上加剧了大学生对科技创新活动的功利性追求。如少数学生认为其科研成果一经发表，或参加大学生科技竞赛，或被企业看中，不但项目可以获奖，还可以从中得到一定的收益，名利双收。还有少数学生其实就是抱着一种急功近利的心理，想从科研方面走出一条通向成功的捷径，为就业求职打"基础"。这种认识上的偏差，是影响科技创新活动深入开展的深层原因。

指导教师对科技创新活动指导不够。教师在指导科技创新时积极性不高，有部分教师不愿参与指导科技创新活动，有的教师即使参与了指导也不能够深入进去，投入的时间和精力不足，相关的科研方法、技能等深入指导不够，对学生科技创新活动的培养目标不明确，对过程关注和重视程度不够，有的为完成指导任务拿自己的课题交给学生去做，甚至还有教师把自己的成果拿来作为被指导学生的成绩，使部分学生的科技创新活动流于形式。

二　科技创新活动的改进

1. 改进制度和机制

改进激励机制。有效的激励机制是科技创新活动持续发展的重要动力，高校要加强相关制度建设，建立与课程改革、学分设置、评价制度、奖励制度等相衔接的激励机制。把大学生参加科技创新活动纳入必修课，明确所有学生必须取得规定的创新教育学分；对在各级各类竞赛活动获得成绩和发表论文的，采取记录创新学分、发放奖学金、优先保送研究生、评选"科技之星"等鼓励措施进行表彰奖励；对参与大学生创新教育的指导教师按课程和项目记工作量，对成绩优异的指导教师在职称和岗位聘任以及各类评比中给予政策倾斜；对在大学生创新教育活动中做出突出贡献的指导教师及管理人员给予奖励；鼓励形成学历、年龄结构合理的创新教育教学团队，在学校教学团队评比时单列指标；二级学院的教学改革应该成为制度改进的着力点，将科技创新作为重要的参考指标引进教师的考核体系，提高对教师课改和科技创新教育的奖励力度，激发教师指导学生科技创新活动积极性。

改进教学保障机制。建立教学保障机制，夯实科技创新根基，科技创新能力的培养必须坚持以全面的知识体系和智能结构为基础，各类教育教学活动是形成这个基础的主要渠道。所以，加强科技创新能力的培养，要以深化教育教学改革为基础，深化人才培养模式的改革，增强各类人才培养方案的针对性，将创新教育贯穿于人才培养的全过程。学校应把科技创新能力的培养提升到人才培养的重要位置，按照科技创新能力培养的目标要求调整教学计划，增开有利于培养创新意识、创新精神和创新能力的课程内容，变革相关的教学模式以及教学管理模式，由各有关部门和教学单位抓好落实，使每一个学生的创造潜能得到充分的释放。同时，还应充分发挥创新创业实践基地和实验室的作用，向大学生开放必要的实验室，添置必要的设备，为大学生开展科技创新活动提供场地和设施支持，为科技创新成果的转化提供实践平台，提升科技创新的层次。

改进评价机制。按照导向性、系统性、整体性、可操作性、连续性的原则，构建适合大学生科技创新能力发展的专业化评价体系。要注重对学生个人素质、能力的评价，要在注重创新成果、创新贡献评价的同时，充分保护学生的个性和创新热情，为学生创新能力发展提供宽松的环境和便利的条件，使得"偏才""怪才"有适宜的发展空间。要克服现有教育模式中"重理论、轻实践""重趋同一致、轻标新立异"等不利于创新精神培养的弊端。要坚持以培养目标为导向，避免仅仅以论文发表、获奖、申请专利、转化效益等作为固定标准来衡量学生科技创新活动成果，要更加重视学生素质和能力的培养效果。

改进运行机制。在科技创新活动中，要充分发挥学生的主体作用，激发学生的创新热情，通过成立科技创新小组、科技创新社团、科技竞赛团队、校企合作团队等，开展各种创新实践活动，引导大学生主动接触前沿的科学知识，诱发大学生的科技创新意识，培养大学生的实践动手能力；要建立健全校院两级科技创新管理体系，推进国家、省、校三级大学生创新训练计划。可根据不同年级的情况，合理引导学生参加，对于低年级的大学生，引导他们参加一些校级、市级乃至省级的科技竞赛，为将来参加全国级别的比赛打下基础和积累经验；对于高年级的大学生，指导他们参加级别较高、规模较大的全国科技竞赛，诸如"挑战杯""全国电子科技大赛"等；要加强指导教师队伍建设，选拔专业知识过硬，具备良好的沟通和创新能力，具备实际工作经验的老师担任指导教师；要多方整合资源，建立企业科技创新基地，协同推进科技创新活动，逐步形成产学研共同发展、合作创新的运行机制；要培育积极健康的创新文化，提倡敢为人先、敢冒风险、敢于创新、勇于竞争和宽容失败的精神，营造全校崇尚科技创新的文化氛围。

2. 改进手段和形式

改进管理手段。在现代信息条件下，高校对科技创新活动的组织和管理应充分利用信息化手段，通过建立科技创新活动专题网站，为大学生提供科技创新交流、名师辅导、资料下载、赛事预告、优秀作品展示等服务；通过建立科技创新的信息管理系统，对科技创新活动的需求征集、指南发布、项目申报、项目管理、监督检查、评价验收等进行全过程信息管理，并主动公开信息，接受监督，通过科技创新信息管理系统形成统一的科技数据资源目录，实现科技创新活动的规范化管理。

改进组织形式。要大力扶持科技创新类社团，鼓励学生自发组成的科技创新兴趣小组，鼓励更多学生成立创新团队，实行高年级带低年级，级级帮带，形成梯队；以"挑战杯"全国大学生课外学术科技作品竞赛、"创青春"大学生创新创业大赛、中国"互联网＋"大学生创新创业大赛等综合类科技竞赛为龙头，以数学建模、电子设计、智能汽车等专业类竞赛和各类单科类学科竞赛为载体，以各学院独具特色的学术科技作品竞赛为基础，组建各级各类科技创新团队。通过建立完整的大学生科技创新活动组织体系，全面发挥科技创新活动在人才培养中的重要作用。

案例:南京理工大学科技创新大投入结出大硕果

特等奖数在全国高校中名列第一！在第十四届"挑战杯"全国大学生课外学术科技作品竞赛终审决赛上，南京理工大学获得 3 个特等奖、1 个一等奖、2 个二等奖，并以 450 分的总分，与清华大学、上海交通大学共同捧得最"牛"奖杯"挑战杯"，成为该赛事设立以来，首个捧得该杯的非 985 高校。

南京理工大学此次参赛的作品共有 6 件，件件都有创新点。比如获得特等奖的"小卫星"，自主研制的星务计算机分系统、电源分系统、姿态确定与控制分系统、结构及热控分系统，完全拥有自主知识产权。同样获得特等奖的一款显微镜更是对目前的显微技术进行了革命性的创新。

显微镜的研发团队成员、电光学院研二学生林飞介绍，目前常用的细胞显微镜观测需要对细胞进行染色或标记，或通过外界激发光源对细胞成像进行分析，但这些标记以及长时间的曝光往往对细胞有一定的伤害，甚至导致细胞的死亡，无法获知细胞真实状况。

而他们的"SCscope"显微镜不但不用把活细胞染色，而且可以看到三维立体的细胞，并且任意视角观察，"可以生成高达 2.8 亿像素的'全视场、高分辨'图像，这就好比在一张千人大合影中，可以看清每个人脸上的痣"。

"显微镜经过 400 多年的发展，仍然没有摆脱'可见即所得'的传统成像模式，而他们采用'计算成像'的全新概念，这为显微镜的功能与性能带来了跨越式的提升。"该项目指导老师左超说，该作品还在同一系统中集成了多种专用显微镜的成像功能，且可以做到"一键切换"，有效促进了显微镜的功能多样化、操作简便化、成本低廉化。

接地气、易转化，地铁车轮检测系统已在广东试用

记者发现，此次获奖的作品不仅技术含量高，还非常"接地气"、易转化。

获得二等奖的"基于激光位移传感器的地铁车辆轮对尺寸在线动态检测系统"已经在广州地铁应用。

"地铁列车行驶一段时间后，车轮就会有磨损，磨损必须控制在一定范围内。"自动化学院王晓浩介绍，目前国内的地铁公司基本都是雇佣人

工对车轮进行检测，人力成本高、误差大，测量一列车至少需要两个人花两三个小时。他们设计的在线动态检测系统，只要列车经过，3 分钟就能够实时上传测量到的车轮数据，并与安全范围进行比对。

"国内外均有类似的检测系统，但都不'实用'。比如，欧洲厂家的产品，不仅售价高达 1000 万，且检测时，必须把地铁的铁轨换成他们特制的，国内相关法律不允许；国内一厂家的产品，必须把测量系统安装在铁轨上，列车一经过，测量机器就被震坏了。"王晓浩介绍，他们的产品经过特殊的算法，只要安装在铁轨旁边，就可以获得列车轮子的真实数据。广东地铁部门经过 1 年多的试用，反馈非常好。目前该系统的售价在 200 万元，很多城市的地铁对此都非常感兴趣。

"我们的显微镜也倍受关注。"林飞介绍，"挑战杯"比赛现场，来自行业内的一家知名上市公司就表示出了合作意向，还在比赛后邀请他们参观了公司，并约好在下周来校洽谈具体合作事宜。

据介绍，南京理工大学此次参赛的 6 件作品是学校从 400 多件学生科技作品中层层选拔出来的。

"能够获得这么多奖，除了学生们自身的努力，和学校的激励机制分不开。"南京理工大学教务处副处长王栋介绍，学校给学生们开展创新活动在空间、经费上都给予了极大的支持，比如，面向本科生开放的机器人、无人飞行器、电子设计等实验中心就有近 20 个；科研训练成了所有学生的必修课，仅全校本科生每年完成的训练项目就达 1300 个，学生创新创业都算学分。

南京理工大学团委书记缪建红介绍，该校每年都在提高教学经费投入，新增经费主要用于实践创新教学中，学生的一个科研训练项目最高可获 2 万元资助，一个校级重点毕业设计题目可获 1 万元资助，全校每年用于资助学生创新的经费超过 500 万元。

（资料来源：南报网，2015 年 11 月 24 日，题目有改动，内容有修改）

第八章

创业教育活动

创业教育是培养大学生创业意识、创业精神，提升大学生创业实践能力，激发大学生创业动机的重要途径。开展大学生创业教育是推进我国高等教育改革，培养创新创业人才，促进我国经济增长方式转变的重要举措。因此，开展大学生创业实践教育是大学课外培养的重要路径，是实现人才培养目标的重要选择。

第一节　创业教育概述

一　创业教育的基本概念

1. 创业教育提出的背景

最早提出创业教育这一概念的是世界经济合作和发展组织的专家柯林·博尔，"他在 1989 年向经济合作和发展组织教育研究与革新中心提交的一份报告中提出学术性护照、职业性护照及关于事业心和开拓技能教育的护照是未来的人都应掌握的三本'教育护照'"①。1989 年 11 月，联合国教科文组织在北京召开的"面向 21 世纪教育国际研讨会"上，首次把教育的"第三本护照"，即"事业心和开拓技能"的教育称为"创业教育"。

随着信息技术的迅猛发展，经济全球化进程的快速推进，国家之间综合国力的激烈竞争，创业教育已成为世界教育改革与发展的新趋势。美国是最早开展创业教育的国家，也是世界各国创业教育发展最具代表性的国家之一。此外，德国、英国、法国、日本等发达国家的创业教育

---

① 徐华平：《试论我国高校的创业教育》，载《中国高教研究》2004 年第 2 期。

也起步较早，发展迅速。

伴随着创业教育的世界性潮流，我国高等教育界积极回应。从 1998 年清华大学举办首届创业计划大赛开始，全国各高校相继掀起了大学生创业教育活动的高潮，创业教育的重要性日益凸显。短短十几年的时间，加强创业教育，推动自主创业，已经成为高等学校主动适应经济、社会和人的发展需要的现实选择，大学生创业教育活动得到了持续的发展。但与其他起步较早的发达国家相比，我国高等学校的创业教育尚处于萌芽和起步阶段。

2015 年 3 月 15 日，国务院总理李克强发出了推动"大众创业、万众创新"的号召，2015 年 5 月，国务院办公厅颁布了《国务院办公厅关于深化高等学校创新创业教育改革的实施意见》（国办发［2015］36 号），就深化高校创新创业教育改革的总体要求、主要任务和措施、加强组织领导三个方面提出了明确的实施意见。

2015 年 6 月 11 日，国务院颁布了《关于大力推进大众创业万众创新若干政策措施的意见》（国发［2015］32 号），文件从九大领域、30 个方面明确了 96 条政策措施，指出推进"大众创业、万众创新"不仅是社会发展的动力之源，也是实现富民强国"中国梦"的必走之路，对于促进经济的稳增长、经济结构的调整、扩大就业率、激发亿万群众的创造力，都具有重大的意义。

随着"大众创业、万众创新"时代的到来，高等学校必须加大创新创业教育的改革力度，加快推进人才培养模式的创新。在政府"驱动"与市场"引动"下，我国的大学生创业教育迎来了又一个蓬勃发展的春天。

2. 创业教育的概念

创业教育是旨在培养和提高人的生存和发展能力的教育，是一种素质教育，着力培养学生的专业和实践能力，提高学生的创新意识和创业精神。通过创业教育，使学生能够在社会的各个领域进行行为创新，端正创业态度，开辟或拓展新的发展空间，为他人和社会提供发展机遇。创业教育又是一种开放融合式的教育，它将学校教育与社会教育融为一体，把课程教育与实践教育集于一身，它以素质培养与能力培养为目的，以学生为中心，采用参与式教学方法，与各种实践活动密切相关。

　　1991 年，联合国教科文组织亚太地区办事处东京会议报告，对创业教育的内涵进行了全面的阐述：创业教育，从广义上讲是培养开创性的个性，它对于拿薪水的人也同样重要，因为用人机构或个人越来越重视受雇者的首创性、冒险精神、创业能力、独立工作能力以及技术、社交和管理技能；从狭义上讲，创业教育指进行创办企业所需要的创业意识、创业精神、创业知识、创业能力及其相应实践活动的教育。"美国考夫曼企业家精神研究中心将创业教育定位于向个体教授理念和技能以使其能识别被他人所忽略的机会、勇于做他人所犹豫的事情，包括机会认知、风险性的资源整合、开创新企业和新创企业管理等内容"①。

　　我国学者对创业教育也有过很多研究。彭钢在其所著的《创业教育学》一书中，总结了创业教育主要包括以下内容：创业意识、创业知识、创业能力、创业心理品质。指出"广义的创业教育是指培养具有开创性的个人，使个人能够随机应变，有洞察力，时刻充实自己；狭义的创业教育则是在得到更丰厚的经济回报与为了赢取这些而被动去学习即技能培训和职业培训的概念紧密结合"②。梁保国和乐禄祉在《论创业教育》一文中将创业教育描述为"所谓创业教育就是指在学生毕业后，能够使他们大胆地走向社会，勇敢而不盲目地进行自我创业。他可能是发明技术，同时也可能是管理者、企业家，能够组织生产新的产品，为社会做出贡献。高校开展创业教育就是使学生由被动地接受就业培训转变为主动地自主创业和自谋发展。高校要大力支持学生勇敢地去自主创业，提高他们创业的积极性，由被动的就业观念转变为主动的创业观念，真正地实现自我就业"③。

　　在高等教育领域内，创业教育是在大学生素质教育、创新教育的基础上，把素质教育进一步引向深入，培养大学生个体或团队的创新创业精神和训练其创业行为的活动。其宗旨在于"培养学生的创业意识、创业素质和创业能力，通过各种教育手段，不断提高学生的综合素质，增强学生的创新意识、创造精神和创业能力，以满足知识经济时代对大学

---

①　刘帆等：《美国高校创业教育的目标、模式及其趋势》，载《中国青年政治学院学报》2008 年第 4 期。

②　彭钢：《创业教育学》，江苏教育出版社 1995 年版，第 6 页。

③　梁保国、乐禄祉：《论创业教育》，载《高等教育研究》1999 年第 6 期。

生创新精神、创新能力的需求"①。

大学生创业教育主要是以开发大学生的创业基本素质和能力为目标，通过课内培养与课外培养的融合联动，培育大学生的创新精神、强化大学生的创业意识、健全大学生的创造素养、提高大学生的创业技能的教育活动。

二　创业教育的重要意义

1. 创业教育的社会意义

大学生创业教育是高等教育适应我国经济社会发展的根本要求，是我国高等教育与国际接轨的大势所趋，是培养创新创业型人才的必然选择。开展大学生创业教育活动，对于国家和社会的发展具有十分重要的意义。

有利于培养创新人才，提高国民素质。大学生创业教育可以培养一大批具有创新精神和创业能力的高素质人才，这些创新人才在接受创业教育和开展创业实践的过程中，又能进一步发挥引领和示范作用，影响和带动周边的人群，使更多的人得到素质的提升，进而促进国民整体素质的逐步提高。

有利于拓宽就业渠道，增加就业岗位。创业本身就是最好的就业形式之一。创业教育能够激励更多的大学生自主创业。大学生通过自主创业，不仅解决了自身的就业问题，减轻了社会的就业压力，同时还解决了社会人员的就业问题，增加了就业岗位。

有利于创造社会财富，繁荣社会经济。大学生创业者通过创办企业，在生产经营过程中为社会创造了财富，增加了社会价值，增加了国家财税收入。大学生创办的企业为社会生产的产品满足了人们的生活需要，丰富了市场，促进了经济的发展，对繁荣社会经济具有积极的推动作用。

有利于促进社会发展，推动社会进步。创新创业水平决定着一个国家和民族的综合实力和竞争力。创业教育使更多的大学生成为新思想、新观念、新技术、新工艺的创造者，成为高新技术产业和新兴行业的带头人，成为促进社会发展、推动社会进步的重要力量。

---

①　侯文华：《大学生创业教育的理论和实践研究》，载《黑龙江高教研究》2008 年第 9 期。

2. 创业教育的个体意义

开展创业教育活动对于激发大学生的奋斗精神，转变思想观念，拓展事业发展的思路，全方位提高综合素质，全面实现人生价值等，都具有深远的意义。

有助于大学生转变就业观念。开展创业教育有利于改变大学生传统的依靠被动就业、岗位就业和岗位维持的就业观念，促使大学生从被动就业转向积极创业的现代就业观念，带动社会整体就业观的转变。通过对大学生的创新意识、创造精神和创业能力的培养，使大学毕业生不仅成为求职者，而且逐渐成为工作岗位的创造者。

有助于提高大学生创业素质。当代大学生要增强竞争能力，除了掌握扎实的基础理论知识和技能之外，还必须提高自己的创业素质。大学的创业教育就是从大学生的实际出发，根据经济社会的发展，通过各种教育手段和措施提高大学生发现问题、分析问题和解决问题的能力，培养大学生的自我意识、参与意识、实干精神和创业技能，促进创业素质的全面提升。

有助于拓宽大学生就业思路。知识资源、信息资源、文化资源都是现代社会创造财富的重要资源，有效地开发和利用这些资源需要有知识、有创业愿望、有创业能力的人才。创业教育能够使大学生懂得就业岗位不仅限于现存的、等量的投资所创造的岗位，要破除"官本位""铁饭碗"等传统就业观念，拓宽就业思路，多渠道寻找和创造就业机会。

有利于培养大学生的领导管理能力。创业教育的基本内容就是描绘一个企业从无到有的产生和发展的整个过程，包括创业项目市场调查与分析、选定创业项目、拟订创业计划、组建创业队伍、筹集创业资金、选择创业场所、确立组织结构和管理制度、办理创业相关法律手续、确立企业的经营理念及创业的成长与发展管理策略等一系列的内容，所以创业教育有利于培养大学生的领导管理能力。

有利于提升大学生的风险防范能力。一个新创立的企业要想在市场风浪中占有一席之地，必然要经受各种各样的考验。一个创业者要想创业成功，创业素质、创造性和革新能力、把握和创造机会的能力、风险防范的能力都是不可或缺的。而创业教育中的一项重要任务就是培养创业者的风险防范意识，使创业者认识到风险对新创企业的重要性，并通过相关政策、法规的系统学习，掌握风险防范的基本方法，增加新创企业成功的可能性。

三　创业教育的主要类型

创业教育分为创业理论教育和创业实践教育两大类型，其中创业理论教育主要是通过课内培养（部分是通过课外培养）来实现的，而创业实践教育主要是通过课外培养的渠道来实现的。

1. 创业理论教育

创业理论教育是一种开放的、理论高度联系实际的、不同于一般的传统理论的教育，由系统化的课内理论教育和实践性或专题性的课外教育所构成，是一种更加偏向创业意识和创业知识结构培养的教育。

创业理论教育的课内培养主要是围绕创业课程体系建设来实现的。一是通过开设创业教育必修课、选修课和实践课，实现创业教育课程规范化；二是通过通识课、基础课、专业课及实践实训课等课程模块与创业课程的有机融合，实现专业教育与创业教育一体化；三是通过教师讲授、案例讨论、师生互动、角色模拟、基地见习等形式，实现创业教育课程教学方法的多样化；四是通过开展多媒体教学、微课、慕课、翻转课堂等形式，实现创业教育课程的信息化和现代化。目前国内高校常见的类型有 SYB 创业培训、KAB 创业教育等。

SYB 创业培训：SYB 创业培训是集简明、通俗易懂、知识性、趣味性、实用性、可操作性为一体的培训体系，它打破了传统教学模式，实行小班化教学，运用头脑风暴法、情景模拟法等高度参与的培训方法，形成教师与学生之间真正的互动交流，极大地激发了学生的学习兴趣和创业潜能。

KAB 创业教育：此项目是我国另一个推动创业师资培训的重要举措。自 2005 年 8 月起，共青团中央、中华全国青年联合会通过国际合作推进中国大学开展 KAB 创业教育（中国）项目。在清华大学、中国青年政治学院、浙江大学等 850 多所高校开设了《大学生 KAB 创业基础》课程，公开出版了《大学生 KAB 创业基础》教师用书和学生用书两套教材，建立了课程建设、师资培训、质量控制、交流推广四大体系。

创业理论教育的课外培养是对课内培养的有效延伸和补充，主要是通过实践性或专题性的课外教育形式来实现的，常见的类型有创业讲座、创业沙龙、创业论坛、创业知识竞赛等。

创业讲座：即围绕创业教育主题由教师不定期地向学生讲授与创业有关的突出问题，或由主讲人向学员传授创业方面的知识、技巧、能力、心态，以扩大学生创业知识的一种公开或半公开的学习培养活动形式。

创业沙龙：是针对在创业中失利或对创业感兴趣同学定期举行的集娱乐、交友、分享于一体的活动。通过活动可以给更多想创业的同学提供一个展示自我，获得更多的成功经验的交流平台。让创业者通过互相认识、互相了解、相互帮助、相互扶持，达成增强创业者信心及认同感的效果。每个参与者在活动中均能收获创业所需的知识、经验，减少或者避免在创业中的失误，丰富大家的创业经验，指导大家更好的创业。

创业论坛：是为创业者提供信息共享、开展与创业相关主题进行交流的平台。论坛的主要信息以创业为主，包含创业项目、创业故事、创业经历、创业讨论等相关内容。在互联网时代，这种论坛也可以是提供创业交流的一些专业网站，如南开大学开办的"南开创业网"。

创业知识竞赛：内容涉及商业常识、就业政策、创新创业形式、商业结构模式、专利保护政策、相关法律法规等与创业相关的知识，旨在全方位、多角度考察大学生创业的知识储备、团队合作能力、思考问题的方式与临场心态。通过举办创业知识竞赛，可以进一步深化大学生对创业知识的认识和理解，有助于大学生培养自己的创业才能，为更好地适应社会环境、满足社会需要打下坚实基础。

2. 创业实践教育

创业实践教育也称创业教育活动，是通过创业实践活动培养创业意识、创业精神和创业能力的教育活动。目前国内普遍开展的面向大学生的创业实践教育活动有：

"创青春"全国大学生创业大赛：1998 年 5 月，清华大学学生科技创业者协会发起并举办了首届清华创业计划大赛，引起了社会各界的强烈反响，拉开了中国大学生创业计划大赛的帷幕。1999 年共青团中央、中国科协、教育部、全国学联联合将竞赛推向全国，冠名"挑战杯"，由清华大学承办第一届，至今共举办了九届。2014 年"挑战杯"更名为"创青春"全国大学生创业大赛，每两年举办一届，包含创业计划大赛、创业实践挑战赛、公益创业赛三项主题赛事。在全国大学生创业大赛的引领下，各省、各高校也通过举办相应的省赛、校赛进行培育选拔，已成为我国高校创业教育的重要模式之一。

中国"互联网＋"大学生创新创业大赛：2015 年，首届中国"互联网＋"大学生创新创业大赛，以"'互联网＋'成就梦想，创新创业开辟未来"为主题，由教育部与有关部委和吉林省人民政府共同主办。大赛旨在深化高等教育综合改革，激发大学生的创造力，培养造就"大众创业、万众创新"的生力军；推动赛事成果转化，促进"互联网＋"新业态形成，服务经济提质增效升级；以创新引领创业、创业带动就业，推动高校毕业生更高质量创业就业。

大学创业园或科技园：投资主体主要是政府、大学和少数企业，是我国高校创业实践教育体系的重要组成部分。园区融大学生创业实践、创业孵化、创业培训、创业服务功能于一体，是促进高校产学研结合，开发大学生创新思维，进行大学生创业教育实践的重要基地。

YBC 创业导师：YBC 是"中国青年创业计划"英文名称的简称，是由共青团中央、全国青联、全国工商联等共同倡导发起的青年创业教育援助项目。通过动员社会各界特别是工商界的资源，为创业青年提供导师以及资金、技术、网络支持，帮助中国青年走上创业成功之路。

大学生创业俱乐部：是由政府和高校相关职能部门为主导组建的，大学生创业者与社会投资者为主体组成的，促进大学生的创业项目与社会投资者资金之间交流互动和相互转化的联谊组织。一般由大学生创业者、社会投资者、企业家、专家、法律顾问等核心人员组成。

大学生创新创业类社团：即宣传创业政策、探讨创业实践、激发创业意识、支持与服务大学生创业的学生社团组织。随着国家对大学生创业支持力度的加大，创新创业社团受到越来越多的高校重视并得以蓬勃发展。大学生创新创业社团是培养大学生的创新精神、创业意识与创业能力的重要载体。

SRTP 项目：是为在校本科生设计的一种科研项目资助计划。SRTP 采取项目化的运作模式，通过设立创新基金和本科生自主申报的方式，确定立项并给予资金支持，鼓励学生在导师指导下独立完成项目研究。SRTP 为学有余力的大学生提供直接参与科学研究和科技创新的平台和机会，引导学生通过发现问题、独立完成课题等过程，积极主动地探索新的知识领域，从而激发创新创业思维、体验到研究性学习的乐趣。

第二节　创业教育活动组织

一　创业教育活动的培养目标

"大学生创业教育活动的总目标，是培养和造就大批具有创业意识、创新精神和创新能力的创业型人才。因此在人才培养中，创业教育活动的具体培养目标，包括素质培养目标和能力培养目标两个方面[①]。"

1. 素质培养目标

创业教育活动的素质培养目标，最主要的是培养专业素质和身心素质。除此之外，创业教育活动还可以培养和提升大学生的科学文化素质和思想政治素质。

创业教育活动培养的专业素质，主要包括掌握科学思维的方法、拓展专业知识的技能和快速跨入另一专业领域的技能；信息阅读与检索、专业思想表达与阐述、专业调查与研究等方面的素质；以及在实践过程中完整地解决专业技术难题的素质。大学生创业无论出于何种创业动机，总会自觉或不自觉地将创业方向和某些专业知识相契合，使创业活动更具专业性和一定的技术难度。创业活动的领域更多的是与相关专业相结合的，是具有较高专业知识和技术含量的创造性活动，是通过智力投入创造新的产业业态的活动。这对全面训练大学生的专业素质是个很好的路径。

身心素质是大学生其他素质的基础，也是大学生接受大学教育和承担各项工作任务以及从事创业活动的基础。创业教育活动对身心素质的培养，主要包括心理素质中的坚定的创业信念，不屈不挠的创业意志，积极的创业心态，独特的创业人格等；生理素质中的健康的体格，全面发展的身体耐久性和适应性，合理的卫生习惯与生活规律等。心理素质是以生理素质为基础，通过教育、实践训练、环境影响逐步发展和形成的情感、意志、人格等方面的品质。从某种程度上说，创业本质上是心理素质的较量，创业成功与否很大程度上取决于创业者的心理素质是否足够强大。

---

① 陈新亮：《大学生创业教育研究》，湖南人民出版社 2015 年版，第 239 页。

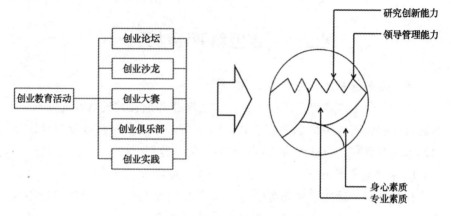

图 8—1　创业教育活动的培养目标

注：其他附带培养的素质和能力未予标出。

2. 能力培养目标

创业教育活动的能力培养目标，最主要是培养研究创新能力和领导管理能力。除此之外，创业教育活动还可以培养和提升大学生的社会适应能力、合作竞争能力、策划实施能力等。

创业教育活动培养的研究创新能力，包括研究能力中的提出问题、分析问题、解决问题的能力；创新能力中的运用新方法、解决新问题的能力。研究创新能力是高校人才培养的核心目标，是大学生通过研究开展创新的能力，是推动创业行为的内驱力，是产生创业行为的前提和基础。创业教育活动可以从智力因素和非智力因素两个方面引导和激励大学生突破传统思维定式，培养丰富的想象力，激发学生的发散思维；使大学生创业者善于发现问题、分析问题、解决问题；善于接受新事物新观念，跳出传统思维框架的约束；善于运用知识和理论，构思新创意，完成创新过程，实现创新价值。

创业教育活动培养的领导管理能力，包括领导能力中的引导、指挥、带动、决策、协调、组织、控制等能力；管理能力中的计划、安排、落实、处理、解决、执行等能力。领导管理能力是一种较高层次的能力，直接关系到创业活动的效率和成败。创业教育活动可以引导和激励大学生创业者通过参与创业实践的全过程，包括创业实践的规划、决策、实施、管理、评估、反馈等环节，创业实践活动中人才的选择、使用、组合和优化等涉及群体控制的各方面，创业实践活动中资金的筹措、分配、使用、流通、增值等环节，从而培养和提升大学生领导管理能力。

3. 培养目标的实现

创业教育活动对大学生素质和能力的培养，主要依托创业教育活动的组织、发动与实施来实现。创业教育活动总体上可分为宣传发动、知识传授、实践操作三个层面。

"宣传发动"是通过广泛宣传形成创业的舆论氛围。如通过网站、微信、微博、宣传材料、文件发布、创业演讲、案例宣传等形式，营造出创业所需要的舆论氛围，达到拓宽学生视野、转换被动就业观念、激发创业愿望与热情的目的。

"知识传授"是通过课内系统性教育和课外专题性教育相结合的方式，开展创业基础、创业案例、创业管理、创业实务等方面知识的学习，建构学生完善的创业认知和知识体系，为以后的创业活动奠定必要的知识储备。

"实践操作"是进行创业模拟或实战的实践活动。如通过有组织的"创业计划大赛""创业实训""创业孵化园或基地建设"等形式，在一定的资金、场地、设备和技术的支持下，进行"自在自为"的创业项目运营。使大学生的创业热情、创业知识在创业行动中得以融合，检验其愿望、能力与效果的一致性，从而使他们学会解决创业过程中面临的各类问题。

在这递进的三类创业教育活动中，第一类"宣传发动"和第三类"实践操作"均是通过课外创业实践教育的渠道和路径来实现的，第二类"知识传授"是课堂教学与课外专题教育相结合的产物。可见，课外培养在整个创业教育中发挥着极为重要的作用，是提升大学生创业者的素质和能力的重要途径。

二　创业教育活动的组织实施

高校在创业教育活动的组织实施过程中，要注重创业教育理论研究与创业教育实践探索的有机结合，将创业教育的理念和举措贯穿于人才培养全过程。要充分发挥区域优势，结合高校自身实际，充分挖掘校内外教育资源，建立创业人才培养的联动机制。要重视学生创新意识、创业精神和创新创业能力培养，促进学生全面协调发展。

1. 创业教育活动的组织保障

建立创业教育活动的组织保障体系，是推进创业教育活动顺利开展的重要保证。就目前的认识看，要做好以下几项工作：

成立创业教育领导机构。学校应成立由学校主要领导担任负责人，学校相关职能部门和学院主要负责人为成员的创业教育工作组织领导机构，负责创新创业教育改革工作的统筹协调和总体推进。

明确相关部门工作职责。宣传部、教务处、学生处、人事处、财务处、校产处、校团委、招生就业处、就业创业指导中心、网络信息中心、后勤集团公司等部门和相关学院要密切合作，形成联动机制；要根据各自职能，负责做好与创业教育相关的创业文化建设和宣传报道、大学生课外培养体系建设、人才培养机制构建、教学方法和手段改革、教学管理改革、创新创业平台建设、创业教研室和创业学院的建设管理、创新创业研究项目申报、创业服务体系和保障体系建设、创业竞赛、教师培训、创业师资队伍建设、创业教育的经费保障、大学科技园建设、创业信息网站建设等。

强化创业指导中心职能。负责宣传、贯彻国家和地方关于高校毕业生就业创业的方针和政策，做好大学生就业创业工作的组织、管理、协调和实施；开展就业创业咨询、培训和指导工作；做好大学生就业创业工作指导教师的队伍建设工作。

组织成立创新创业学院。负责全校大学生的创新创业培训的组织协调；负责众创空间建设和管理；定期举办中、高级创业培训班，选拔培养具有创业能力的大学生开展实践。

加强创新创业教研室建设。完善机构设置和专兼职教师配备；充分发挥创新创业教研室在教学实践、理论研究、人员培训、教材编写以及经验推广中的核心作用。

2. 创业教育活动的实施策略

创业教育活动的实施，要以创新创业的素质培养目标和能力培养目标为导向，不断扩大创新创业教育活动的覆盖面，激发更多学生的创业兴趣和激情，积极引导一部分学生进行创业实践尝试。具体做好以下工作：

改革理论教育方法和手段。推进在线开放课程建设，加强网络课程平台建设，充分发挥现代化教育技术和手段，不断充实通识类、创新创业类、素质教育类等在线开放课程资源，供学生在线自主学习；推进多媒体教学规范化建设，制定多媒体教学管理规范，加强多媒体教学技能培训，提高多媒体教学质量；加快微课、慕课制作与开发培训平台建设，实现教学手段和方法的多样化；推进翻转课堂教学，加快翻转课堂建设推广；推进考试方法改革，考核内容由结果性向过程性考核转变、由知识性向能力性考核转变、由单一性向综合性考核转变，把提高学生分析与解决问题、研究创新与创业实践能力等方面作为考核的重点。

深化学籍和学业管理改革。完善与创业教育相适应的学籍管理办法，鼓励学生从事创业实践。对有意愿、有潜质、有方案的学生，增加创业动态学制，建立学生个人创业档案和成绩单。对在创业实践中取得显著成效的学生可转入相关专业学习；完善课外素质教育学分管理办法，将学生参加创业培训，开展创新实验、创业实践、发表论文、获得专利、学科竞赛和自主创业等情况记录于学业成绩档案，并予以学分认定或替代。

强化创新创业实践活动。强化实验教学效果，全面开放教学实验室、实验示范中心、重点实验室及校内实践教学基地，为学生开展创业学习和实践提供场所、设备和环境支持，充分发挥实验教学对学生创业能力培养的重要作用；强化学科竞赛成效，继续加大大学生研究训练计划（SRTP）的支持力度，在立项评审和经费资助上，优先支持创新创业类项目，提高立项数量，扩大学生参与的覆盖面。引导和鼓励学生积极参加"创青春"大学生创业大赛、"互联网＋大学生创新创业大赛"等各级创业类竞赛；强化创新实践平台优势，加大建设力度，在大学生创新实践平台的基础上，积极搭建大学生创业实践平台，为大学生创业提供广阔空间；强化大学科技园功能，根据创客团队和创业企业的成长规律和实际需要，构建创客空间、创业孵化器、创业加速器、创业展示大厅等创业活动场所，打造功能完备、配套齐全、服务便捷、创新创业联动、技术资本融合、学业创业良性互动的创新创业生态系统。

强化创业教育支撑条件。加强专职人员队伍建设，进一步强化学校大学生就业创业指导中心功能，配齐配强专职工作人员；加强创业场地建设，充分利用现代教育技术手段，完善用于供需见面、双向选择活动、创新创业培训等场地条件和功能；加强创业经费投入，落实创新创业教育专项经费，鼓励社会、团体、企业和个人设立创新创业基金，扶持大学生开展创业。

提升创业教育服务水平。搭建创业服务平台，组建创业协会、创业俱乐部、创业沙龙，举办创业典型事迹报告、创业讲座论坛等；对自主创业学生实行持续帮扶、全程指导、一站式服务，做好创业项目对接、知识产权交易等服务；建立创业信息化服务平台，建立创业信息网站，为大学生创业提供创业政策、市场动向等信息服务。

营造创业教育文化氛围。通过各种媒体广泛宣传创业教育，营造浓厚的创业教育校园文化氛围；开展以创业为主题的系列宣传教育活动，引导班级开展主题班会和团日活动，开展学生创业意识等主题的调查研究活动，举办创业典型案例的校园宣讲活动等，让创业的空气弥漫在校园；通过课内课外全方位协同培养，融合联动，推动课外培养活动的蓬勃发展，不断增强大学生接受创业教育的主动性和自觉性，激发创业热情与活力。

三 创业教育活动的体系构建

将专题性创业教育和创业实践活动纳入到高校大学生课外培养体系，构建创业教育活动的课外培养模式，不仅是完善大学生课外培养模块和内容的需要，也是完善高校大学生创业教育体系的迫切需要，更是实现创业教育的素质目标和能力目标的需要。

1. 建设创业教育活动指导队伍

高校要重点建设和打造三支素质过硬的创业教育课外培养指导队伍。一是要加强辅导员工作队伍建设。辅导员是开展大学生课外培养工作的主力军，要通过组织开展辅导员技能培训、创业教育培训、各类创新创业讲座等，提升辅导员职业能力和创业教育指导水平，充分发挥辅导员在大学生创业教育活动中的组织引导作用；二是要加强校内创业导师队伍建设。创业导师是开展大学生课外培养工作不可或缺的重要力量，要通过岗前培训、课程轮训、骨干研修，组织专业教师和创新创业专职教师到企业挂职锻炼等办法，提升校内创业导师的创新创业教育指导能力；三是要加强校外创业导师队伍建设。通过聘请校外知名企业家、创业者、行业专家、杰出校友等作为创业导师，为大学生开展创业理论和实践教育，充分发挥校外创业导师在大学生创业教育活动中的指导作用。

2. 构建创业教育活动实践体系

构建创业教育活动实践体系，形成多渠道、多路径的创业实践格局，可以为大学生提供更多的创业教育训练机会。

健全创业实践平台。通过有效利用高校现有条件，整合社会互补性资源，搭建多层次的创业实践平台。一方面要利用学校现有和新建场所，改造和创建创业实验室、创业园、创业孵化基地等，建设校内的虚拟与实体创业实践基地，为学生体验创业实践，亲历自主创办、管理和运作实体企业创造条件；另一方面要组建校外的创业实践校企联盟，整合企业的场地、资金、技术、信息等资源，建设校企合作的创业实践基地、实习基地，为学生走出校园课堂，贴近企业经营环境，在实践中学习技术研发、产品开发、市场营销、日常管理等企业运营和实操技能创造条件。

组建创业实践社团。大学生创业实践社团可以由学生自发组织，也可以通过学校倡导而形成。创业实践社团不仅有助于大学生以团队协作的方式开展创业实践，而且对充分发挥大学生群体的自主性和创造性，激发学生潜能具有先天优势。学校应采取措施大力支持、引导和鼓励学生组建各类创业实践社团，并推动创业实践社团向品牌化方向发展。通过创业实践社团有效的利用校内和校外资源，为参与的学生提供一个相互交流、团队协作、集体参与创业实践的机会，培养学生的自主创业以及团队合作创业能力。

3. 健全创业教育活动评估体系

健全创业教育活动评估体系，形成毕业生质量跟踪调查、课外培养工作水平评估、人才培养质量报告等多方位的创业教育评价体系，全面提升大学生创新意识、创业精神和创新创业能力。

健全毕业生质量跟踪调查机制，积极适应政府管教育、学校办教育、社会评教育的管、办、评分离的新形势和新要求，邀请第三方评价机构进行毕业生质量跟踪调查；健全课外培养工作水平评估机制，将创业教育工作列入课外培养工作水平评估的重要指标，重点考察创业平台建设、创新创业竞赛、创业实践活动等方面取得的成果，以及创业教育对大学生创新意识、创业精神和创业能力的提升效果；健全人才培养质量评价机制，全面分析人才培养质量状况，将毕业生就业创业状况与招生计划、人才培养、经费划拨等挂钩，进一步健全招生、培养和就业创业一体化运行机制。

第三节　创业教育活动创新

一　创业教育活动的现状

在"大众创业、万众创新"的时代大背景下，大学生就业观念随之转变，以创业带动就业的热情空前高涨。目前我国高校的创业教育既迎来了前所未有的良好发展机遇，同时也面临着不少挑战和考验。

1. 创业教育活动的发展历程

自从创业教育作为一种教育思想，在20世纪80年代末被正式提出来后，就引起了我国的高度重视，面向大学生的创业教育研究和实践活动逐渐活跃，在创业环境、创业教育体系、创业学科等方面进行了不断的实践探索和理论研究，积累了一定的经验，取得了一定的成效。

1998年，清华大学率先在国内举办创业计划大赛，标志着我国大学生创业教育活动的开始。1999年，教育部制定的《面向21世纪教育振兴行动计划》中提出："加强对教师和学生的创业教育，采取措施鼓励他们自主创办高新技术企业。"由此创业教育在我国逐步发展起来。

2002年4月，教育部确定了清华大学、中国人民大学、北京航空航天大学、黑龙江大学、上海交通大学、南京经济学院、武汉大学、西安交通大学、西北工业大学等9所高校为全国创业教育试点高校，各高校创业教育活动得到蓬勃发展，内容和形式更加丰富多彩，灵活多样。

2003年，团中央、全国青年联合会和全国工商联共同倡议，启动YBC中国青年创业国际计划项目，为18—35岁创业青年提供服务与指导。2005年，团中央、全国青联正式将国际劳工组织为培养大中学生创业意识和创业能力而专门开发和推广的创业教育课程体系KAB项目引进中国。

2010年，教育部下发了《关于大力推进高等学校创新创业教育和大学生自主创业工作的意见》，要求全国所有高校面向全体大学生正式推进创业教育。2012年8月教育部印发了《普通本科学校创业教育教学基本要求（实行）》，对普通本科学校创业教育的教学目标、原则、内容、方法和组织做出明确规定，对于推动高校创业教育科学化、制度化、规范化的发展，起到了十分重要的指导意义。

2015年5月，国务院办公厅颁布了《国务院办公厅关于深化高等学校创新创业教育改革的实施意见》（国办发〔2015〕36号），提出要全面深化高校创新创业教育改革，到2017年要普及创新创业教育，到2020年要建立健全课堂教学、自主学习、结合实践、指导帮扶、文化引领融为一体的高校创新创业教育体系。

在国家政策的指引和大力扶持下，各高校的创业教育活动蓬勃开展，形式多样。如相继设立创业学院，开设创业课程，举办大学生创业培训班，成立大学生创业教育与指导中心，建立创新创业网站等。逐渐形成了四种创业教育的模式：第一种模式主张以课堂教学为主导进行创业教育，如中国人民大学，强调创业教育重在培养学生创业意识，构建创业所需知识结构，开设了企业家精神、风险投资、创业管理等创业教育课程；第二种模式主张以提高大学生创业技能为主的教育方式，该模式以北京航空航天大学为代表，强调在商业化运作的创业园中教授大学生学会创业；第三种模式主张综合创业教育模式，该模式以上海交通大学为代表，既重视在创业教育教学过程中培养创业素质，还提供一定的创业平台和创业支持；第四种模式主张创造、创新和创业相结合的多元化人才培养模式，该模式以武汉大学为代表，提出创造教育、创新教育和创业教育的"三创理念"，尊重学生个性，调动教师积极性，跨学科开设课程，完善学生知识体系。

2. 创业教育活动存在的问题

我国高校创业教育经过十余年的探索和发展，在创业教育理论研究与实践探讨等方面取得了一定的成绩，但与国外的发展相比，我国高校创业教育和大学生创业活动还存在诸多不足，主要表现为课程设计不合理、创业教育师资力量匮乏、创业教育模式单一、创业教育配套机制不健全等方面，具体体现是：

一是片面地把创业教育理解为引导学生创办企业。许多学校虽然开设了创业教育相关课程，但多以选修课为主，且课程类型较单一；多数院校开设的创业课程是以入门知识为主，对于创业如何真正实施，尚缺乏明确的思路和系统的教育体系，在创业教育方面存在观念和行动的巨大反差。

二是师资力量缺乏。实践机会少，教材中缺乏创业成功的教学案例。许多从事创业教育课程教学的教师，自身就没有创业的经历和实践，仅就书本上的理论知识进行灌输，缺乏针对性和实效性。

三是创业教育的参与面不广。我国高校的创业教育始于创业大赛，而大赛仅有少部分的学生参加，大部分学生只是看客；学校举办的创业培训班等活动又因期数和人数的限制，并非人人有机会参加。另外大学生的创业项目缺乏实践基础，许多设计较理想化，仅靠凭空想象，难以进入实际操作阶段，社会企业支持的热情和认可度不高。

四是传统的应试教育造成许多大学生的创业意识不强。接受创业教育的内驱力不足，参与创业的热情不高，对创业教育的重视更多是来自于就业压力和环境、政策等外界因素，学校和学生均缺乏自主创业的意识。

五是创业教育与专业教育没有有效的融合。许多高校的专业教育仍然是以传统的教学模式为主，未能真正体现以市场需求为导向，以能力培养为根本。在素质教育方面，明显缺少创造财富的价值导向，重书本轻才能，重秩序轻变革。

六是创新创业的文化氛围缺乏。不仅大学生的创业意识和创业技能缺乏孕育的土壤，社会上的创新创业文化氛围也严重不足。因此，创业教育必需要强化大学生乃至全民的创新意识、创业精神，使创新创业的理念广泛深入人心，才能推进大众创业、万众创新。

二 创业教育活动的创新

不断推动创业教育活动的创新，是高校课外培养工作的重要使命，只有以创新的精神推动创业教育实践活动，才能使创业教育不断取得新的成效。

1. 创新课外培养活动形式

围绕创业开展多样化的课外培养活动。课外培养活动的核心任务是组织实践，创业教育活动就是在课外运用活动的形式对学生进行教育和培养。因此，开展多样化的创业活动，如设计出让学生感兴趣、激发创业灵感和动机的主题，通过主题班会、团日活动、专题讨论等形式培育创业意识；通过对创业类社团的扶持和引导，凝聚一批热心创业、有创业意识和潜质的学生，定期举办创业沙龙、创业论坛，邀请创业成功人士及创业指导教师进行深入的座谈和交流等，都能启发学生的创业思维。

举办各级各类创业计划竞赛。创业计划竞赛可以是新技术、新产品的上市策划，可以是一个企业的创业计划，也可以是模拟创业实践的完整过程。除了目前高校普遍参与和举办的"创青春"大学生创业大赛以外，高校还应积极拓宽创业计划竞赛的渠道和方式，扩大参与竞赛的覆盖面，让更多的学生能够参与其中。

建立创业实践基地和模拟公司。让学生亲自去经营小企业是国外创业教育比较推崇的做法，也符合教育学规律和创业规律。学校可以利用现有的教学实习基地、校办企业、大学科技园，通过产学研的结合，使其成为课外培养创业实践园区。要鼓励引导学生成立专门的创业工作室或模拟公司，让有创业兴趣和能力的大学生在校内就可以尝试创业实践，亲身经历公司的创办、管理和运营，获得创业的直接经验。

开办创业孵化班或创业孵化园。在开展课外培养的过程中，部分大学生逐渐萌发今后想去创业的冲动，要重视对这些学生的培养，对他们多加"浇灌"。学校可以通过公开选拔，挑选一些有志于自主创业，沟通能力和社交能力强，具备一定创业者素质和条件的大学生开设"创业孵化班"。对于大学生中部分有一定潜质的创业项目，通过"创业孵化园"，让这些项目进入园区进行培育和孵化，为今后创业成功创造环境和条件。

鼓励大学生参加科研实践活动。培养创业人才，创新教育是核心。在组织学生课外科研活动过程中，在让学生学着做事、做学问的同时，注意培养学生检索文献、收集信息、发现问题、解决问题等创新思维能力，在参与讨论、社会调查等过程中培养学生的创业心理品质，要重视发现优秀学生的科研能力和创新创业能力，为他们脱颖而出创造条件。

2. 创新课外培养工作模式

将创业教育的理念和内涵贯穿于课外培养的各个环节，创新和构建创业实践、帮扶指导、成果孵化、跟踪评价"四位一体"的创业教育课外培养工作模式。

以加强大学生创业能力为导向，强化创业实践，创建创业教育改革示范校和大学生创业实践示范基地,搭建大学生创业实践平台,鼓励大学生积极参加各类科技创新、创业竞赛和创业实践活动,丰富课外实践类课外活动形式,使大学生在实践中提升创业能力。

通过搭建大学生创业服务平台,建立创业信息交流服务平台,加强创业队伍建设、创业场地建设、创业经费投入等措施,对自主创业大学生提供帮扶支持和服务指导。

根据大学生创业成长规律和实际需要,成立大学生创业俱乐部、建设创业孵化园、创业加速器等,为大学生科技成果转化和创业项目成长孵化成创业实体加油助力。

构建创业教育评估机制,形成大学生创业跟踪调查报告,建立创业教育评价体系,全面促进创业教育活动不断改进方式、提高成效、扩大成果。

案例:武汉大学坚持"三创"理念培养创业人才

武汉大学在全国率先提出"创造、创新、创业"教育理念,并坚持以"三创"教育理念推动教育教学改革。近年来,学校成立了创业学院,协调各方资源,共同推进大学生创新创业;成立学生工程训练与创新实践中心,建立大学生创业教育与实践特色基地,组建大学生创新创业社团,通过丰富多彩的课外创业实践培养,促进大学生创业教育活动的蓬勃开展。

学校每年投入 1200 万元专项经费,支持大学生开展自主研究课题、学科竞赛、科研创新和创业实践活动;争取校外资源,设立 1.5 亿元大学生创新创业扶持基金,支持在校大学生和年轻校友开展创业实践。

在武汉大学,常年活跃的大学生创业团队达到 100 个左右,每年仅校级项目就逾千项。每年都有创业团队在国内外竞赛中获得大奖,2011年,改图网 Forward 团队获得全球创业挑战赛冠军,是继清华大学之后第二个获此殊荣的高校。2015 年,在首届全国"互联网+"创新创业大赛中,武汉大学 3 个大学生创业项目全部获得金牌,获奖数量全国第一。

武汉大学记忆协会是武汉大学数百个学生社团之一,因诞生了诸多"世界记忆大师"和"中国记忆大师",成为全球声名赫赫的"记忆大师摇篮"。计算机学院学生申一帆在该协会担任副会长兼研发部部长，并于2014 年获"世界记忆大师"称号。除了学习，他更多心思扑在创业项目"海小星"打印业务上。这是一个基于校园云打印 O2O 的服务平台，连接学生和学校的打印店，为学生和打印店商家提供优质便捷的打印服务，已经有校内多家打印社加入这个平台。其实，"海小星"并不是申一帆的第一个创意产品。2015 年 7 月，在首届中国青年 APP 大赛总决赛上，申一帆和同伴开发的一款记忆英语单词的 APP——"图样 APP"获创意类冠军，获 8 万元奖金和价值 93 万元的青年创业超级装备。但申一帆并没有急着将这一创意转化为生产力。在他看来，市场上单词记忆类的创业产品很多，如何推出一个便捷又特别的产品，还需要深入和专业的后续投入。

大学生创新创业实践中心由学校投入 2800 万元打造，占地 6200 平方米。用于支持学生开展学科竞赛训练、科技创新创业等活动，目前已有51 个团体、400 余名学生入驻。在印刷光电实验室，由学生自主研发和印刷出来的超短焦投影幕布，可以实现 12 厘米的距离内，投射 100 寸画面，还可以有效对抗环境光干扰，使用时无须关灯，并能替代户外 LED屏幕，更加环保且比德国的工艺成本更低。目前学子们还在继续研究，争取将设备量产化。

从武汉大学遥感信息工程学院毕业 3 年的冷伟，是武汉珈和科技有限公司的创始人。这个 1988 年出生的小伙子介绍，该公司是华中乃至全国最专业的农业遥感数据翻译服务商，致力于空间智能技术为核心的农情大数据信息服务，已在北京、南京等地设立了分公司，公司准备 2017年发射自己的小卫星。

吴云是武汉大学 2015 届数理经济与金融硕士毕业生，2011 年与团队创作"易捷利"股指期货套利软件荣获"花旗杯"金融与信息技术应用大赛一等奖，后来"易捷利"也获得武汉市政府"黄鹤英才（专项）计划"支持。他主导的智能高考志愿填报系统——"我要报哪儿网"于2012 年 6 月底成功上线。2015 年他放弃了去上海交通大学高级金融学院读博的机会，针对目前网购衣服普遍存在的图片失真、模特参考性较差的问题，吴云和伙伴们一起创办了"麻豆"APP。

在学校"三创"人才培养的大环境下，课内课外全方位协同培养，融合联动，武汉大学的创业教育氛围浓郁，创业教育活动丰富，创业团队蓬勃发展，创业的空气弥漫在校园，极大地激活了武大学子创新创业的热情与能力。

（资料来源：《武汉晚报》2016 年 8 月 12 日，作者：王震。内容有修改）

第 九 章

社会实践活动

社会实践活动是高校人才培养体系的重要组成部分，是大学课外培养的重要路径，是进行大学生思想政治教育的有效形式和重要环节，在促进大学生认识社会、了解国情、增长才干、奉献社会、锻炼毅力、培养品格、增强社会责任感等方面，具有不可替代的独特作用。

第一节　社会实践活动概述

一　社会实践活动的基本概念

1. 社会实践活动的基本含义

实践的观点是马克思主义哲学首要的和基本的观点。社会实践是指人类能动地改造自然和改造社会的全部活动。大学生社会实践活动是人类社会实践活动的一种特殊形式，它有广义和狭义之分。广义的大学生社会实践活动是指相对于大学课堂理论教学以外的各种实践环节，既包括与社会生活相结合的社会实践，又包括与课堂学习相结合的教学实践。狭义的大学生社会实践活动，是指教学计划以外大学生参与到社会中的各种实践活动，即不包括配合课堂学习的教学实践。作为大学课外培养的主要路径，这里主要探讨的是狭义上的大学生社会实践活动。

大学生社会实践活动是一种特殊的人类社会实践活动，具有自身鲜明的特征。它是高等学校结合人才培养目标，以大学为依托，以社会为舞台，组织和引导在校大学生进行的有组织、有计划、有目的的深入实际、深入社会、服务社会、完善大学生知识结构、提高认识实践能力、实现理论和实践有机结合的教育实践活动的总称，是高校人才培养的重要途径。

大学生社会实践活动是一种学习性实践。学习性实践主要是指以学习、掌握、应用和创新知识为基本特征的社会实践活动，它能够使大学生在参与实践活动的过程中，深刻体会蕴涵在理论之中的反映人类文明成果、体现科学精神、揭示事物本质规律的内容，从而达到培养大学生的创新精神和实践能力，帮助大学生正确认识社会现象，掌握科学研究方法，提高分析问题和解决问题的能力，努力把握事物的本质和规律的目的。因此，社会实践活动是大学生掌握和获取知识的重要途径。

大学生社会实践活动是一种成长性实践。成长性实践主要是指以深化学业、强健体魄、磨炼意志、锻炼毅力、完善人格、丰富阅历等为主要特征的社会实践活动，它能够促进大学生准确定位自身价值，树立远大的奋斗目标，增强克服各种困难的意志，培养良好的情绪调控能力和交往沟通能力，形成乐观向上的生活态度和崇高的审美情趣。因此，社会实践活动是大学生实现全面发展的重要保证。

大学生社会实践活动是一种社会化实践。社会化问题是人生面临的永恒课题，由于大学生所接受的教育是在学校相对封闭的环境下完成的，而高校环境及教育内容与社会现实本身就存在着差距，作为即将走出校门踏入社会的准劳动者，大学生只有积极主动适应未来的社会现实才能更好地融入社会、服务社会。社会实践活动是大学生对未来社会生活、工作方式与学习方式的一种预演，在实践活动中大学生走出校门、深入基层、深入群众、深入实际，深入了解国情、省情、社情、民情，缩小对社会认知的差距，对于培养社会责任感，发现自身存在的不足，主动调整自己的学业规划，做好在社会生活中履行社会职责的必要准备，有利于大学生尽快融入社会，加快社会化进程，早日成才。因此，社会实践活动是大学生成长成才的必由之路，是促进大学生社会化的重要举措。[①]

2. 社会实践活动的主要类型

大学生社会实践活动的类型主要包括社会调查、生产劳动、社会服务、科技发明、勤工助学、参观学习、"三下乡"和"四进社区"活动等。按照组织层面、组织形式、活动的范围等进行划分，可以将社会实践活动进行如下分类：

---

① 参见刘晓东《大学生社会实践理论与实务》，高等教育出版社 2014 年版。

按照大学生社会实践活动的组织层面来划分，主要有五种类型：一是国家级社会实践活动，即由团中央牵头组织的国家级重点团队和专项团队开展的社会实践活动。如面向全国相关高校和专业招募学生组织开展的理论普及宣讲团、国情社情观察团、科技支农帮扶团、教育关爱服务团、文化艺术服务团、爱心医疗服务团、美丽中国实践团等实践活动，全国农科学子助力脱贫攻坚专项活动、红色参观教育实践活动、百所共建共育高校学生走进军营实践活动、"丝路新世界·青春中国梦"专项社会实践行动、"井冈情·中国梦"全国大学生暑期实践季专项行动、"天翼·互联网＋教育"调研计划、大学生社会实践"知行促进计划"等专项实践活动等；二是省级社会实践活动，即由团省委牵头组织的面向全省高校招募组织的省级重点团队开展的社会实践活动；三是校级社会实践活动，即由学校团委组织的校级社会实践活动，如寒暑假"三下乡"社会实践、"四进社区"活动、"红色之旅"学习参观、社会调查等社会实践活动；四是院级社会实践活动，即由学院或相关专业组织的适合本学院或本专业的社会实践活动，如马克思主义学院组织的爱国主义教育实践活动、法学院组织的社会普法教育活动等；五是自发社会实践活动，即学生自发组织、主动参与的社会实践，如勤工助学、家教、义务劳动、社会兼职等。

按照大学生社会实践活动的内容划分，主要有三种类型：一是服务奉献类社会实践活动，即以奉献青春、服务社会为主要内容的社会实践活动，如公益劳动、科技文化卫生"三下乡"活动、"四进社区"、义务支教、爱心帮扶等实践活动；二是宣传教育类社会实践活动，即围绕党和国家的重大战略部署、时事热点、国家发展的大事、要事等开展的宣传教育活动，如政策理论宣讲、爱国主义教育、法制宣传教育、科学技术知识普及、自然环境保护等；三是创新创业类社会实践活动，即以提高大学生创新创业能力为目标的实践活动，如学科竞赛、科技创新、创业训练等。

按照大学生社会实践活动的范围划分，可划分为两种类型。一是校内社会实践活动，即大学生利用课外时间在校内参加的各种社会实践活动，如党团组织活动、主题教育活动、创新创业活动、文化艺术活动、勤工助学活动、义务劳动等；二是校外社会实践活动，即大学生利用课外时间走出校门走向社会以做奉献、长才干为目的开展的各类实践活动，如寒暑期的支教、调研、帮扶活动等。

二　社会实践活动的重要意义

1. 社会实践活动的社会意义

社会实践活动是高校服务社会的重要形式。我国高等学校肩负着人才培养、科学研究、社会服务、文化传承创新和国际交流合作的重要使命，高校服务社会的形式是多方面的，其中，通过开展大学生社会实践活动，组织和引导大学生走出校门、走向社会、走进基层、深入群众开展政策理论宣讲、教育关爱、科技援助、文艺演出、医疗卫生服务等，对促进地方经济社会发展具有十分重要的作用，无疑是高校服务社会的重要形式。

社会实践活动是高校思想政治教育的重要途径。社会实践活动的深入广泛开展，为大学生思想政治教育提供了最好的素材、内容和方式，大学生通过积极参与社会实践活动深入社会、了解社会，在实践中学习为人处事的方法，体验和感悟社会的变化，使自己的思想素质、政治素质、道德素质和法律素质在实践中得以历练和升华，"许多学生正是在这样的社会实践和社会活动中树立了对人民的感情、对社会的责任、对国家的忠诚"①，从而达到提高思想政治素质的目的。

社会实践活动是加强和改进学风建设的重要机制。学风建设是高校师生在治学精神、治学态度和治学方法等方面的风格，也是广大师生知、情、意、行在学习问题上的综合表现。学风建设是高校永恒的主题，大学生通过参与社会实践了解和发现社会问题，学习和探讨社会问题，可以有效地培养他们严谨、认真、科学的态度，可以引导他们求真、求实、求善、求美的价值追求，尤其是大学生通过参与社会实践活动，能够发现自身知识结构、动手能力等方面的不足，有利于激发学习动力，培养良好学习风气。

2. 社会实践活动的个体意义

社会实践活动是大学生获取和掌握知识的重要渠道。课堂理论学习是学生获取知识的重要渠道，社会实践活动同样也是学生获取知识的重要渠道。大学生在校期间通过课堂学习所获得的知识基本上都是间接的、

---

① 习近平：在全国高校思想政治工作会议上的讲话，2016 年 12 月 7 日。

系统的理论知识，这些知识对大学生来说非常重要，但往往难以直接运用于现实生活之中，社会实践活动能够使大学生把课堂上所学知识在实践中进行运用和验证，加深对理论知识的理解掌握。同时更为重要的是社会实践活动能够使学生学到许多课堂和书本以外的知识，"社会是个大课堂。青年要成长为国家栋梁之材，既要读万卷书，又要行万里路。"①理论与实践相结合，能够培养大学生适应社会和服务社会所需要的口头表达、文字写作、组织管理、道德判断、学习思考、合作竞争和科学研究能力等。因此，只有把专业理论学习与社会实践有机结合起来，才能最大程度地提升大学生的素质和能力，从而保证大学生获取知识的深度和广度，把抽象的理论知识逐渐转化为认识和解决实际问题的能力。

　　社会实践活动是大学生实现全面发展的重要舞台。社会实践对于促进大学生了解社会、了解国情、增长才干、奉献社会、锻炼毅力、培养品德、增强社会责任感具有不可替代的作用。通过社会实践，大学生亲身体验生活，在与人民群众的接触、了解、交流中通过真切的体验，受到深刻的教育和启发，使思想认识得到升华，社会责任感和使命感得到加强，逐渐摆正个人与社会、个人与人民群众的关系。对社会了解得越深刻，就越有利于大学生理解前进中的问题，就越有利于大学生世界观、人生观、价值观的形成。特别是通过广泛的社会实践活动，能让大学生看到自己和社会需要之间的差距，看到自身知识和能力的不足，产生紧迫感和危机感，使他们能够潜心思考自身的发展问题，不断地去提高自身素质和能力，以适应社会发展的需要。

　　社会实践活动是大学生加速社会化进程的重要途径。大学生社会化是大学生通过学习社会文化，逐步从"学生角色"转变成合格的"社会成员"的过程。大学时代是社会化过程的关键时期，在此期间，大学生通过学习和实践，掌握科学知识和技术，掌握认识社会的方法，树立正确的人生目标，学会尊重他人，学会与人合作，成为能够适应社会、服务社会和有责任感的公民，这既是社会实践的目标，也是大学生社会化的主要内容。社会实践引导大学生走出校园，深入社会，在社会实践中不断认识自我、反省自我；不断增进对社会的认识和思考；不断校正理想社会化和实际社会化之间的差距等，并在社会实践活动中促进了价值

———

① 习近平：在全国高校思想政治工作会议上的讲话，2016 年 12 月 7 日。

观的形成，促进了社会角色的适应能力，从而促进了大学生的社会化进程。

三　社会实践活动的培养目标

1. 素质培养目标

社会实践活动形式多样，丰富多彩，因此它能够全方位培养大学生的各种素质，包括思想政治素质、科学文化素质、专业素质和身心素质。

培养思想政治素质。大学生由于缺乏社会经验，对人生和社会往往充满理想主义色彩，对社会发展的艰巨性和复杂性认识不足，对我国改革开放所取得的成绩感受不深。通过参与社会实践，大学生们能够通过切身的感受，认识党领导人民所取得的伟大成绩来之不易，从国内外发展形势的比较中正确认识世界和中国发展大势，"从社会主义思想源头和历史演进中，从我们党探索中国特色社会主义历史发展和伟大实践中，认识和把握人类社会发展的历史必然性，认识和把握中国特色社会主义的历史必然性"①，坚定中国特色社会主义的理论自信、制度自信、道路自信和文化自信，不断树立为共产主义远大理想和中国特色社会主义共同理想而奋斗的信念和信心。如组织大学生到革命纪念地、改革开放前沿和经济社会发展成效显著的地方学习参观，能够使大学生深刻了解中国革命、建设和改革开放的历史和成就，增强大学生对党的感情，对中国特色社会主义的热爱，激发他们为实现中华民族伟大复兴的中国梦奉献力量的责任感。

培养科学文化素质。大学生通过参加社会实践活动，在具体的生产劳动和社会体验中，在解决实际问题的过程中，需要运用相关的理论知识和一定的方式方法，才能顺利完成实践任务，达到社会实践的效果和目标。如开展社会调查，在如何选题、如何开展调查、如何撰写报告等方面，既需要相关的知识，也需要归纳、演绎、分析、综合等方法；开展技术帮扶，要针对现实问题，进行科学分析，运用相关知识提出解决问题的思路和办法；开展科技创新活动，需要探索求真、实验取证、开拓创新，以获得一定的成果；开展政策理论宣讲，要对相关政策准确理解把握，在充分调研的基础上运用一定的方式方法进行宣讲，以

① 习近平：在全国高校思想政治工作会议上的讲话，2016 年 12 月 7 日。

达到应有的宣讲效果等。在这些具体的社会实践活动中，大学生面对各种风土人情、面对各种新情况和新问题，需要解放思想、实事求是，进行反复研究实践，需要崇尚真理、按客观规律办事，需要勤于学习、用理论武装头脑，需要甘于奉献、历练勇攀高峰的勇气，这些体验和磨炼对大学生智力、能力、思想道德、精神品格的形成具有极大的促进作用，有助于培养大学生的科学思维，丰富和提升大学生的科学文化素养。

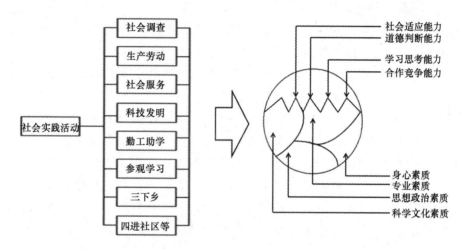

图9—1　社会实践活动的培养目标

注：其他附带培养的能力未予标出。

培养专业素质。大学生参加社会实践活动既需要运用自己在课堂上所学的专业知识和技能去解决各种社会实际问题，也需要通过社会实践来巩固专业知识、强化专业技能、提升专业素养。社会实践活动中客观真实的经历和体验，为大学生检验自身专业素质提供了广阔的天地。如开展技术帮扶，要解决现实生产活动中专业性较强的技术难题，就需要大学生具备一定的专业知识，能够快速阅读和检索相关专业信息，开展一定的调查研究，最终经过反复研究解决实际问题。大学生社会实践活动促使大学生将专业知识、专业技能和实际工作有机结合起来，对培养大学生发挥主观能动性，促使大学生养成善于思考、善于总结、善于研究、善于发现问题并解决问题，具有不可替代的作用。

培养身心素质。健康的体格和良好的心理素质能赋予人适应生活、学习、工作和社会环境发展变化的坚强意志，能赋予人承受挫折和自我调控的能力，是决定一个人能否为社会建功立业的身心保证。大学生走出校园投身社会实践，特别是通过深入社会开展生产劳动，可以有效地强健身心。在参与社会实践过程中，在各种复杂的问题处理和矛盾化解中，逐渐学会了处事之道、为人之道，在理想与现实的比较中、成功与失败的体验中，培养正确对待失败和挫折的心理素质，形成健康的情感、坚强的意志和良好的性格。

2. 能力培养目标

社会实践对大学生的能力培养也是多方面的，其培养目标主要包括：社会适应能力、道德判断能力、学习思考能力和合作竞争能力等。

培养社会适应能力。社会适应能力是大学生社会化进程中必须具备的能力，社会实践是提升社会适应能力的有效路径。大学生通过社会实践走进企业、农村、社区，亲自到生产第一线进行调查研究，进行实际的生产和工作演练，了解生产和工作实际，增加了对社会的了解，可以发现理想与现实的差距，学会与不同人群的交往，在复杂的社会活动中更加了解自身的优势和不足，从而促使自己有目的、有针对性地进行自我设计，明确未来发展的道路和努力的方向，培养良好的习惯、坚忍不拔的品质以及自信乐观的性格，缩短就业后的适应期，为将来走向社会做好充分准备。

培养道德判断能力。社会实践活动是提高大学生道德判断能力的重要途径，能够帮助大学生了解我国社会主义初级阶段的基本国情、基本矛盾，亲身感受祖国建设发展的成就和艰辛的发展历程，对我国当前经济社会发展不平衡的现状有更深刻的认识。在经济社会发展的过程中，我们面临着诸多的道德两难问题，如解决环保问题、食品安全问题等就是这样的问题，在面对道德两难问题时做出正确的道德判断，是智慧和能力的体现。大学生通过社会实践，学习道德判断、道德评价和道德认定并提高道德判断能力，是当今我国人才培养中实现"立德树人"目标的重要任务。

培养学习思考能力。社会实践活动对于培养大学生的学习思考能力十分重要。大学生参与社会实践多是在老师的指导下，独立自主去完成实践任务，虽然指导老师在实践过程中会给予学生一定的指导和帮助，但更多的是学生的自我实践。在社会实践过程中，必然会遇到各种不同的现实问题，如何处理人与人的关系、把握事物本质、分析解决问题，大多在书本上找不到现成答案，需要大学生用心去观察、体会，将实践经历与所学的专业知识相结合加以分析思考，这对提高学生的注意力、观察力、反应力、理解力、分析力、比较力、抽象力、综合力、论证力等具有很大的促进和帮助。通过社会实践活动的一系列过程，学生能够有效地掌握科学研究方法，提高分析问题和解决问题的能力。

培养合作竞争能力。目前我国的大学生社会实践活动大多是由社会实践团队集体完成的，很多实践的成果也是集体智慧的结晶。社会实践活动为大学生培养合作能力和团队精神提供了良好的平台。如要完成一篇高质量的调查报告，需要做大量的准备工作，包括前期的策划、问卷的准备、发放、回收、统计、调查报告的撰写等，都需要分工协作来完成。通过分工，团队成员各司其职，提高了工作的效率，同时也提高了大学生的协作意识和团队精神。大学生在分工协作组织和参与实践活动中，能更深刻地理解"在合作中竞争和在竞争中合作"的重要意义。要想在社会实践中达到更优的效果，形成更高质量的实践成果，就需要团队成员在协作的同时敢于创造性开展工作，这在一定程度上能够有效锻炼大学生的非智力因素，增强信心、磨炼意志、提高合作精神和竞争意识。

第二节 社会实践活动组织

一 社会实践活动的组织形式

团队实践与个人实践是组织大学生开展社会实践活动的两种基本形式。由于团队实践能更好地培养和锻炼大学生的综合实践能力，是大学生社会实践活动的主要组织形式。

1. 团队实践

团队实践通常是指由若干名大学生根据共同兴趣围绕一个主题组建起临时团队，在指导教师的指导下开展社会实践活动的组织形式。团队实践作为大学生社会实践的主要组织形式，具有以下特点：

适应性强。以团队为形式开展社会实践，能够承担国家级、省级、校级、院级层面开展的各种类型的社会实践活动。团队实践以严密的团结协作和强大的团队力量，有条件选择和完成好服务奉献类、宣传教育类、创新创业类等各种社会实践活动。在实践地点的选择上，团队实践可以根据实践选题的需要到校外任何地方开展实践活动。

互补性强。以团队形式开展社会实践，易于形成高质量的社会实践成果。团队成员中不同学科专业、知识结构的大学生或者同一专业不同性格、性别、年龄的大学生有计划的组织起来，大家共同为实践目标努力，通过发挥各自特长、集中集体智慧、相互协调配合，可以完成较大量的任务或者较为深入的工作，能够在社会实践的过程中锻炼能力、服务社会，形成高质量的实践成果。

激励性强。以团队为形式开展社会实践，通过彼此学习借鉴，能够有效促进大学生社会化进程。团队实践中，团队成员通过分工协作和精心设计，使实践活动具有计划性、可行性、前瞻性和实效性，在实践活动中认真组织、相互配合、相互启发，能够确保活动顺利开展。团队活动不仅能够强化大学生对社会现实状况及其发展趋势的认识，了解不同社会角色的权利和义务，也能够强化大学生时刻反观自己的素质、能力、个性特征，把握自己的优势和劣势，综合分析社会角色与个体社会化的对接情况，找准方向，以便更好地实现角色效用。

2. 个人实践

个人实践是指在没有同伴的情况下，学生单独参与社会实践的形式。主要具有以下特点：

成本较低。个人实践可以利用假期时间在返乡与家人团聚的同时，在家乡或邻近地区开展社会实践活动，交通、食宿等方面的开销自然降低，可以降低实践成本。并且在家乡开展社会实践，大学生对环境相对熟悉，易于获得相关社会资源和支持，有利于实践活动的顺利开展。

灵活自由。由于个人实践的形式不涉及与其他同学协调，因此实践活动可以根据自身情况安排时间进度，而且出现突发情况也易于及时调整。个人实践对实践单位正常工作秩序的影响相对较小，开展实践活动的内容与时间安排都便于灵活处理。

二　社会实践活动的组织与管理

1. 社会实践活动的组织

周密的组织是开展好大学生社会实践活动的重要保证。一般来说，大学生社会实践根据活动开展的进程可以划分为前、中、后三个组织阶段。

在社会实践的前期筹备阶段，需要重点做好的组织工作有：社会实践活动主题的设计与确立、社会实践工作方案的制定与筹备、社会实践动员会的召开以及宣传发动、社会实践项目的申报与审批、经费物资的支持以及安全监督保障的准备等。

在社会实践的中期推进阶段，需要重点做好的组织工作有：做好及时有效的安全保障工作、做好实践过程的信息反馈和宣传工作、做好社会实践的指导工作、做好社会实践活动的总体落实、检查和监督工作等。

在社会实践的后期阶段，需要重点做好的组织工作有：做好社会实践总结工作、社会实践成绩的考核评价、社会实践交流分享评比活动、社会实践成果转化、社会实践总结表彰等。

2. 社会实践活动的管理

有效的管理是组织开展好社会实践活动的关键。高校要对社会实践活动实行精细化管理，要在科学化、规范化、系统化上下功夫。对社会实践项目、策划、培训、团队、经费、成果、总结等进行规范有效管理，确保社会实践按照目标方向进行。

项目管理。主管部门要加强与地方团组织、企业等单位的互访对接，做好基层需求调研，按照"按需设项、据项组团、双向受益"的原则，围绕国家发展战略、结合时政热点和人才培养目标，确定具有教育性、前瞻性、统领性和引导性的社会实践主题来设计项目类别；项目设立之后，可以通过召开动员会、宣讲会等形式和现代信息手段向全校发布信息，号召学院、学生组织和学生进行项目申报，要建立专门的网站便于项目申报工作的扁平化管理；对学生提交的社会实践项目申报方案，主管部门要组织好相关专家和师生进行评审，评审要紧紧结合培养目标来实施，对立项者予以相应的支持。在项目管理中，要注意挖掘和培育品牌项目，建立项目库，注重传承创新，做好项目的品牌化、精品化建设。

策划管理。策划管理主要包括两个层面，一是高校主管部门要精心制订社会实践工作方案，策划工作方案时要注意把握几个要素：组织保障、制度保障、经费保障、人员保障、场所保障、安全保障等，明确各项工作的责任人，要明确社会实践整个活动各个环节的工作流程和相互衔接，明确各个环节的具体工作内容、相关要求；二是社会实践团队要在指导教师的指导下，开展社会实践项目策划，策划内容应包括确定团队实践的主题、社会实践内容、预期培养目标、日程进度安排、实践地点、人员分工等，要形成完整的团队实践项目策划方案。

培训管理。在社会实践启动之前，社会实践的主管部门要对团队负责人和指导教师进行系统的培训，包括社会实践培养目标的把控、社会实践成果的呈现、社会实践的方法与技巧、物资准备和单位联络、安全措施与保障、信息沟通与宣传、调研报告与总结、资料获取与留存等。要采取普遍培训与重点指导相结合、线上培训和线下指导相结合的方式加强培训管理。如开设社会调查课程或讲座、举办主题实践论坛；组建"学生实践讲师团"，聘任高年级学生实践导师，指导低年级学生社会实践；邀请专家教授对重点队伍进行专题培训等。

团队管理。大学生社会实践团队人数规模要合适，如果成员太少，任务量过重，就难以完成难度稍大的实践任务；如果人数过多，就会增加协调难度，降低行动效率。因此，团队负责人在组建团队时一定要遵循"据项组团，按需设人"的原则。根据实践的选题方向、活动内容来确定工作量，合理确定组建团队所需要的人数，尤其要注意优化团队成员的年级结构、专业搭配、男女比例、性格特点、个人特长等因素。如组建团队时，根据不同的选题方向，应注意招募具有适用于该选题方向的不同专业的学生，通过跨专业选拔队员能够更好地开拓思路；在成员分工上，应充分考虑到队员的性格特点、个人特长及相关优势条件，明确任务，各尽所长。

过程管理。无论前期的准备多么充分，大学生在社会实践活动开展的过程中必定会遇到各种各样的问题，有些实践团队会有教师始终跟随进行指导，有些实践团队的指导教师只是间接指导，这就需要学校和学院做好对学生实践过程的监督，加强对实践中学生遇到的各种问题的帮助和指导。在过程管理中要重点做好几个方面的工作：一是学校和学院要建立社会实践意外事故反馈和处理机制，一旦发生安全问题必须确保及时掌握、尽快妥善处理；二是监督要落实到位，要通过抽查、运用各种信息平台定期反馈信息、报送中期小结等手段对学生社会实践的进程加以实时掌控；三是加强正面宣传引导，及时挖掘学生实践过程中的典型突出事迹，鼓励学生及时主动报送社会实践的新闻消息，通过多种媒体渠道做好社会实践的宣传工作，坚决避免社会实践中存在的搞形式、走过场、无成果、无效果等情况。

经费管理。经费保障是组织开展好社会实践活动的基本前提，高校作为社会实践经费投入主体，要把大学生社会实践的经费预算纳入到整个学校人才培养经费预算之中，按照生均数量统筹安排好每年的专项社会实践经费，由主管部门加强对经费的管理，以项目化运作的模式分配项目经费，在项目审核、中期检查、总结评价中，要做好经费申请的论证、经费使用的检查与考核，确保经费的用途、使用效益。同时，也要积极争取社会力量支持，多渠道增加社会实践的经费投入。

成果管理。社会实践的成果是大学生对社会实践理性认识的升华和结晶，由于社会实践内容、主题和形式不同，成果的展现形式也不相同。做好社会实践的成果转化工作，是社会实践后期的一项重要工作。大学生社会实践的成果转化主要有两种途径，一种是将社会实践成果通过发表论文、撰写研究报告、参加竞赛、申请专利等进行转化，获得更大范围的认可，实现更大的社会价值。如创新创业类实践成果可以通过参加挑战杯竞赛、互联网＋大赛等竞赛、申请专利等进行转化；另一种途径是通过建立实践基地，组织活动成果的汇编、展览、宣讲、反馈等进行转化，如义务支教、医疗卫生、关爱老人、政策宣讲、文艺演出等公益服务和宣传教育类活动，就可以通过与地方建立稳固的实践基地，举办成果分享沙龙、情景舞台剧展示、摄影作品展、DV 作品评选等活动，实现学生的自我教育。

总结评价。社会实践活动结束后，要及时做好考评总结工作，认真总结学生实践的情况，认真总结经验，不断巩固和深化实践成果，推动学校社会实践工作向纵深发展。总结评价的主要内容，一是进行成绩评价。常见方式有社会实践总结报告评阅、社会实践团队成果答辩、社会实践主题汇报等。评价的成绩可以是量化的分数，也可以划分固定的等级。最终的成绩可以计入学业成绩。二是进行经验交流。可以开展学生社会实践活动的经验交流和社会实践组织工作的经验交流，比如通过组织"实践归来话收获"主题团日活动，各班级团支部成员逐一分享交流社会实践的心得与体会等。三是进行先进评比。通过先进评比来激励大学生、指导教师和组织单位，充分发挥激励引导作用。比如可以设置社会实践先进个人、社会实践优秀团队、社会实践先进工作者、社会实践优秀指导教师、社会实践先进组织单位、社会实践优秀论文、社会实践优秀研究报告等奖项和荣誉。

三　社会实践活动的目标控制

1. 明确培养目标

大学生社会实践活动中有两个目标，即大学生个人素质、能力培养目标和实践活动的任务目标。其中，大学生个人素质和能力培养目标是高校开展社会实践活动最重要的目标，实践活动的任务目标是实现大学生个人素质和能力目标的重要手段和载体，是为实现大学生素质和能力培养目标服务的。因此，在组织开展社会实践活动的过程中，组织者和参与者必须始终明确每一项实践活动的素质和能力培养目标，否则社会实践活动就难以取得成效。

组织者要始终明确大学生素质和能力培养目标。要把大学生素质和能力培养目标贯穿于社会实践的全过程，通过确定主题、方案策划、宣传发动、组织培训、项目立项、组织实践、监督反馈、总结表彰等环节，实现预期培养目标。组织者在开展社会实践活动的过程中，要不断审视和评估实践活动是否沿着目标方向进行，是否有利于培养目标的实现，要把是否实现培养目标作为开展和检验社会实践活动成效的唯一标准。组织者只有明确了培养目标，才能从出发点和落脚点上正确把握和组织社会实践活动。切忌为了追求轰动效应把社会实践活动搞成"一阵风"，社会实践活动一旦偏离了大学生素质和能力培养目标，也就失去了活动的意义。

指导教师要始终明确大学生素质和能力培养目标。指导教师在思想认识上重视社会实践活动，在实践中热心指导社会实践活动，在指导过程中紧紧围绕培养目标开展指导工作，就会影响大学生对社会实践培养目标的认同，激发大学生参与社会实践的热情。指导教师要在项目申报、培训、组队实践、监督检查、总结评价、成果转化等环节，紧扣目标方向开展指导工作，在时间上、精力上加大投入，既重视发挥学生的主体作用，又始终把控社会实践活动沿着目标方向开展。

大学生要始终明确自己为什么参加社会实践活动。参加社会实践活动对自己的素质和能力培养有哪些帮助，自己需要在社会实践活动中培养哪方面的素质和能力，这是参与社会实践活动的大学生必须始终明确的问题。要把兴趣爱好与自身成长成才过程中素质和能力培养的需要结合起来，要把为社会做贡献与自身素质和能力的培养结合起来，主动参与不同类型的社会实践活动之中。在参与社会实践活动的过程中要不断追问是否沿着目标在进行、是否实现了目标，一旦发现社会实践活动偏离了目标方向，就要主动与指导教师沟通，及时进行反思调整，绝不可抱着应付的心态去参加社会实践，而是要全身心投入其中，才能在社会实践中提升自己的素质和能力，获得全面发展。

2. 把控目标方向

明确社会实践的培养目标，是我们组织和开展社会实践活动的指路明灯，只有牢牢沿着目标方向去努力，才能确保社会实践活动不偏离目标，并按照既定的计划完成社会实践的任务，取得社会实践的预期成效。

要在前期筹划中把控目标方向。在培训阶段，要特别强调活动目标的重要性；在策划阶段，要确保项目围绕和凸显目标，设计好实现目标的具体措施；在立项、项目评审阶段，要看策划项目的目标是否清楚，实现目标的路径和办法是否可行等。

要在实践过程中把控目标方向。社会实践团队负责人和团队成员在实践的过程中，要不断总结反思活动的进展情况：是否按既定的方案进行，有没有偏离目标方向，活动过程是否围绕目标；实践者是否有收获，是否得到了锻炼和提高；实践是否有突破以及后续的实践活动如何调整等。

要在总结评价中把控目标方向。总结评价的目的是对已完成实践活动经验和不足进行必要的梳理，是为了指导未来活动更好的开展。因此，在总结时，既要评价社会实践任务完成情况，更要评价素质和能力培养目标完成的情况；要把目标达成度作为衡量和评价实践活动效果的最重要指标；要对在实践中感受深、体验深、程度深、工作扎实、成效显著、个人收获大的项目进行表彰；要把好的项目纳入到项目库进行管理。

第三节　社会实践活动创新

一　社会实践活动的现状

1. 社会实践活动开展的情况

党和政府高度重视大学生社会实践工作。自 1983 年共青团中央提出并倡导组织开展大学生社会实践活动以来，党和政府、高校、社会对大学生社会实践工作越来越重视，在《中共中央国务院关于进一步加强和改进大学生思想政治教育的意见》（中发［2004］16 号文件）、《共青团中央关于进一步加强和改进大学生社会实践的意见》（中青联发［2005］3 号）、教育部等部门《关于进一步加强高校实践育人工作的若干意见》（教思政［2012］1 号）、中央宣传部教育部关于印发《普通高校思想政治理论课建设体系创新计划》的通知和国家"十二五""十三五"教育事业发展规划等文件中都对高校的实践育人工作给予高度重视，特别是在 2016 年 12 月中央召开的全国高校思想政治工作会议上，对强化社会实践育人工作又提出了更加明确的要求。在这种形势下，大学生社会实践活动开展得有声有色，实践活动的内容越来越丰富，形式越来越多样，为经济社会的发展做出了积极贡献，得到了全社会的高度认可。新的形势下，随着高等教育的改革发展，实践育人尤其是大学生社会实践活动在高校人才培养中的功能更加凸显，越来越多的高校把它作为一项重要工作来认识、加强和落实，很多高校已经将社会实践纳入学校人才培养方案中去统筹规划，有的高校还将社会实践作为一门课程来建设，大学生社会实践工作的重要性愈发凸显。

社会实践为促进社会的和谐发展发挥了有益的作用。社会实践把高校的思想政治教育与当代中国基本国情有机地结合起来，在实践中积极融入毛泽东思想、邓小平理论、"三个代表"重要思想和科学发展观以及以习近平同志为核心的党中央治国理政的新理念、新思想、新战略，极大地促进了大学生对我国的国情、社情、民情的了解和认识，大学生通过参加社会实践，亲身感受我国社会主义建设取得的举世瞩目的成就，进一步加深了对党的改革开放政策的理解，增进了同人民群众的感情，更加坚定了在中国共产党的领导下走中国特色社会主义道路的政治信念。同时，在实践中大学生通过理论宣讲、普法教育、文艺演出等形式把党的路线方针政策传播到社会和人民群众中去，为我们党的治国理念的宣传工作发挥了积极的作用。社会实践密切了高校与城乡和企业的联系，高校需要城乡和企业为大学生社会实践提供支持和保障，城乡和企业希望大学生通过发挥专业知识和特长为本地区和本企业做出贡献，特别是大学生们在实践活动中能够利用所学知识为地方政府和企业提供一些有价值的意见和决策参考，在一定程度上帮助解决了生产和管理中亟须解决的技术难题，如大学生们在实践地举办的各种形式的技术、管理知识的讲座，为提高干部、工人、农民的技术水平和业务素质提供了帮助，通过开展科技支农、义务支教、爱心医疗、扶危救困等公益服务活动，为带动社风、民风的改善做出了贡献，这种双向受益的实践活动越来越受到社会的欢迎。

社会实践在提高人才培养质量方面起到了重要作用。大学生在开展社会实践活动的过程中，通过将理论与实践相结合，加深了他们对专业知识的理解和掌握，促使了他们主动将理论知识进行转化应用，特别是在实践中大学生发现自身存在的不足，将遇到的问题带回学校，以问题为导向开展学习、思考和研究，取得了比被动接受知识更好的成效。更为重要的是通过社会实践这个课外大舞台，高校实现了课内培养与课外培养的有机结合，并通过课外培养有效地促进了课内培养，使学校的人才培养质量得到极大提升。大学生在社会实践中对我国工业、农业和服务业发展存在的问题加深了认识，这些问题激发了大学生深入实际解决问题的热望，激发了学习的积极性、主动性和创造性，增强了社会责任感和历史使命感，影响了他们的世界观、人生观和价值观，影响了他们的学业规划和职业发展方向。

2. 社会实践活动存在的问题

近年来，尽管大学生社会实践活动能够在提高大学生素质和能力、促进社会和谐发展、提高人才培养质量等方面发挥了重要作用，但是与党和政府的要求相比、与大学课外培养的要求相比，大学生社会实践工作中仍然存在不少的问题，需要我们高度重视并不断改进。

高校对大学生社会实践重视不够投入不足。作为大学生社会实践的主导者和组织者，不少高校对大学生社会实践的重视往往只是停留在口头或表面，对大学生社会实践的重视不够和投入不足是最主要的表现。具体表现为：在思想认识上，没有认识到社会实践活动在人才培养中的极端重要性；在统筹规划上，没有将社会实践纳入教学人才培养计划之中去；在经费投入上，很多高校还没有将社会实践工作经费列入学校整体经费预算，仅仅把社会实践工作经费作为学生活动经费的一小部分进行预算；在政策支持上，缺乏激励的措施，对指导教师缺乏激励政策，对学生成绩很多高校还无法计入学业成绩等。

大学生社会实践的组织管理缺乏深度和力度。良好的组织管理是确保社会实践取得应有效果、达成目标要求的重要保证。但是，目前高校社会实践活动组织管理工作中还存在不少问题，其中包括：在活动设计上，方式落后，缺乏深度。有些高校为了提高学生参与度，仅以学生个人自愿选题为主，尽管学生参与度比较高，但是缺少有效的引导和项目审核把关。有些高校尽管统一设计实践项目，但与社会需求结合不紧、目标不明确、教育引导不力，导致很多教师和学生对于社会实践的理解不深刻；在组织管理上，缺乏科学、规范、长效的运行机制，没有建立起高效的管理体制；在组织模式上，覆盖面较小，缺少系统的培训与指导；在制度保障上，缺少完整的制度体系，没有形成社会实践的育人合力；在综合保障上，经费有限、基地数量有限、教师投入精力有限；在考核评价上，缺少规范的成绩考核评价体系、评价指标单一、成绩评定有较大的随意性，有些学校甚至缺少必要的考评环节；在成果管理上，缺乏将实践成果进一步拓展转化的引导和指导等。

大学生对参与社会实践活动重要意义缺乏深刻认识。大学生是社会实践的主体，学生自身对社会实践活动认识缺失是导致社会实践活动难以实现培养目标的直接原因。主要表现在：一是对参与社会实践活动认识不足，缺乏明确的目标。很多大学生没有充分认识到在大学开展社会实践，能有效培养自身综合素质和多方面的能力，能够缩短与社会的心理距离，为将来就业做好各方面的准备，对于为什么要开展社会实践，怎样做好社会实践等问题根本没有认真思考过；二是对参与社会实践活动缺乏主动性和积极性。目前大多数的社会实践活动是学校组织发动，学生被动参与，且往往集中在低年级大学生中，学生自发的实践活动往往与某些功利目的直接挂钩，如通过勤工助学可以获得某种经济利益，通过其他社会实践可以获得一种经历认证等；三是在实践过程中马虎应付、流于形式。很多大学生对于社会实践从始至终就是以应付差事的心态来完成的，没有明确目标，前期准备不足，缺少必要的知识储备，开展过程中走马观花、浅尝辄止。更有甚者，还有极少数学生不惜代价寻找各种途径和方法，通过以次充好、弄虚作假、抄袭和剽窃他人成果等不道德行为向学校"交差"。

社会对大学生社会实践强力支持的局面还没有形成。政府、社会、家庭是实践育人的外部环境，但在建立大学生社会实践外部支持环境方面还存在着不少问题。一是政府缺乏支持大学生社会实践的有效措施。虽然中央出台了一系列加强大学生社会实践的政策文件，但在地方政府具体落实的过程中出现了逐级弱化的现象。地方政府没有切实可行的配套方案，仅靠地方的共青团组织去被动配合高校开展相关工作，显得力量十分有限；二是许多企业对大学生社会实践的态度不积极。受经济利益驱使，企业在接收大学生社会实践过程中要么把大学生作为廉价或免费的劳动力，从事一些重复性的低级事务，要么出于对本单位工作性质和内容的考虑，本着不添麻烦、不出事故的原则，不放手让学生做具体的工作，使得大学生社会实践的收获甚小；三是整个社会选人用人导向偏颇。当前尽管很多用人单位开始注重大学生的实践能力，但由于实践能力很难量化，多数仍以学历、成绩作为硬指标，弱化了实践的用人导向；四是家庭认识不足的制约。目前大部分大学生都是独生子女，由于部分家长怕子女吃苦受累，甚至通过自己的社会关系联系实践单位，为学生拟造虚假社会实践经历，制约了学生的主动发展，失去了很多锻炼成长的机会。

二　社会实践活动的创新

高校如何不断实现手段和形式、制度和机制的创新，扎实推动大学生社会实践活动朝着更加科学、规范、有效的方向发展，将是今后更好地发挥社会实践育人作用的努力方向。

1. 手段和形式创新

管理手段创新。在现代信息化条件下，高校对社会实践活动进行管理要充分利用网络技术和新媒体手段，如建立新媒体平台对社会实践活动进行宣传发动；开发使用大学生社会实践管理信息系统，将社会实践项目的申报和审批、实践过程的监督、社会实践成果的提交和保存、成果的评价及成绩记录等一系列工作，通过社会实践管理信息系统高效完成；通过建立社会实践专题工作网站，加强对社会实践活动的管理，如在网站栏目上设置涵盖培养目标、工作理念、制度文件、项目审批、团队建设、项目策划、公告发布、最新动态、历史资料、成果发布、表彰奖励等，丰富社会实践管理手段，提高社会实践管理的效率。

组织形式创新。随着社会实践活动要求的不断提高，传统的组织形式已经不能满足新形势下高校实践育人工作的需要，这就要求高校要不断改进和创新社会实践的组织形式，以更加宽大的视野推动大学生社会实践活动。在顶层设计上，把社会实践纳入学校的人才培养方案和培养计划，科学设计社会实践工作体系，制定社会实践工作规划，推动理论课教学与社会实践活动有机结合；在内容设计上，落实社会实践的"四结合"，即社会实践与思想政治教育紧密结合、与专业学习紧密结合、与就业创业紧密结合、与服务社会紧密结合；在形成合力上，要建立党委统一领导下的教学管理、学生管理、人事管理、财务管理、共青团工作等通力协作的工作机制。在校外要加强与地方的沟通与衔接，争取更多的社会资源，争取地方的支持；在扩大受益面上，要推动社会实践活动全员化，强化学生主体参与意识，明确社会实践为大学生的必修课，确保每一个大学生都能参加社会实践，落实本专科生和研究生在校期间每人至少要开展一次深入的社会实践活动，撰写一篇较高质量的社会调查报告或相关成果的要求；在成效评价上，对社会实践的评价由传统的重结果评价转为过程评价，引导大学生社会实践活动朝着落实培养目标的方向发展。

2. 制度与机制创新

制度创新。制度建设具有根本性、长远性的作用，好的制度可以调动诸方面的积极性，不好的制度会限制和阻碍社会实践活动的开展。目前，大部分高校虽然都建立了相应的关于大学生社会实践的工作制度，在一定阶段、一定程度上推动了大学生社会实践活动的开展，但是不同程度地存在着一些问题，如有的制度制定得过于宽泛、不具体、针对性差；有的制度完全照抄照搬上级文件，没有结合本学校学生实际，不具有操作性；有的制度站位不高，缺乏明确的制度目标，缺乏有效的激励手段等。这些制度上的问题，反映了对社会实践重要性认识不足的问题。为此，高校急需加快推进制度创新，各高校要根据本校实际制定大学生社会实践的项目申报制度、项目评审制度、培训制度、经费管理制度、宣传报道制度、监督检查制度、考核评价制度、成果转化制度、表彰奖励制度等。通过制度创新，规范社会实践活动，激发相关部门重视社会实践活动、广大教师热情指导社会实践活动、全校学生积极投身社会实践活动的积极性。特别是要鼓励专业教师参加和指导大学生社会实践活动，鼓励年轻教师多下基层与学生一起同实践、同学习、同锻炼，对实践指导工作做得好的老师，在晋升职务、评奖评优上予以倾斜，认真落实"学校党政干部和共青团干部、思想政治理论课和哲学社会科学课教师、辅导员和班主任都要参加大学生社会实践活动"① 的要求，把参与情况纳入相关考核之中。除此之外，在制度设计上，还要加大与实践单位的沟通和联系，主动了解实践单位的需求和困难，针对实践单位的需求，制定选拔优秀学生到相关单位实习锻炼、做出贡献的配套制度，争取相关单位的支持。

运行机制创新。传统的社会实践活动，大多都是由团中央、团省委向各高校团委下达年度社会实践通知，明确实践主题、实践项目类别、参与对象、考核评价办法等，再由各高校团委逐级按要求组织实施，这种运行机制在一定程度上达到了统一部署、统一行动的效果，但这种自上而下的安排容易使基层被动应付。加强社会实践运行机制创新，就要全方位反思目前的社会实践运行机制，从实践活动的项目设计、立项、组队实践、监督检查、总结考评、成果管理等方面统筹安排。在项目设计上，要加强前期调研工作，与地方、企业建立良好沟通机制，探索社会化运作模式，由需求方提供项目，高校根据培养目标承接项目，然后进行校内立项、项目评审、培训指导、组织实践等，这样才能真正做到"按需设项、据项组团、双向受益"；在项目申报上，改变传统的校内层层下达通知、层层发动、逐级申报项目的做法，建立扁平化项目申报管理模式，通过建立大学生社会实践信息管理系统，实现全校学生直接申报项目；在项目评审上，建立线上评审和线下评审答辩相结合的方式；在指导培训、综合保障、过程监督、总结考评等环节均可通过采取线上线下相结合的方式来实施；在宣传报道上，综合运用各种手段实现立体化传播。要按照"目标精准化、工作系统化、实施项目化、传播立体化"的原则创新社会实践的运行机制。

___

① 共青团中央：《关于进一步加强和改进大学生社会实践的意见》（中青联发［2005］3号）。

　　评价机制的创新。科学的评价机制是大学生社会实践活动的重要导向。传统的社会实践评价往往集中在团队的层次、团队数量、实践活动的社会影响等，一定程度上导致了社会实践活动的组织者把主要的精力放在申报高层次的团队立项、团队数量和对社会实践活动的宣传上，关注培养目标不够。要加强和改进大学生社会实践活动，就要树立正确的目标导向，建立一套科学的、行之有效的评价机制，充分调动广大师生参加实践活动的积极性，要把大学生社会实践活动的开展与素质教育结合起来，把大学生个人成长需要和人才培养目标结合起来，将培养目标与社会需求结合起来，本着使学生受益、学校受益、社会受益的原则，建立针对性强、可操作的考核评价机制。评价机制要包括对共青团干部、辅导员、专业老师和学生的考核评价制度。如对老师的评价可以从指导实践时间、人数、实际效果、取得成绩等方面进行，要将评价结果与教师晋升职务、评奖评优结合起来；对学生的评价则应从实践活动的内容、时间、活动效果、实践单位评价、指导教师评价、实践总结、实践效果等方面进行考评，重点评价实践任务完成度和素质与能力目标达成度，考评结果可以作为学生综合测评、评奖评优的重要指标和依据。

案例：中国人民大学"千人百村"社会调研成果丰硕

　　"千人百村"社会调研活动是中国人民大学在新的人才培养改革路线图框架下启动实施的人才培养、科学研究、社会服务有机融合的创新工程，主要依托中国调查与数据中心、青年发展研究院和相关学院等教学科研机构，围绕当前中国农村经济社会与文化发展的重大现实问题，每年组织 1000 余名师生利用暑假时间，以田野调查和入户社会调查为主要形式，深入全国范围内经科学抽样产生的行政村开展系统、规范的社会调研活动，了解农业生产、农民物质与文化生活、农村社会管理等方面的基本情况，并将政策宣讲、法律普及、文艺下乡、生殖健康、同伴教育等社会服务活动融入其中，全面提升学生的思想认识、意志品质和研究型学习能力。依托活动开展，建立中国农村发展与农户追踪调查数据库，支持师生开展科学研究，发布学术成果和智库成果，举行分享交流与研讨会，推动调研成果深度转化，服务国家和地方可持续发展。

　　2012 年，首次实施的"千人百村"社会调研活动取得圆满成功，100

个师生团队分赴全国范围内 100 个村庄进行调查，形成了一批高质量的调研成果，举行了 96 场成果分享会和 1 场大型报告会，受到了舆论的强烈关注。校团委也应邀先后在"中国青少年发展论坛""全国高校青年马克思主义理论工作者培训班"交流"千人百村"社会调研活动实施经验和成效。

2013 年，"千人百村"社会调研活动完善了抽样方案，1200 余名学生赴全国 29 个省（直辖市、自治区）的 162 个行政村开展调研活动，调查样本超过 1 万户。从 2013 年开始，"千人百村"社会调研活动样本村相对固定，并由此着手建立中国农村经济社会发展状况数据库，发布相关研究报告，全面跟踪中国农村经济、社会及文化发展与变迁，并为地方经济社会发展献计献策。

2014 年，中国人民大学全面启动"千人百村"校内实践创新基地建设，按照"突出创新、注重特色、开放共享"的原则，先后建设了"千人百村"成果分享会、"千人百村"工作坊、"千人百村"数据共享平台、"千人百村"学术社区、"千人百村"实践创新论坛等一系列活动平台，形成了教师参与、培训辅导、过程管理、教学对接、科研对接等一系列运行机制，着力推动实践教育研究、基地信息管理、实践成果转化、实践项目对接等四个平台的建设，推动了学校实践育人工作的新发展。

2015 年年初，中国人民大学"千人百村"实践创新基地正式入选北京高等学校示范性校内创新实践基地建设单位。

2016 年，在"千人百村"社会调研组织管理日趋成熟的基础上，根据"千人百村"专家委员会的建议，"千人百村"社会调研活动全国项目样本村由 162 个扩大到 324 个，进一步提升调查数据的质量。同时，中国人民大学与闽江学院共同组织实施"千人百村"区域调查项目，围绕农村精准扶贫等重大现实问题在福建省内的 100 个行政村展开调研。

自 2012 年启动以来，"千人百村"社会调研先后围绕农村生活基础设施、居住与社会关系、土地使用流转、收入与支出、公共文化服务、基础教育、就业服务、基层政权建设、妇女权益、养老等民生问题进行了专门调研，已经形成了初步的育人成果和社会效益，受到了《人民日报》《光明日报》、中央电视台、新华网、中国新闻网、《中国教育报》《中国青年报》等媒体的持续关注和报道，产生了广泛的社会影响，也受到了国家政府部门的高度关注。

　　据不完全统计，"千人百村"社会调研活动已经孵化全国"挑战杯"、首都"挑战杯"和学校"创新杯"获奖学术作品 100 余篇，产生首都大学生社会实践优秀成果 40 余项，并荣获 2012—2013 年北京高等学校党的建设和思想政治工作优秀成果一等奖。依托活动开展，中国人民大学先后出版《中国农村民生状况调查》《千人百村调研手记》等学术成果，并基于一手调查数据形成了大量智库成果，供国家相关部门决策参考。2016 年 5 月，国家发展改革委员会社会发展司专门向中国人民大学发来感谢信，充分肯定了"千人百村"社会调查数据对基本公共服务相关政策评估和《"十三五"基本公共服务均等化规划》编制的支撑作用。

　　（资料来源：中国人民大学校团委大学生社会实践网站，内容有改动）

第 十 章

志愿服务活动

大学生志愿者是中国青年志愿服务的主力军，在各种志愿服务领域中都发挥着积极的作用。随着志愿服务事业的不断发展，大学生志愿者已经成为志愿者队伍中最活跃、最积极、最具影响力的群体。志愿服务活动已经成为大学生素质培养的重要途径，在培养大学生综合素质和能力方面发挥着重要作用。

第一节　志愿服务活动概述

一　志愿服务活动的基本概念

1. 志愿服务活动的内涵

志愿服务（Volunteer Service）这一概念是西方的舶来品，最早源于西方国家宗教性的慈善服务。志愿服务有不同的叫法和称谓，有的叫"志愿行为"，有的叫"志愿活动"，有的叫"义务工作"等，叫法虽然各异，但本质上并没有区别。①

对于志愿服务的界定，国内外学者有着不同的理解。美国学者巴克尔（Barker）认为志愿服务是为追求公共利益而提供的服务。英国学者比尔斯（Bills）和哈里斯（Harris）将志愿服务定义为一种有组织的利他行为。国家行政学院的丁元竹教授将志愿服务界定为：任何人自愿贡献个人时间和精力，在不为物质报酬的前提下，为推进人类发展、社会进步和社会福利事业而提供的服务。中国人民大学的莫于川教授将志愿服务定义为：不以赢利为目的，基于利他动机，自愿、无偿地贡献知识、体

---

① 参见党秀云《志愿服务制度化：北京经验与反思》，国家行政学院出版社 2013 年版。

能、技能及时间等，以增进他人福利、提升个人价值、促进社会和谐与进步的服务活动。①

在联合国志愿人员组织的网站上，志愿服务是与志愿服务精神联系在一起的，他们认为志愿服务是"公众参与社会生活的一种重要方式"，是"个人对生命价值、社会、人类和人生观的一种积极态度"，是"一种在自愿的、不计报酬或收入条件下参与推动人类发展、促进社会进步和完善社会工作的精神"。②

联合国志愿人员组织认为志愿服务至少有三个核心特征：不应以获取财物报酬为目的，虽然有时可以领取一定津贴；志愿者以自由意志而采取志愿行为；有利于他人或社会，虽然有时也会同时有利于志愿者。③

《中国注册志愿者管理办法》中提到志愿服务是指不以物质报酬为目的，利用自己的时间、技能等资源，自愿为国家、社会和他人提供服务的行为。④

综合以上论述，结合大学生志愿服务的特点，本书讨论的志愿服务是指：大学生通过一定的组织形式，以志愿服务精神为支撑，不以赢利为目的，用自己的知识、技能、精力、时间等服务社会，为促进社会文明进步与和谐发展而开展的各种社会活动。具体来说就是指专科生、本科生、研究生等各类大学生志愿者，秉承"奉献、友爱、互助、进步"的志愿精神，⑤ 在青年志愿者协会、志愿服务类社团等志愿服务组织的统一组织下，开展的各类校内外志愿服务活动。

2. 志愿服务活动的特点

自愿性。志愿服务活动是志愿者自主选择自愿参加的活动，是志愿者在共同的理想信念和奋斗目标的感召下、在道德良知和道德责任的激励下，按照"自觉自愿"原则为社会和他人提供服务和帮助的活动。它不靠权力指使，也不靠利益驱动，它的原动力是基于责任意识、参与意识、合作意识和自我完善意识之上的自觉自愿的奉献和付出。"自觉自

① 参见余双好《志愿服务概论》，武汉大学出版社 2013 年版。
② 参见联合国志愿人员组织网站 https：//www.unv.org。
③ 参见毛利红《中国志愿服务法制化研究》，中国人民大学出版社 2013 年版。
④ 参见共青团中央 2013 年修订的《中国注册志愿者管理办法》第 12 条。
⑤ 参见共青团中央 2013 年修订的《中国注册志愿者管理办法》第 4 条。

愿"的原则是志愿者服务活动区别于大学生其他服务活动的一个显著特点。

公益性。志愿者服务活动不是营利性活动，不以交换服务或商品来获取利润，而是以社会公益事业为核心。它强调服务社会公众，维护公共利益，不以追求经济效益为目的。大学生志愿者开展的以环境保护宣传、食品安全宣讲等为主要内容的活动，涉及的都是人民大众最关心的问题，都是为了人民群众的共同利益。

无偿性。志愿服务不以物质报酬为目的，它的本质是奉献社会、服务社会。志愿者是基于自己的爱心、责任，利用自己的时间、技能等资源来无偿帮助他人，他们把参与志愿服务看作是应尽的义务，把回报社会看作应有的责任。无偿性使志愿者在服务活动中不收取任何个人报酬。

组织性。大学生志愿服务组织在高校党委的领导下、在高校各级团委的指导和管理下，依靠学校资源、根据社会需求有序开展各类志愿服务活动。大学生志愿者是在各级青年志愿者协会、各类志愿服务社团的组织下参与到志愿服务活动中去的，大学生志愿服务活动是一种有组织的实践服务活动，是群体性行为。因此，组织性是大学生志愿者服务活动的重要特点。

长效性。大学生志愿组织主要依托高校各级团委，有固定的资金保障和机制保障，具有很强的延续性。"铁打的营盘，流水的兵"，随着学生的更新，志愿者在不断更新。大学生志愿服务组织和服务精神具有很强的传承性，因此大学生志愿组织开展的志愿服务活动是稳定的，具有长效性。

时代性。大学生志愿服务组织是青年学生中最具奉献精神、最能紧扣时代脉搏的学生组织，它能够及时响应团组织的号召，迅速组织志愿者参与到社会最急需的支持系统和最新需求的活动中，如"春运志愿者""暖冬行动"等都是时代的要求。不仅如此，大学生志愿服务组织还能够及时了解所在地的需求信息，针对性地开展具有时代特点的志愿服务活动。

教育性。志愿者服务活动是一项培养教育活动，它既是实实在在的社会服务活动，又包含着深刻的思想教育内涵，具有服务他人、教育自我、促进社会发展等多项功能。大学生志愿者在开展的内容丰富、形式多样的志愿服务活动中，不断提高着自身的素质和能力，因此，它也是一项重要的课外实践教育活动。

二　志愿服务活动的重大意义

2013 年 12 月，习近平总书记在给华中农业大学"本禹志愿服务队"的回信中肯定了他们在服务他人、奉献社会中取得的成绩，为他们在志愿服务中取得的成长和进步感到欣慰，勉励他们弘扬志愿精神，勇敢担负起历史赋予的责任，积极投身改革发展伟大事业，坚持与祖国同行、为人民奉献，以青春梦想、用实际行动为实现中国梦做出新的更大贡献。习近平对志愿者的殷切希望，充分体现了志愿服务对社会发展和大学生成长所具有的重要意义。

1. 志愿服务的社会意义

促进社会和谐进步。志愿服务弘扬的"奉献、友爱、互助、进步"志愿精神，体现了人与人的关爱、人与社会的融合，营造了公平正义、诚信友爱的良好社会氛围，有利于促进社会的协调和全面进步，推动和谐社会的构建。大学生志愿者开展的扶贫济困、助老助残等志愿服务活动，弥补了社会弱势群体在物质、服务和精神方面的需求，保障了弱势群体的利益，弥补了社会公共管理中的公益缺失，协调了不同群体间的利益关系，传递了社会正能量，推动了社会公平和公正，是和谐社会的助推剂。大学生志愿者积极参加的植树造林、环保宣传等生态建设志愿服务活动，引导全社会从小事做起、从我做起，支持环保、参与环保，引导全社会形成尊重自然发展规律、促进人与自然和谐共处的共识。

促进精神文明建设。大学生志愿服务活动有利于树立团结友爱、助人为乐、见义勇为的社会主义新风尚，有利于弘扬社会主旋律，有利于促进精神文明建设。志愿服务活动包含了对弱者的同情与悲悯之心，它深刻体现了中华文明中的"仁爱"思想。大学生志愿者开展的学雷锋志愿服务等活动就是在用实际行动增进人们相互之间的信任理解、情感交流、思想沟通，弘扬中华民族传统美德。志愿服务用它特有的影响力和感召力提高公民的整体素质，大学生志愿者把关怀带给社会，用无私奉献的精神潜移默化地感动受助者、感染周围的人，使参与者和受助者乃至旁观者都获得心灵的成长和道德的提升。

促进全球文化交流。志愿服务活动作为一种不讲私利、只求奉献的精神和行动，已经超越国家和民族的界限，志愿者在为不同国家和民族提供服务的同时，促进了国际文化之间的交流与融合。2002 年 3 月，中国青年志愿者海外服务计划正式启动，首批招募 6 名青年志愿者赴老挝从事语言教育、计算机培训、医疗等方面的志愿服务。随着海外服务计划的实施，中国青年志愿者的足迹已遍布世界各地。2016 年 3 月，在全球国际青年志愿者服务项目交流大会上，中国教育协会就与近百个国际青年组织签订了 5000 多个前往美国、英国、奥地利、韩国等 51 个国家的国际志愿服务机会，志愿服务活动涉及主题十分广泛，包括儿童教育类、世界遗产保护类、生态环境保护类、节日文化类等。一系列国际志愿服务项目的开展，使志愿者的服务空间、服务领域进一步扩大，不但推进中国文化走出去，同时，也极大地促进了全球的文化交流、文化互动、文化融合。

实现社会经济效益。志愿服务本身是一种劳动创造，具有现金替代价值，可以实现人才效益的转化，能够创造出社会经济效益。"如果折合成货币的话，志愿服务是一种巨大的经济资本，在经济和社会中发挥重要作用。"[1] 志愿服务作为一项低投入、高产出、少投入、多产出的公益事业，有利于降低政府公共管理的成本。例如，在北京第 29 届奥运会、第 13 届残奥会期间，在国庆 60 周年庆祝活动中，在广州亚运会、亚残运会期间，在第 23 届世界大学生运动会期间，有数百万青年志愿者为活动提供了优质高效的服务，节约了大量活动运行成本，提升了活动效益。志愿者付出时间和技能奉献他人、服务社会，同时也在创造着经济价值。2003 年 6 月，团中央、教育部、财政部、人事部联合启动实施了大学生志愿服务西部计划，通过志愿服务方式选派高校毕业生赴西部基层开展教育、卫生、农技、扶贫等方面的志愿服务，截至 2016 年，西部计划全国项目累计选派志愿者达 17 万余人，到中西部 22 个省及新疆生产建设兵团 2100 多个县开展志愿服务。[2] 这一计划的长期开展，极大地促进了当地经济发展。

---

① 江汛清：《与世界同行——全球化下的志愿服务》，浙江人民出版社 2005 年版，第 102 页。

② 参见大学生志愿服务西部计划网站 https://www.xibu.youth.cn。

2. 志愿服务的个体意义

增强社会责任感。大学生参加志愿服务活动，一方面可以通过亲身经历增强自己的主人翁意识，产生强烈的社会责任感；另一方面，通过参加志愿服务活动，也可以让自己在实践中认识国情、了解社会，帮助自己解决理想与现实的矛盾，学会把握事物发展过程中的本质和内涵，能够正确认识社会发展的趋势和主流，牢固树立国家主人翁的责任感，自觉抵制各种不利于社会发展的思潮和言论，自觉践行社会主义核心价值观。

实现自我价值。随着物质生活水平的提高，人们对于精神生活的需求越来越趋于多样化，更多的人渴望通过帮助他人、奉献社会实现自身价值。大学生通过参加志愿服务活动，有机会为社会贡献自身的才智和能力，在不同的岗位上发挥自身的作用和优势，满足了"自我实现"的需要，不仅为社会进步做出了一定的贡献，弘扬了新风气、新风尚，而且自己的人生价值也在志愿服务活动中得到了体现，精神境界得到了升华。

完善知识结构。知识结构对于个人的未来发展有着重要的作用，大学生知识结构的完善仅靠课堂上的学习是不够的，大学生必须积极参与课外的多样化培养活动。志愿服务活动，一方面为大学生提供了理论知识的实践场所，强化自身对专业知识的更深一步理解，激发他们的学习兴趣和学习的主动性；另一方面为大学生提供了接触社会、了解他人、学习其他知识的机会，通过志愿服务实践和志愿服务培训所带来的知识，进一步丰富了大学生的阅历，开阔了他们的眼界。志愿服务活动已经成为完善大学生知识结构的重要途径。

促进自身发展。素质和能力是主体与客体交互作用时表现出的个性心理特征，它总是和一定的活动联系在一起的，若离开客观实践即具体活动而停留在认识的层面上，既不能表现人的素质和能力，也不能发展和培养人的素质和能力。志愿服务活动要求志愿者要亲力亲为，在这个过程中，使大学生的素质和能力得到砥砺和锻炼，促成了他们树立正确的世界观、人生观和价值观，与此同时，大学生在参加志愿服务活动的过程中，接触社会、了解社会、体验生活，面对服务活动中出现的问题，要自己分析、自己解决，从而培养了自己的道德判断能力、分析解决问题的能力，促进了自身的全面发展。

三 志愿服务活动的培养目标

1. 素质培养目标

志愿服务活动的素质培养目标，主要是培养和提高大学生的思想政治素质，与此同时，还可以培养大学生的科学文化素质、专业素质和身心素质。

志愿服务活动作为一种不求报酬的行动，是大学生志愿者自我实现的精神追求。大学生参加志愿服务活动，积极帮助那些需要帮助的人，在给他人带来更多的快乐和幸福的同时，也在不断提升自己的精神境界和思想觉悟；志愿服务活动作为一种为经济建设、政治建设、文化建设、社会建设和生态文明建设服务的有生力量，在为实现"两个百年"目标而努力，在为推进"四个全面"而努力，在为落实"四个自信"而努力，在为促进文化传承、环境保护、食品安全、节水节电、文化下乡、科技下乡、医疗卫生下乡、大政方针宣传等而努力，并在这个过程中提升政治素质；大学生在丰富的志愿活动中扮演着不同的社会角色，在复杂的社会环境中，学会对是与非、美与丑、善与恶做出正确的道德判断，形成正确的道德观念，并通过观察社会、了解国情、体察民情，通过自己的所见所闻、所思所为，受到教育和感染，激发自己的道德情感，从而提高了大学生的道德素质；大学生志愿者通过参与法制宣传、法律咨询等志愿服务活动，在依法规范提供志愿服务活动、解决矛盾冲突的同时，也提高了参与志愿服务大学生的法律素质。

志愿服务活动除了能够培养大学生思想政治素质以外，由于活动本身需要参与者的科学文化知识，需要运用自己的专业技能，而且大学生参与志愿服务活动也会遇到困难和挫折，但是为了完成既定目标，他们必须去克服困难、战胜困难，从而磨炼了自己坚忍不拔、百折不挠的意志品质，锻炼了健康的心智，所以志愿服务活动同时也培养了大学生的科学文化素质、专业素质和身心素质。

2. 能力培养目标

志愿服务活动的能力培养目标，主要是提升大学生的社会适应能力、语言表达能力和解决问题能力。

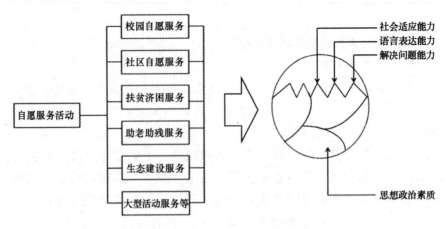

图 10—1　自愿服务活动的培养目标

注：其他附带培养的素质和能力未予标出。

　　大学生通过参与不同场合、不同类型、不同形式的志愿服务活动，适应着各种环境、扮演着各种角色、结识着各层次人群，如有时要为农民服务，有时要为儿童服务，有时要为孤寡老人服务，有时要为游客服务，有时要为不确定的人群服务，有时要到城市社区，有时要到农村，有时要到学校，有时要到大型集会中去。在这个过程中，大学生开始学会认识社会、友善对待他人，在志愿服务活动中自我调适、自我发展、自我完善，不断提升个人的社会适应能力。

　　志愿服务的对象多种多样，有理解志愿服务的人，也有不理解的人，如何与不同类型的服务对象进行有效的沟通和交流，赢得对方的信任，考验着大学生的语言表达能力。以"善行100·爱心包裹暖冬行动"为例，参与募捐活动的大学生志愿者需要在街头向路过的陌生人讲解活动的背景、意义和捐助流程，并且要努力在短时间内说服陌生人参加捐助还不引起反感，每一次面对陌生人开展劝捐交流，都是一次锻炼语言表达能力的过程。一次不成功，再来第二次，这种表达方式不合适，就再换一种。这一过程在短时间内不断重复，有效地训练并提高了大学生的语言表达能力。

　　虽然在志愿服务活动开展之前，志愿服务组织会制定活动方案，对志愿服务过程中可能出现的问题做出预判并制定相应预案。但是，在志愿服务开展的过程中难免会出现难以预计的各种问题。这个时候没有现

成解决方案可供大学生志愿者选择，这就需要大学生自己思考如何认识
问题、分析问题、解决问题，经历了这样一次次的磨炼之后，自然就培
养了大学生解决问题能力。

志愿服务活动除提升大学生的社会适应能力、语言表达能力和解决
问题能力外，还可以培养大学生的道德判断能力、文字写作能力、策划
实施能力、领导管理能力等。

第二节　志愿服务活动组织

一　志愿服务活动的主要类型

1. 志愿服务活动的分类

依据服务的技术含量，可将志愿服务分为专业志愿服务和普通志愿
服务。专业志愿服务是指由具有一定专业知识和技能的志愿者为主体开
展的志愿服务活动。例如：医学类专业学生开展的各类保健知识宣传、
心理咨询等，法律类专业学生开展的法律知识宣讲、法律援助等，农林
类专业学生开展的种植养殖知识讲座、病虫害防治宣传等；普通志愿服
务是指由非专业性要求的学生为主体面向校内外服务对象开展的非技术
性志愿服务活动。此类志愿服务活动因为不需要专业知识和技能，更多
的是需要志愿者奉献精力和时间，所以活动项目繁多，规模不一。例如
文明出行类的交通劝导志愿服务活动，植树节时开展的义务植树活动，
以及各类到福利院、敬老院开展的献爱心活动等。

依据服务的对象项目，可将志愿服务活动分为针对特定人群的志愿
服务、针对大型活动的志愿服务、针对专题项目的志愿服务。在校大学
生针对特定人群的志愿服务主要有针对儿童、妇女、老年人、残疾人、
流动人口、困难人群等开展的志愿服务活动；针对大型活动的志愿服务
主要是服务于高校所在地开展的体育赛事、展览会、招聘会等；针对专
题项目的志愿服务主要是由共青团中央发起的暑期文化科技卫生"三下
乡"志愿服务活动、"大学生志愿服务西部计划"等。

依据服务的紧急情况，可将志愿服务分为应急志愿服务和常态志愿
服务。应急志愿服务主要有应对自然灾害、公共卫生事件、重大安全生
产事故、社会公共安全事件等而开展的志愿服务。大学生参与应急志愿
服务，主要任务是开展心理辅导、维护社会秩序等；常态志愿服务是

大学生参加较多的志愿服务类型，是高校各级青年志愿者协会或志愿服务社团，根据需要组织志愿者长期开展的帮扶活动。此类活动有关爱农民工子女志愿服务、社区"四点半"学校、"一对一长期结对服务计划"等。

志愿服务活动的类型划分方法还有很多，例如依据组织机构所具有的行政力量，可将志愿服务分为官方的志愿服务、半官方的志愿服务和民间志愿服务；依据活动开展的地域，可将志愿服务分为校园志愿服务和校外志愿服务等。

2. 志愿服务活动的主要类型

校园志愿服务。校园志愿服务是指大学生志愿者及志愿服务组织根据校内师生需要和学校发展需要而在校园内开展的志愿服务。高校普遍开展的活动有：图书馆志愿服务、实验室志愿服务、基础文明督察志愿服务、校园环保志愿服务、关爱老教师志愿服务等。为了发挥优秀学生的作用，有些高校还开展有"学霸答疑坊"志愿服务、心理健康志愿服务等。校园志愿服务能够化解和避免校外志愿服务面临的一些问题，已经得到了许多高校的高度重视。

扶贫济困志愿服务。扶贫济困志愿服务是大学生志愿者及志愿服务组织帮助生活困难人员或经济困难地区发展经济，改变贫困面貌、改善生活质量而开展的志愿服务。扶贫济困志愿服务在全国层面的活动，有1996年团中央联合中央文明办等部门发起的"扶贫接力计划"、1996年中央宣传部等部委发起的文化科技卫生"三下乡"活动、2003年团中央、教育部等部门发起的"大学生志愿服务西部计划"等，这些活动每年开展，一届届大学生已经成为这些扶贫济困志愿服务活动的主力军。随着社会的发展，出现了一些新的现象，比如留守儿童、农民工子女教育等，因此在新的社会形势下团中央开展了"共青团关爱农民工子女志愿服务行动"等专题扶贫帮扶服务。随着社会的发展，扶贫济困志愿服务还将面临更多新的内容，同时也将创新更多的服务方式。

助老助残志愿服务。助老助残志愿服务是大学生志愿者及志愿服务组织帮助年满60岁以上老人、身体残疾的各类人群解决生活困难而开展的志愿服务。大学生志愿者主要是利用业余时间到敬老院、康复中心、特殊学校，为老人和残障人士提供医疗保健、文化娱乐、心理咨询等方面的服务，满足他们在医疗、文化、心理等方面的需要。

社区志愿服务。社区志愿服务是大学生志愿者及志愿服务组织根据政府的倡导和社区居民的需要开展的志愿服务活动。目前，大学生社区志愿服务活动，也在根据社会发展的需要不断地扩展服务内容、调整服务重心，将心理援助、国家政策的宣讲、社会治安、疾病预防、创业就业等方面作为了服务社区的主要内容，在服务形式上也有了更多的变化。

生态建设志愿服务。生态建设志愿服务是大学生志愿者及志愿服务组织利用掌握的环境保护的知识和方法，开展的宣传绿色低碳、节能减排、生态文明等内容的志愿服务。全国层面的活动，有1996年团中央牵头组织发起的"保护母亲河"青年志愿者绿色行动营计划，同时还开展了关注生命之源"三江源行动"等。为了推进生态文明建设，大学生志愿者以环境、生物、食品等专业作为依托开展生态文明的志愿服务，包括开展生态环境的保护、农作物病虫害防治技术服务、环境监测技术试验等专业化服务活动。

大型活动志愿服务。大型活动志愿服务是大学生志愿者及志愿服务组织为服务大型活动而开展的以文明宣传、信息咨询、活动秩序引导、接待服务等为主要内容的志愿服务。从2008年北京奥运会、2010年上海世博会、2011年深圳大学生运动会，到2014年南京青奥会，大学生志愿者在这些重大活动上承担了大量的工作、提供了优质的服务，充分展现了新时期大学生的风采。

除以上志愿服务活动类型以外，大学生志愿服务活动也大量渗透到文化建设、西部开发、海外服务、社会管理、抢险救灾、慈善捐助、文明劝导等活动之中。

二 志愿服务活动的组织与实施

1. 志愿服务活动的策划

志愿服务活动的策划是否合理、设计是否完善，直接影响着志愿服务的效果和大学生培养的目标，因此，做好志愿服务活动的策划工作十分重要。

志愿服务活动的策划要求。策划志愿服务活动时，一要考虑活动的内容，是否符合青年志愿者组织章程，是否吻合大学生志愿服务宗旨，是否违背志愿服务精神；二要考虑大学生志愿者的能力承受范围，是否影响了大学生正常课程安排，是否增加了大学生经济负担，是否超越了大学生服务能力；三要考虑服务对象的需要，是否切合服务对象的迫切需要，是否给予服务对象物质、心理、精神各方面帮助；四要考虑活动的创新性，是否弥补了以前活动的不足，是否充分整合了各项资源，是否有别于其他同类活动。只有在大学生志愿者能力范围内、能满足服务对象需求且具有创新性的志愿服务活动，才能实现大学生增长才干与服务对象受益的完美统一。

志愿服务活动的策划原则。一是按需设项原则，志愿服务对象多种多样，需求也是千差万别，志愿服务活动只有明确服务对象，找准服务对象的需求所在，才能制定出恰当的志愿服务内容，才能达到志愿服务的目标；二是据项组团原则，志愿服务活动的团队不一定是人数越多越好，志愿服务活动要考虑服务项目的情况，根据项目需要确定志愿者的数量、性别、专业背景，根据志愿服务活动的持续性、风险性，合理组建志愿服务团队；三是双向受益原则，志愿服务不仅仅是让大学生志愿者服务社会，帮助服务对象解决实际困难，同时更是大学生实现自我锻炼自我培养的行为。志愿服务活动既要考虑如何满足社会需要，也要考虑大学生提升个人素质和能力的需要。

志愿服务活动的策划流程。第一步是需求调研。策划志愿服务活动时，要让志愿服务对象的需求、志愿者的能力与培养目标、服务活动的内容达到一定的契合度，因此需求调研是一个关键环节。通过实地考察、问卷调查、个别访谈、调研社会热点等方法找到服务对象需求、志愿者自身需求；第二步是确定目标。掌握了志愿服务对象和大学生志愿者的需求以后，志愿服务活动要结合大学生的能力、志愿服务组织掌握的资源、社会志愿服务环境等因素，设定志愿服务活动要达到的目标，其中包括服务的目标和大学生培养的目标。制定的目标要符合实际情况，具有可操作性；第三步是制订方案。制订志愿服务活动方案首先要确定服务对象的类别和数量、志愿服务的内容和形式、项目所需志愿者数量和经费预算等情况，然后根据以上情况撰写志愿服务活动项目策划书。策划书主要内容一般包括项目名称、项目内容、背景意义、需求分析、时间地点安排、人员分工、活动预算、预期效果、风险分析、应急预案等。

2. 志愿服务活动的实施

志愿服务活动的实施，首先要组建志愿服务团队，团队组建主要有招募志愿者和培训志愿者两个必备的阶段。

志愿服务团队的招募。招募志愿者是开展志愿服务项目的基础工作，如果没有合适的团队执行志愿服务计划，志愿服务活动将无法开展。招募志愿者的结果直接影响着志愿服务活动的成效，因此要特别重视此项工作。志愿服务组织在招募志愿者时主要有三个步骤：第一步，确定招募目标。根据志愿服务对象的需求、志愿服务的目标、志愿服务活动对志愿者的素质能力要求等因素，确定志愿者的招募岗位、招募条件、招募范围、招募人数等事项；第二步，发布招募公告。根据招募目标撰写包含志愿服务项目简介、招募岗位、志愿者报名条件、报名方式等内容的招募公告，招募公告要根据潜在志愿者的目标人群选择合适方式及时发布；第三步，确定最终人选。可以通过笔试、面试、考察等方式，在报名志愿者中选择与招募岗位要求最相适应的人选。根据志愿者的素质和能力，确定招募到的志愿者在志愿服务团队中的角色。

志愿服务团队的培训。培训是志愿服务团队建设的重要内容，是确保实现志愿服务目标的重要环节，在志愿服务活动开展之前对招募到的志愿者进行培训是非常必要的。志愿服务组织培训志愿者的过程中，不仅要把志愿服务的时间、地点、内容、方式、要求等信息传递给志愿者，也要从志愿者的能力、素质、经历等不同角度分析调研，从志愿者的需求出发确定培训内容。依据确定的培训内容，制订包含培训时间、培训地点、培训方式等内容的培训计划。通过培训，要让志愿者进一步提高思想认识，理解志愿服务目标，明确自身定位和责任，明确怎样通过服务活动提升自身的素质和能力，并熟悉志愿服务计划、流程和应急预案。

志愿服务项目的实施。志愿服务项目的成功实施要抓好三个环节：一是要落实方案。志愿服务项目的负责人，要依据活动方案带领志愿者按照计划要求落实每项工作。对于服务期较长的服务项目，对服务过程中出现的新问题，要及时解决，必要时可对方案作适当调整，确保志愿服务活动顺利开展；二是要跟踪检查。一般情况下，大学生志愿者自愿、无偿参与志愿服务活动，会全身心地投入到志愿服务活动中，志愿服务项目的负责人也会依照服务计划带领志愿者严格落实各项工作。但是不可避免地会出现服务热情减退、工作有所懈怠的情况。因此在志愿服务活动开展的过程中，指导老师要开展必要的跟踪检查；三是要评估激励。志愿者参加的志愿服务项目结束后，志愿服务组织和志愿服务组织指导老师的工作并没有结束。对志愿服务活动是否实现项目目标、志愿服务对象接受的服务是否达到了预期等情况，要进行合理评估，为今后开展志愿服务活动提供宝贵经验，进一步提高志愿服务的水平。根据志愿者在志愿服务活动中所表现出的主动性、积极性、责任心和工作的完成情况进行合理激励，有利于大学生志愿者活动的健康运行。

三 志愿服务活动的目标控制

1. 明确培养目标

在志愿服务活动的各个环节，明确大学生素质和能力培养目标，并紧紧抓住这些目标要求，是最终实现培养目标的重要举措。

在制订方案时明确目标。在制订志愿服务方案时，不但要明确志愿服务活动要解决的社会问题、帮助受助对象解决的实际问题，还要明确志愿者参与志愿服务活动要提升的素质和能力。以开展的文物保护志愿服务活动为例，在制订服务方案时，不仅要明确活动的内容、方式、预期目标等，还要明确志愿者参与此类志愿服务活动要接受的中华民族历史文化教育和熏陶，要明确志愿者在活动中要学习哪些知识，提高何种素养，通过参与活动提高哪些能力。

在开展培训时明确目标。开展培训是为了保障志愿服务活动顺利进行，达到志愿服务活动目标。在组织培训时，组织者要把对大学生培养的目标，作为重要内容进行培训，要使大学生志愿者明确在参与活动时要提升哪些素质和能力。以开展的扶贫助困志愿服务活动为例，在培训时要求志愿者要掌握党的路线、方针、政策，掌握党和政府最新的富民惠民政策，掌握中央最新的扶贫工作要求，在这个过程中自然提高了大学生的政策水平，从而也就提高了大学生的思想政治素质。

在服务过程中明确目标。志愿服务的过程是解决服务对象实际问题的过程，也是志愿者提升自身素质能力的具体实践过程，在服务过程中明确培养目标，不但能够提升志愿服务的效果，也有益于实现培养目标。一分方案，九分落实，不论志愿服务方案制订得多么完善、志愿服务前期培训内容多么丰富，没有脚踏实地的落实，志愿服务终究是纸上谈兵。落实志愿服务方案的关键因素之一就是要明确志愿服务活动的目标和志愿者素质能力培养的目标。明确了志愿服务的目标，志愿者才能在志愿服务过程中避免浪费时间和精力，做到有的放矢；明确了素质能力培养的目标，志愿者才能排除迷茫、懈怠、畏难等不良因素的影响，做到全力以赴。

在总结成效时明确目标。志愿服务活动组织者在总结成效时，除了要总结活动的社会影响力、受助对象的问题解决程度、活动的效果以外，还要总结评估志愿者在志愿服务的过程中，是否逐步形成了正确客观看待问题的世界观，是否形成了艰苦奋斗的人生观，是否形成了为人民服务的价值观，总结评估志愿者在思想素质、政治素质、道德素质、法律素质等方面的提升程度。大学生志愿者在自我总结时，不但要总结自己的付出，也要总结自己的收获，总结参加志愿服务活动后自己的社会适应能力、语言表达能力、解决问题能力的提升效果。

2. 把控培养方向

为了把控志愿服务活动培养方向，实现大学生志愿者素质和能力提升的目标，学校相关部门和指导教师要做好以下几方面工作：

加强指导，保证活动方向的正确性。志愿服务活动的正确方向体现在两个方面：一是活动的无偿性，通过自愿的、无偿的服务，传递爱心，推进社会文明进程；二是对大学生的培养作用，通过深入开展服务实践活动，培养自身的素质和能力。因此高校相关组织部门要加强对志愿服务活动的指导，及时纠正志愿服务活动过程中出现的偏差，保证志愿服务活动沿着正确的方向发展。

有序传承，保持优质项目的稳定性。每个高校在长期工作中，都会形成一批有自身特色的优质项目，甚至各个学院也都有自己的优质项目，这些项目，不仅能很好地服务社会，而且对培养学生的素质和能力发挥着重要作用，对这些优质项目进行必要的提炼总结，进行有序的传承，让一届又一届的学生参与这些优质项目，是实现培养目标的好方法。与此同时，由于志愿服务组织的负责人基本是每年一换，志愿服务组织负责人领导力的高低影响着本组织活动的成效。为了把控培养的方向，实现培养目标，各级团组织要做好志愿服务组织负责人的培养、选拔和指导工作，把优质的志愿服务项目传承下去，以保持优质服务项目的稳定性。

优化时间，保证时间安排的合理性。高校志愿服务活动一般在课余时间开展，校内志愿服务活动基本遵循这一特点。但是，面向社会开展志愿服务活动，有时在时间上就会与上课时间产生一定的冲突。特别是高校所在地有大型活动，时间冲突情况就更为突出。这时给学生安排志愿服务活动，不仅不能确保培养目标，反而会给学生造成负担，会引起学生和任课教师的反感。因此，志愿服务活动要尽可能保证合理的时间安排。

有效记载，彰显认定评价的激励性。高校在建立课外培养体系过程中，要把志愿者所付出的时间和精力进行有效记载，并进行科学的认定和评价，将其作为课外素质培养的重要成绩。通过这种方式，激发广大志愿者参与志愿服务的热情，让更多的学生自觉自愿地参加到志愿服务活动中，服务社会，增长才干。

第三节　志愿服务活动创新

一　志愿服务活动的现状

1. 志愿服务活动开展的情况

随着经济社会的发展，特别是高校人才培养理念的转变，大学生志愿服务活动得到了快速持续的发展，整体上呈现出了良好的态势。

形成了志愿服务的文化氛围。与欧美等发达国家的志愿服务相比，我国的大学生志愿服务起步较晚。1993 年初春，团中央发起实施中国青年志愿者行动。1994 年 12 月 5 日，中国青年志愿者协会在北京成立，标志着中国青年志愿服务事业进入了一个新的发展阶段。1998 年 8 月，共青团中央青年志愿者行动指导中心正式成立，负责规划、协调、指导全国的青年志愿服务工作，承担中国青年志愿者协会秘书处的职能。进入 21 世纪，伴随着我国经济实力的不断增长和国际地位的不断提高，越来越多的大型赛会走进中国，大学生志愿服务也越来越受到人们的重视。据教育部网站发布的消息，2008 年参加北京奥运会赛会的大学生志愿者共有 5.3 万人，占志愿者总数近八成，参加残奥会的大学生赛会志愿者共有 2.1 万人。① 经过二十多年的迅猛发展，大学生志愿者已成为我国志愿者队伍的生力军，是社会志愿服务特别是青年志愿服务的中坚力量。

建立了较具规模的组织体系。多数高校都设立了校级青年志愿者协会和院系的志愿者协会，各院系也都有隶属于院系团委的公益性社团或者志愿者服务队，以河南科技大学为例，就有爱心桥青年志愿者服务社、

---

① 参见中华人民共和国教育部网站 http://www.moe.gov.cn。

红十字方队、微尘爱心社、阳光社工协会等公益性社团二十多个。各级各类志愿服务组织在各级党组织的支持与关怀下,在各级团组织的指导下,开展了大量卓有成效的工作,大学生志愿服务活动已经成为高校共青团工作的重要组成部分。

开展了内容丰富的志愿服务。由于社会组织结构的多元化,催生了大学生志愿服务形式的多元化,大学生志愿服务内容更加丰富。比较有代表性的有大学生利用暑期到贫困山区开展支教活动的支教团、有走在大街小巷积极宣传法律知识的法律服务团、有满足农村精神文化生活需要的文艺展演团、有利用寒假期间到火车站进行志愿服务的暖冬春运服务团、有在社区中开展志愿医疗义诊服务的医疗服务团等。随着互联网技术的发展,为了提高志愿服务的时效性,志愿服务者建立了属于自己专业特色的 APP 或网站,满足不同服务对象的需求,实现了线上服务与线下服务的结合,使志愿服务更加贴近民生,内容更加多元化。

2. 志愿服务活动存在的问题

尽管大学生志愿服务活动得到了快速的发展,但是与社会的需求和人才培养的需求相比,还有一定的差距,在组织方面还存在一些问题。

大学生志愿者缺乏对志愿服务的深刻认知。一些大学生志愿者对志愿服务精神的理解不够深入,简单认为自己无偿参加志愿服务活动已经表明了自己对社会的责任感,已经奉献了自己的爱心,没有认识到开展志愿服务对社会发展的意义,也没有认真思考参加志愿服务对自身成长的意义。由于部分大学生缺乏正确的、深刻的认知,使志愿服务活动的效果受到影响。

大学生志愿者缺乏对志愿服务的稳定热情。高校志愿者多以一年级学生为主,这是因为他们更容易被组织起来,乐于从事富有挑战性的新事业,对志愿活动容易产生好奇和新鲜感,具有奉献社会的高度热情。但是,随着他们进入高年级,面临着学业和就业的压力,大部分学生参与志愿服务的热情急剧减退,已不安于从事专业技能不强的志愿服务,从而远离了志愿服务活动,这就造成高校部分志愿服务项目长期低水平重复,难以持续扩展提升。

大学生志愿者志愿服务水平有待提高。志愿者服务水平直接影响着志愿服务活动的成效。当前参加各种志愿服务活动的大学生志愿者凭的是热情和新鲜感,大学生志愿者受社会经验、生活体验等因素的限制,服务水平不能很好地适应现实需要，不少项目又缺乏必要的培训，也影响大学生志愿者服务水平的提高。还有一些大学生参与志愿服务是因为学校的要求，或者为了获得学分，或者将其作为争取荣誉的资本，这部分志愿者也是没有动力去提高志愿服务水平的。

高校志愿服务组织管理水平有待提高。尽管各高校都已经建立了各级各类志愿服务组织，但是各类组织的协调组织能力较弱、整体的活动的计划性较差。一个表现是活动的重复性，例如重阳节的时候，很多志愿服务组织都开展到敬老院献爱心的活动，儿童节的时候，又都进入到福利院、幼儿园；另一个表现是活动的随意性，志愿服务组织接到志愿服务项目就开始召集志愿者，开展完活动就解散，缺乏后续的评估总结；第三个表现是项目组队的随意性，招募志愿者时程序简单、随意，缺少资格上的限制、甄别和确认环节，忽视成员的能力和个人素养，这就造成志愿者的流失率较高，也难以招到高素质的大学生志愿者。这些都会影响志愿服务的效果。

高校志愿服务组织服务领域有待拓宽。由于受到物力、财力等各种客观因素的限制，高校开展的志愿服务活动多集中于扶贫济困、扶弱救弱、环境保护、文明劝导等方面宣传活动。由于活动内容单一、形式缺乏创新、活动扎堆开展，不可避免造成了志愿服务活动的形式化，缺乏有思想深度、有专业难度、有复杂程度的服务项目，难以发挥课外培养的作用。因此，高校志愿服务组织要结合社会发展需要、结合志愿者成长需要，不断拓宽和深化服务领域。

政府针对志愿服务的立法有待加强。高校共青团干部在指导学生开展志愿服务的过程中，最担心的是参与志愿服务学生的安全问题，根本原因是没有全国层面志愿服务的相关法律，没有涉及志愿者、志愿服务组织和服务对象三方权、责、利的法律界定，一旦出现问题，志愿者的合法权益很难得到保障。立法的缺失已经严重制约着高校志愿服务活动的进一步开展。志愿服务的兴起和发展需要相关法律的护航，志愿服务立法的制定和实施也会促进志愿服务活动的健康发展。1998 年 8 月，广东省颁布了我国第一部志愿服务地方性法规——《广东省青年志愿服务条例》，这一条例的实施促进了广东省志愿服务的发展。目前，多个省市都已制定了志愿服务的地方性法规。但是，各省市的立法相对简单，存在一定差异，约束力也不太大，急需全国性立法予以规范。

社会针对志愿服务的保障有待完善。高校志愿服务活动的经费主要依靠团组织工作经费、志愿组织自筹、志愿服务项目拨款等，资金来源有限。由于经费的不足，造成部分志愿服务活动缩小规模或取消。随着大学生志愿者走出校园参与到文明城市创建、社区服务等志愿服务活动中，交通费、材料费、餐饮费等成本也在不断增加。尽管大学生提供志愿服务是自愿的、无偿的，但是志愿服务相关的成本支出由大学生负担显然是不合适的。虽然有些地方条例中规定"青年志愿者组织要为在特殊条件下工作的志愿者进行人身保险"，但是由于经费捉襟见肘，规定不能得到有效落实。

公众针对志愿服务的认识有待提高。尽管大学生志愿者和高校志愿服务组织为我国志愿服务事业的发展做出了重大贡献，在社会上也引起了很大的反响，但是由于政府缺乏对志愿者、志愿服务组织的法律定位，再加上宣传力度不够，导致公众对志愿者、志愿服务的概念以及志愿服务的意义不够了解。有的人认为志愿服务活动只是一种团组织开展的青年社会活动，认识不到它们对社会发展和学生成长的重要作用；有的部门或服务对象把志愿者作为无偿或廉价的劳动力滥用；很多用人企业招聘大学生时，很少关注大学生参加志愿服务的经历。这些都不利于志愿服务事业的健康发展。

二 志愿服务活动的创新

1. 志愿服务活动组织形式创新

做好顶层设计，实现新的突破。高校志愿服务工作的组织，要解放思想，拓宽思路，要借鉴不同高校的好做法、好经验，不断优化顶层设计，不断在顶层设计中体现志愿服务活动的深刻性、新颖性和变化性，不断实现工作思路、组织形式的新突破，将创新的理念和意识贯穿于志愿服务活动组织的各个环节。

倾听学生心声，寻找创新灵感。大学生志愿服务活动的主体是大学生，要想实现志愿服务组织形式创新，就不能墨守成规地在传统组织形式上定格，要打破传统志愿服务组织形式。这就需要倾听志愿者的想法，因为他们奋斗在志愿服务第一线，能深刻体会到现行的志愿服务活动存在的问题，能深刻了解哪些形式是需要改进和创新的，从而寻找创新的灵感。

结合网络技术，实现优势互补。积极探索"互联网＋志愿服务"，实现各方面资源的优势互补，也是实现形式创新的重要思路。运用互联网技术便于实现志愿服务供需的有效对接和长效机制，利于开展"菜单式"的志愿服务。通过互联网可以及时了解社区、企业的需求，也可以获得更多的场地、资金等资源的支持，有利于实现组织形式的创新。通过互联网可以与更多的社会志愿服务组织或其他高校志愿服务组织建立协作关系，发挥优势、协调配合，利于创新组织形式、扩大服务成效。

发挥专业特色，深化服务内涵。普通志愿服务活动，只能给服务对象提供简单的服务内容，这种服务也很难实现形式创新，必须考虑如何发挥学生的专业特长，将志愿服务内容深化。只有这种结合自己专业特点开展的志愿服务活动，才可以使志愿服务者学以致用，发挥自己的特长。服务工作越深化，服务形式的创新思路就会越多，因为学生群体中专业方向很多，每一个专业方向都可以提供志愿服务的形式，只要能寻找好结合点，创新的思路就会不断涌现。

2. 志愿服务活动管理机制创新

制度创新。制度创新将更加有效地推动大学生志愿服务活动的开展，使志愿服务活动在培养大学生素质能力方面发挥更大的作用。志愿服务活动制度创新要突出现实需求：一是在发挥引导作用方面创新制度。制度创新要突出对大学生的引导激发作用，激励更多的学生积极投身到志愿服务活动之中；二是在发挥保障作用方面创新制度。大学生志愿者虽然是自觉自愿不计报酬地参与到志愿服务活动中，但是参与志愿服务活动还是要付出餐饮、交通、服装等成本的，制度创新要突出解决好保障措施，在资金、物资、保险等方面为志愿服务组织和大学生志愿者提供保障；三是在发挥管理作用方面创新制度。当代高校志愿服务组织的类型在不断增多、志愿服务活动的范围也在不断扩大，在 2016 年 7 月 11 日由中共中央宣传部、中央文明办、民政部、教育部等部门联合印发的《关于支持和发展志愿服务组织的意见》中就规定"加强对网络社团等新型组织的志愿服务规范管理"，"严格规范志愿服务组织涉外活动，确保遵守国家有关法律法规和政策"，因此，高校要及时创新志愿服务活动相关制度，加强各类志愿服务组织和志愿服务活动的管理。

培训创新。"当今的志愿服务已经愈加多元化和专业化，作为志愿者应具备的素质和能力也应相应提高，单纯拥有爱心和责任感已经不能满足志愿服务的要求。"① 这就要求志愿服务组织者要对志愿者进行培训，并且要求培训的形式、内容、对象等方面要创新。积极探讨如何实现由"一次性培训"到"系统化培训"的转变，由简单的"事项性培训"到较为深入的"学理性培训"。要在做好全面培训的基础上，做好重点人物、重点事项、重点环节、重点理念等方面的培训。特别是对志愿服务的主要团队负责人，要进行更深入的培训，充分发挥负责人的带领和教练作用。要培养"助人自助"的志愿服务理念，让大学生志愿者深刻理解自己在帮助他人的时候自己的素质和能力也会得到提升；要培养志愿服务技能，让大学生志愿者切实提升志愿服务素质，从而确保志愿服务活动的质量和效能。

组队创新。目前高校志愿服务的组队方式一般是以团支部、院系、青年志愿者协会或者志愿服务类社团为单位进行组织，这种组队方式虽然有利于团队成员的管理和协调，但是这种形式组成的团队往往不具有年级的层次性、专业背景的互补性，难以适应服务实际的多样化需求，也不利于成员间的相互学习和能力互补。组队方式创新有两种思路，一是实施项目化管理方式组队，就是依据项目完成的实际需要，选择和确定队员。项目化管理已经成为志愿服务活动开展的新趋势。二是实施类聚化管理方式组队，就是依据学生的相同兴趣、相同爱好、相同类别集中组建团队，然后依据团队的共同特性，确定服务内容，这样可以便于实现服务项目的高水平突破，如组织"学霸服务团""党员服务团""骑行者服务团"等。

激励创新。传统的激励方式一般是以评选"优秀青年志愿者""星级志愿者""优秀青年志愿服务组织""优秀志愿服务项目"等，以精神激励为主、物质激励为辅的外在激励办法。要实现激励方式的创新，就要考虑如何实现内在激励、深化内在激励，发挥外在激励和内在激励的合力作用。内在激励是通过给自己设定目标，激发成就感和事业心，从而激励自己努力工作的激励方式。志愿服务组织者可以通过开展讲述、记录、总结、宣传志愿服务心路历程等方式，通过引导志愿者发现自己的作用、体现出的价值、得到的认可、快乐的体验、获得的成就感和满足

① 党秀云：《志愿服务制度化：北京经验与反思》，国家行政学院出版社2013年版，第163页。

感，认识自己在志愿服务活动中精神境界的提升、人格素质的完善和个人能力的培养，从而发挥更深刻、更持久的激励作用。

案例：湖北大学爱天使工作室的志愿服务新样本

与学校大多数志愿者组织不同，湖北大学爱天使工作室自成立以来所有志愿服务没有花过学校一分钱。他们选择与企业合作，企业出资金，提供工作室成员的进修和活动费用，培养出来的优秀智障学员，还能推荐到企业就业，实现了企业、团队和被服务对象的多赢局面，直到带出了世界冠军。

利用专业优势变"广撒网"为精准服务

爱天使工作室最初于 2010 年由学生自发成立于该校体育学院，成员大多来自该院。结合专业特点，团队创办之初就目标明确，专注于体育公益服务。

一次偶然的机会，他们接触到武昌区培智中心学校的孩子们时，发现了一个现象，"那些智力障碍的孩子，在运动时专注度非常高"。

工作室创办人、2008 级篮球专业郑琛等随即与培智学校负责人沟通，提出了定点服务的想法。团队的想法很快付诸实施，从此，他们就开始了每周往返于两所学校之间的生活。从起初的体育课辅助教学工作，到后来专门开设篮球等体育特色课程，团队成员逐渐成为学校的一分子。

除了集体的训练课，孩子们还有机会得到一对一辅导，2015 年毕业的潘士杰就是其中之一。因为身体素质出众，团队成员对潘士杰进行了连续 3 年的特别训练，还经常带着他去参加比赛。2015 年 7 月在美国洛杉矶举办的世界夏季特奥会上，潘士杰在接力跑、铅球和标枪三个项目上获得两金一银的成绩。

"我们思考的是，被服务对象最需要什么，我们最大的优势是什么。"崔冠男说，在这两者上，他们找到的契合点就是"专业人做专业事，精准服务才能产生最大效益"。

拉企业入伙变"输血"为"造血"

"专业不仅体现在授课技能上，还体现在团队的运营上。"崔冠男说，团队成立将近 7 年，10 余万元活动经费，他们没找学校申请一分钱。

因为专业实践的需要，体育学院的学生从入校开始，就跟一些体育用品企业有联系。在一起举办体育赛事的接洽中，团队成员逐渐掌握了一些体育公益的资源。

2010 年，郑琛和团队成员成功申请到 NIKE 旗下的全球公益性活动项目——"让我玩"。

"他们出钱，我们去留守儿童学校教孩子打篮球。"郑琛说，在该项目支持下，当年所有的公益活动经费，都由"让我玩"项目承担。"第一次体验做公益不用为钱发愁的滋味。"郑琛说，在他以往的志愿服务中，日常花销要么是自己承担，要么是由学校划拨专项活动经费，"跟企业合作的模式，让我们眼前一亮"。

接下来的几年，团队一边致力于做好志愿服务，一边跟各大体育用品公司的公益基金会接洽，并积极参加各种公益创投大赛。

6 年里，团队先后申请到中国青年基金会"爱超越"项目和零点集团的"黑苹果"项目，获得公益基金近 10 万元。

2015 年，团队在武汉市社会组织孵化基地第二次创投大赛中获得第一名，也让他们得到了两万元的基金奖励。

关注长远发展变浅尝辄止为深度服务

解决了钱的问题，崔冠男把精力放在了提升志愿服务质量上。

2015 年 11 月 8 日，爱天使工作室和法国迪卡侬体育用品公司签订了 13 万元的公益合作项目。由迪卡侬公司 3 年共出资 13 万元，资助爱天使工作室的成员进行特殊教育进修和日常服务。而让团队成员最兴奋的是，协议条款中规定，团队成员培养的智障青少年只要条件合适，可以推荐到迪卡侬公司就业。

"一些经过训练的智障青少年，是可以胜任在仓库封装等工作的。"崔冠男说，如果这个项目进展顺利，将为百余名智障学生打通进入外企的就业通道。

而除了被服务对象的长远发展，团队与迪卡侬的合作协议里，还对志愿者自身发展作了说明。"平常团队成员需要进修，甚至有成员毕业后希望继续从事特殊教育的深造，公司都会提供相应经费支持。"崔冠男说，团队成员日常的教学其实就相当于专业实习，加上这些进修，自身的专业技能就更扎实，为自己将来就业打下基础。这一点，郑琛深有感触。

探索学校志愿服务新模式

"因为专业，他们才能对智障青少年进行科学的体育训练，从而使培养质量提高，提高被服务对象的就业水平。也是因为专业，团队成员将视野集中在行业内，利用行业中的信息来盘活资金链，同时又与专业契合，每一天的公益活动就是在进行专业实践，还能利用公司提供的平台进行能力提升，让志愿者团队自身也成了公益的受益者。"湖北大学团委书记万路路对爱天使的创新之举赞赏有加，并坚信"爱天使模式可以复制"。

"学校各级团组织也认识到了这一点，开始在专业服务上下功夫。"万路路说，除了爱天使工作室，该校商学院志愿者团队正在抓紧实施的项目——历史古迹数字化博物馆，也是运用所学的专业知识，联合学校图书馆和武汉市园博会等力量，对无法实体复原的历史遗迹进行仿真复原和文化创意产品的开发，保护和传承中国传统文化，目前已经初具规模。

（资料来源：《中国青年报》2016 年 5 月 18 日，作者：向正鹏等，内容有修改）

第十一章

学生社团活动

学生社团是大学校园里最活跃的学生组织，学生社团活动是大学校园文化的重要部分，是大学生课外培养最重要的路径之一。丰富多彩的学生社团活动，在提升学生的素质和能力、促进学生的成长成才、彰显大学的文化和精神中发挥了重要作用。

第一节　学生社团活动概述

一　学生社团活动的基本概念

1. 学生社团活动的含义

我国大学生社团已有百余年的历史，有学者认为最早的学生社团是抗俄铁血会，它是 1904 年京师大学堂（北京大学前身）学生在自愿基础上组织起来的学生组织，被视为中国大学生独立创办社团的开端。随着我国近现代高等教育事业的发展，大学生社团应运而生并在不同时期发挥了不同的作用。

《中国大百科全书》（教育）对学生社团的解释是："中国中等学校和高等学校大学生在自愿基础上自由结成的群众组织。这些社团可打破年级、系科以及学校的界限，团结兴趣爱好相近的同学，发挥他们在某方面的特长，开展有益于大学生身心健康的活动。学生社团的活动以保证完成学生的学习任务和不影响学校正常教学秩序为前提；以有益于学生的健康成长和有利于学校各项工作的进行为原则。学生社团组织和活动的目的是活跃学校的学习风气，提高学生自己管理自己的能力，丰富学生的课余生活。学生社团可以根据学校的不同情况利用学生的课余时间开展各种形式的活动，以交流思想，切磋技艺，相互启迪，增进友谊。

学校的中国共产党组织和行政组织，学校的共产主义青年团组织和学生会，都应关心学生社团的活动，及时给予适当的指导和帮助。"①

《辞海》对学生社团的解释是："中国高等和中等学校的学生自愿组成的群众组织。形式多样，有学术问题讨论研究会及诗画社、棋艺社、摄影社、美工社、合唱团、剧团、球队等。以有益于大学生身心健康成长为原则。由学校党组织和行政领导、共青团和学生会给予适当的指导和帮助。"②

《教育大辞典》第3卷中对大学生社团解释为："高等学校学生中有相同兴趣、爱好者自愿结成的课外活动组织。一般不受年级、系科的限制。活动内容涉及文学、艺术、科学技术、体育、娱乐、社会文化等各个领域。活动方式多种多样，如举办讲座，组织专题讨论，进行社会调查或科学观测与实验，组织创作活动，举办展览、竞赛或其他文化娱乐活动等。其机构设置、领导成员由参加者民主推荐产生。社团活动是校园生活的重要组成部分。在中国，常由学校领导、有关教师和学生会给予指导。"③

2005年1月，在教育部、共青团中央印发的《关于加强和改进大学生社团工作的意见》中，把大学生社团定义为"由高校学生依据兴趣爱好自愿组成，按照章程自主开展活动的学生组织"。④

尽管《中国大百科全书》（教育）、《辞海》、《教育大辞典》第3卷和共青团中央文件中对大学生社团的解释各有不同，但是对社团组织的性质、类型、原则、管理体制等方面的界定是基本一致的。

2016年，共青团中央、教育部、全国学联印发了《高校学生社团管理暂行办法》（以下简称《办法》），《办法》进一步对高校学生社团进行界定，把高校学生社团定义为"由高校学生依据兴趣爱好自愿组成，为实现成员共同意愿，按照其章程自主开展活动的群众性学生组织"。⑤ 并指出，"高校学生社团的基本任务是：要遵循和贯彻党的教育方针，坚持

① 中国大百科全书编辑部：《中国大百科全书》（教育），中国大百科全书出版社1985年版，第439页。

② 辞海编辑委员会：《辞海》，上海辞书出版社1989年版，第2948页。

③ 顾明远主编：《教育大辞典》第3卷，上海教育出版社1991年版，第107页。

④ 参见教育部、共青团中央《关于加强和改进大学生社团工作的意见》，中青联发[2005] 5号。

⑤ 参见中青网 https://www.zqb.cyol.com。

立德树人的基本导向，团结和凝聚广大同学，按照自愿、自主、自发原则，善用网络技术和新媒体，开展主题鲜明、健康有益、丰富多彩的线上和线下课外活动，繁荣校园文化，培养同学的社会责任感、创新精神和实践能力，提升同学综合素质，促进同学成长成才"。① 从而使高校学生社团的概念、原则、目标、任务更加明确。

2. 学生社团活动的特点

自主性。自主性体现在两个方面：一是社团成员的自主性。学生社团是学生自发的组织，由具有共同兴趣、爱好、理想与追求的大学生在自愿的基础上自发形成的学生组织，因此社团成员具有选择的自主性；二是社团活动的自主性。学生社团虽然是在高校团委的指导下开展活动，但是各级团委和社团指导老师主要把握社团及社团活动的大方向，给予一些宏观方面的指导，很少对其内部事务进行过细干预，学生社团的具体运作主要由社团的学生骨干把控，因此充分体现了学生社团自我教育、自我管理、自我服务、自我发展的特性。

广泛性。教育部 2016 年新修订的《普通高等学校学生管理规定》中规定：学生在校期间享有"在校内组织、参加学生团体"的权利。凡具有正式学籍的学生均可申请组织或参加社团，社团的成员不受班级、年级、专业、院系的限制，不同年级、不同专业、不同学科、不同性别、不同民族的学生为了共同的目的都可以参加社团。许多高校学生社团超过 100 个，平均参加人数占在校生人数的一半以上，因此社团成员具有广泛性。

灵活性。学生社团活动具有灵活性，主要表现在活动规模大小不一，活动人数可多可少，结构可松可紧，活动时间可以定期，也可以不定期，活动空间可在室内室外、校内校外。如公益类社团的成员常利用节假日、周末、课余时间走向社会，从事宣传活动、便民服务、咨询服务等各种活动；文化艺术类社团经常利用业余时间进行排练，有些在活动室排练，有些在校园里排练。学生社团活动的灵活性为学生社团活动的开展提供了便利。

多样性。随着大学生兴趣、爱好的多样化发展，高校学生社团数量在不断增加，社团规模在不断扩大，社团类型也呈现出多样性；同时，

①　参见中青网 https://www.zqb.cyol.com。

由于社团会员的专业、年级和成长环境不尽相同，社团成员往往能集思广益，活动点子层出不穷，立意新颖，角度独特，从而使活动能吸引更多学生参与，丰富了社团活动的内容，彰显了社团活动内容的多样性。

平等性。学生社团尽管也有组织管理机构，但是学生社团不同于学生会等其他组织结构，其组织架构大多呈现扁平化特点，社团负责人是根据章程通过社团会员大会选举产生，会员之间的关系都是平等合作的关系，没有复杂的上下层级，权力意识比较淡薄，体现更多的是社团成员的集体意志，因此大学生社团具有平等性。

新颖性。由于学生社团多种多样，相互之间存在着激烈的竞争，所以要吸引学生参与到社团中，活动组织的新颖性是学生社团的一个追求目标。同时也由于现在的大学生朝气蓬勃、好学上进、视野宽广、开放自信，能够时刻紧跟时代的潮流，为社团活动添加时尚新颖的元素，这就摆脱了课堂教学注重传统性而缺乏时代性的刻板，让学生社团活动具备了新颖性的特点。

传承性。学生享有加入社团的自由，也享有退出社团的自由，每年都会有一些老成员由于课业或其他原因逐渐离开，每年也都会有新鲜的"血液"补充进来。社团会员虽然在流动，但是社团章程和相关的规章制度具有相对的稳定性，活动目标和主要活动方式也基本相似，因而一代又一代的会员之间形成了一种对社团文化和理念的传承，从而使学生社团活动具有传承性。

二 学生社团活动的重要意义

1. 学生社团活动的社会意义

学生社团活动主要在高校内进行，所以它的社会意义主要表现为对高校自身的意义。

丰富高校校园文化内涵。学生社团活动由于具有广泛性、多样性、新颖性等特点，已经成为校园文化活动中最具生命力的组成部分之一，是校园文化建设的重要内容。学生利用课余时间参加丰富多彩的社团活动，为高校校园文化生活平添了一道亮丽的风景线。学生社团活动打破了班级、年级和院系的界限，使学生可以在一种轻松、平等的环境中感受着校园文化，同时推进良好校园文化氛围的形成。积极向上的校园文化氛围，潜移默化地熏陶了学生，发挥着"随风潜入夜，润物细无声"

的教育效果，对学生的成长成才有巨大的影响力和感染力。

促进高校精神文明建设。高校精神文明建设离不开学生的参与和支持，学生社团活动为学生参加精神文明建设提供了重要途径。学生社团活动的主要作用是实现自我教育，学生通过参加思想政治类社团活动，激发了自己理论学习的自觉性，从而促进自己树立正确的世界观、人生观和价值观，培养了辨别是非的能力；通过参加公益类社团活动，奉献社会服务他人，培养了学生社会责任感和奉献精神。学生在参加社团活动的过程中，接触他人，接受管理，形成了集体意识和纪律观念。因此学生社团活动促进了学生良好道德风尚的形成，促进了校园精神文明建设。

推动高校形成良好学风。学生社团在促进学风建设活动中发挥重要作用，成为以班级、年级为单位开展学风建设活动的重要补充。例如英语学习类社团开展的晨读、英语角、三分钟英语演讲赛、英文电影配音大赛、英语话剧大赛等活动，吸引了众多学院的学生参加，有效促进了全校范围内英语学习风气的形成。除传统的学习活动外，学生社团也把先进的教育理念引入校园，促进良好学风的形成。以河南科技大学慕课社团为例，在校内积极策划开展线上加线下的学习活动，为社团会员及广大同学营造了一个良好的学习、交流平台。

全面发挥高校育人功能。学生社团活动作为课外培养的一条重要途径，在人才培养中发挥着独特的作用。学生社团具有社会模仿作用，但是相比现实社会，它更加温暖和包容，学生在社团活动中学会与人共事、规范自身行为，展现并锻炼了自身的才华和能力，培养了团队精神、服务精神、创新精神，这些都充分体现了学生社团活动在高校育人过程中扮演的重要角色，发挥了课堂教学难以达到的教育效果，从而使高校的育人功能更加完善。

2. 学生社团活动的个体意义

有益于学生个性塑造。高校不是工厂，培养的学生不是流水线上的产品，不能千人一面。高等教育就是要把每个学生的潜质和特长充分地挖掘出来，培养具有独特个性的人才。因此，学生的个性培养成为高校人才培养质量的重要标志之一。学生社团活动为学生个性塑造提供了重要平台，学生社团可以提供课堂教学以外的学习和锻炼，满足学生多方面、多层次的个性化需求。兴趣培养是个性形成的有机组成部分，在参与活动的过程中，学生的兴趣爱好得到进一步强化，从而激发兴趣向纵深发展的动力，将兴趣成功转化为特长。因此，从某种程度上讲，学生参加社团活动的过程就是自己个性塑造的过程。

有益于学生巩固知识。学生社团特别是一些与专业结合比较紧密的社团，对深化学生的理论基础、完善学生的知识结构、扩展学生的知识面、巩固知识掌握的效果等方面，都具有重要作用。以河南科技大学为例：管理学院有电子商务协会、食品与生物工程学院有葡萄酒协会、林学院有食用菌协会、电气工程学院有电子设计协会、人文学院有洛神文学社、经济学院有金融理财协会、机电工程学院有机甲先锋科技协会、建筑学院有建筑学社、数学与统计学院有数学建模协会等。学生通过参加这些与自己专业方向一致的社团活动，使自己更好地将专业知识运用于实践，提高了动手能力，强化了专业知识，培养了科学思维。

有益于学生的社会化。高校人才培养的任务，不仅仅是学习专业知识，除此之外，还要求学生学习社会规范、生活技能，担负起社会责任。这些社会化的要求仅通过传授知识的课堂教学方式是无法达到的，实现学生社会化的要求需要为学生提供一个学习和实践的平台，而学生社团活动正好能够提供这样一种机会。学生社团活动形式多样，有交流学习，有观摩研讨，有室内室外，有线上线下，让学生有机会学习如何将自己融入各种场合和环境。学生社团活动是开放的、自由的，学生在社团活动中交替扮演着组织者或参与者、倡导者或跟随者、教育者或被教育者、发言者或聆听者等多种角色，使自己理解学习不同角色所拥有的权利、担负的责任和遵循的行为规范，更容易让学生习得做事的方法和技巧。学生社团活动让参与其中的学生在实践中不断检验其社会化的程度，使学生为顺利融入社会不断进行前期准备。

三　学生社团活动的培养目标

学生在社团活动中培养素质和能力，是学生社团存在和发展的基础，也是学生社团的终极目标。明确学生的素质培养目标和能力培养目标，是推动学生社团建设和发展的指挥棒和风向标。

1. 素质培养目标

学生社团活动的素质培养目标，包括专业素质、科学文化素质、思想政治素质和身心素质。

　　培养专业素质。通过实践锻炼促进学生专业知识的积累、沉淀、升华和内化，是提升大学生专业素质的重要途径。学生社团活动为学生提供了训练专业技能的机会，通过丰富学生的实践阅历，成为高校培养大学生专业素质的重要载体。大学生通过课堂学习能够掌握所学专业的基本知识、基本方法和基本要点，而通过参与社团活动不仅能够检验专业知识的掌握程度，还可以在实践中拓展专业知识，培养专业信息阅读与检索、专业思想表达与阐述、专业调查与研究、解决专业技术难题等方面的素质，全面培养专业素质。

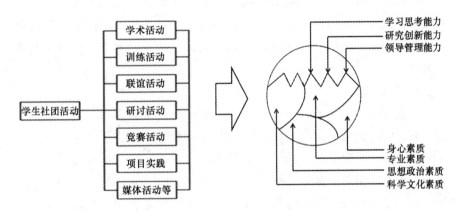

图11—1　学生社团活动的培养目标

注：其他附带培养的能力未予标出。

　　培养科学文化素质。学生社团活动的成功举办不但需要社团干部的认真筹划、社团会员的积极参与，也需要社团的全体会员不断学习各类科学知识、科学思想，运用科学方法开展活动，当活动中遇到新情况和新问题时，还要具有勇于创新、反复研究、执着探索的科学精神，从而使得大学生的科学素质在社团活动中得以培养；学生社团活动不仅是大学生参与实践的过程，同时也是接受熏陶的过程。大学生在活动中学习哲学、历史、文学、艺术等学科的知识，也在运用这些知识思考人生意义、认识社会问题，提升个人修养、形成人格魅力，从而培养大学生的文化素质。

　　培养思想政治素质。学生社团同班级、团支部等学生组织一样，以组织为基础，以活动为载体，有自己的宗旨，有自己的组织纪律，有自己的活动规范。所有成员在这样的组织中，会受到目标的引导、价值的导向、组织的约束、纪律的规范、同学的启示、环境的感染。在这种学生组织中，存在着思想政治素质的自然提升机制。特别是在加强学生社团管理的过程中，通过制定社团管理办法、社团发展指导意见和开展社团考核等方式，思想政治素质的提升机制将会发挥更好的作用。

培养身心素质。学生社团活动对培养身心素质的表现是多方面的。社团活动需要会员付出大量的体力和精力，锻炼着大学生的体能；社团会员在活动中不断认识和评价着自己的能力和优缺点，促使了正确自我意识的形成；社团活动中遇到的困难、失利等情况，锻炼了大学生的意志品质；良好的社团活动内容、优秀的社团文化，使大学生形成积极健康的精神追求；社团会员在活动中与人交流、合作、竞争，培养了健康的人格。

2. 能力培养目标

学生社团活动的能力培养目标，主要是学习思考能力、研究创新能力、领导管理能力，同时还可以培养其他多种能力。

培养学习思考能力。学生参加社团活动，可以进一步深化对某些理论的学习，但更多的是对实践的学习，同学们在参与社团活动的过程中，围绕活动主题进行学习和思考，在活动中与社团会员相互切磋、相互提高，取人之长、补己之短，实施了在学习中思考和在思考中学习的训练，从交流中对知识获得更高层次的认识和理解，从实践中对为人处世有了更深的感知和洞悉。如演讲与口才协会，日常社团活动中，共同学习演讲与口才有关的训练方法，交流学习心得，在开展的演讲赛、辩论赛等活动中，社团会员不但进行相关技能的训练，还在针对演讲题目和辩题进行细致的分析和思考，从而激发了自己学习思考的能力。

培养研究创新能力。许多学生社团都搭建有课题申报、竞赛参与、科研创新的平台，为同学们提供了接触前沿动态、接受科研训练、培养创新意识的机会，让大学生有目的、有计划地进行信息收集，从而提出问题、分析问题、解决问题，培养大学生的研究创新能力。以河南科技大学"河洛风"赛车队开展的活动为例，车队为参加中国大学生方程式汽车大赛，每年都会自行设计和制作一台赛车，车队成员需要在赛车的外观设计、工程设计、安全性、耐久性、燃油经济性、成本控制等方面开展深入的研究，已经发布的六代赛车实现了不断地创新和完善。车队的活动为爱好赛车运动的车辆工程、能源与动力工程、机械设计、艺术设计、市场营销、会计等专业的学生提供了实践平台，培养了他们的研究创新能力。

培养领导管理能力。学生社团是"群众性学生组织"，这种组织对学生是否具有吸引力，关键要看社团干部的领导和管理才能。这就要求社团干部需要从引导、带领、协调、组织等领导层面和计划、安排、落实、执行等管理层面做好工作。为了推动社团发展，社团干部需要摸清社团情况，明确发展目标，制定发展规划；为了加强社团管理，社团干部需要制定人员分工和各项规章制度；为了增强社团凝聚力，社团干部需要精心设计每一项活动的方案；为了扩大社团影响力，社团干部需要加强线上和线下宣传；为了顺利开展社团活动，社团干部需要募集资金、协调场地等。学生社团方方面面的工作都使社团干部的领导管理能力不断得到培养和提高。

此外，类型多样的学生社团活动还能够培养学生的道德判断力、社会适应力、合作竞争力、语言表达能力、文字写作能力等多种能力。

第二节　学生社团活动组织

一　学生社团活动的主要类型

1. 学生社团的组织分类

学生社团种类繁多，不同的分类依据，可以有不同的类型。根据共青团中央、教育部、全国学联 2016 年联合印发的《高校学生社团管理暂行办法》，高校学生社团一般分为思想政治类、学术科技类、创新创业类、文化体育类、志愿公益类、自律互助类及其他类等，这是按社团活动性质进行的分类。

思想政治类。这类社团是以马列主义、毛泽东思想和中国特色社会主义理论体系为指导，以时事政治和社会热点为切入点和突破口，以研究和传播马克思主义理论及马克思主义中国化的最新成果为主要内容，通过座谈讨论、理论宣讲、社会实践、志愿服务等形式开展活动，帮助学生树立理想信念和正确的世界观、人生观、价值观。如马克思主义研究学会、学习小组、陶行知研究会、红色文化研习会、红星学社等。

学术科技类。这类社团主要以学术交流和科学研究为目的，对学术研究感兴趣的学生集聚在一起，通过科研活动、学术沙龙、学术讲座、社会实践等形式开展活动，帮助那些对科学研究感兴趣的学生提供思路和研究平台。如机甲先锋科技协会、大学生医学科研中心、机器人俱乐部、法学会、IT爱好者协会、数学建模协会等。

创新创业类。此类社团紧跟时代发展需求，以培养大学生创新创业意识、创新创业精神和创新创业能力为宗旨，通过形式新颖的活动吸引青年学生参与，为学生提供学习、交流和实践的平台。如青年营创协会、创新创业技能协会、创新创业实践团、证券投资俱乐部、KAB创业俱乐部等。

文化体育类。此类社团通过形式多样的文体活动，强健体魄，陶冶情操，弘扬中华文化。如汉服社、书法协会、美术协会、话剧社、文学社、武术协会、足球协会、跑酷俱乐部、健走团、截拳道协会等。

志愿公益类。此类社团是以开展公益活动为途径，以发扬志愿精神为理念，通过系列活动的开展，增强青年学生的社会责任感和奉献精神。如蒲公英心灵公益协会、爱心天使社团、烛光社、微尘爱心社、爱心桥协会、向日葵公益社、环保协会等。

自律互助类。此类社团以自我激励为纽带，通过制定励志、向上的目标，协会成员之间相互帮助相互督促，激发学生自我管理、自我提升、自我发展的能力。如晨读社、励志社、心理健康协会、心连心互助社、职业发展协会、学霸答疑坊等。

其他类。还有些社团暂时不能归为以上任何一类，如新兴的网络社团等。随着时代的不断发展，还会有许多新型的社团不断涌现和发展。

按照社团活动的功能可分为：学习型社团，如英语角、文学社；艺术特长型社团，如摇滚音乐协会、舞蹈协会、音乐工作室、笛子协会、书画协会；实用技能型社团，如演讲与口才协会、未来管理焦点社、电脑爱好者协会；体育运动型社团，如篮球协会、乒乓球协会、轮滑协会、羽毛球协会；公益型社团，如绿洲协会、爱心工艺社；娱乐休闲健身型社团，如登山者协会、自行车协会、跆拳道协会、瑜伽协会；咨询沟通型社团，如法律咨询室、心理健康互助协会等。

按照组织主体可分为：校级社团和院系级社团。

按照社团的组织类型可分为：单一型和联合型社团。

2. 学生社团活动的形式

学生社团活动是社团发展的基石，随着学生社团类型的多样化和学生参与社团活动积极性的提高，学生社团活动形式日趋丰富多彩。

根据学生社团的不同类型，学生社团活动可以采取听报告、举办培训、开展研讨、参加竞赛、做实验、参加创新创业实践、参与社会实践等多种形式。如思想政治类社团可以邀请相关专家开展思政理论的讲座，也可以就社会热点和同学关注的焦点举办研讨会；学术科技类社团可以组织会员走进实验室开展相关的研究探索，也可以组队参加"挑战杯"、"创青春"、数学建模、机器人等各类竞赛；文化体育类社团可以采用比赛的形式举办征文、演讲、校园主持人、校园歌手、篮球、排球等各类比赛，也可以举办书画展、舞会、音乐趴等形式的活动；志愿服务类社团可以走进贫困地区开展支教、支农、支医活动，可以走进敬老院、福利院，开展关爱老人、关爱儿童活动，还可以采用宣讲的形式向同学宣传志愿服务项目、向农民传授种植养殖技术、向居民普及节能环保知识等。

学生社团处在不同的发展阶段，社团活动的内容也不相同，因而就需要采用不同的形式开展活动。以一个大学生心理健康社团为例，在社团纳新后，为增进相互了解，提升社团凝聚力，可以采用社团会员联欢会、团队拓展训练的形式开展社团活动；在新一轮会员纳新结束并相互熟识之后，为提升会员兴趣，普及心理健康知识，可以采用心理健康游戏、趣味心理测试、心理个案分析、心理健康知识讲座等形式开展社团活动；在社团会员获得了一定的心理健康知识之后，为发挥社团的作用，扩大社团影响力，可以采用开展心理帮扶、编排心理健康短剧、制作心理健康宣传片等形式开展活动。

随着移动网络技术的发展，社团活动的形式也在不断发生着深刻的变化。如社团活动的前期宣传发动形式，已经由传统的张贴海报、悬挂条幅变化为在微信里发朋友圈、在QQ中发动态；活动的开展形式也由在教室、操场发展到在微博、微信群、QQ群中。线上线下社团活动形式的结合，使社团活动的开展更加快速高效。

二　学生社团活动的指导与管理

加强对学生社团活动的指导与管理，是有效发挥学生社团活动育人作用的重要保证，高校应高度重视加强对学生社团的指导与管理工作。

1. 加强社团培训指导

加强培训，提升社团干部综合素质，增强引领社团发展动力。学生社团需要有思想过硬、作风正派、领导管理能力强的社团干部带领，才能实现自身的健康发展。实现社团干部综合素质提升的重要措施就是进行培训。培训内容包括学校学生社团管理的有关规定；学生社团的目标、任务和使命；学生社团活动的组织方法与技巧；学生社团的领导与管理；青年领导力的提升等。通过这些培训，提升社团干部的思想政治素质和领导管理能力。培训主要采用专题讲座的形式，也可以采用座谈交流的方式，通过交流，让社团干部取长补短、引发思考，实现素质和能力的提升。

加强引导，增加社团活动频次，扩大社团活动影响力。学生社团的生命力在于活动，适当的活动频次是发挥培养作用的保证，各级团组织必须给予社团必要的引导。引导社团增加活动频次可以从多方面着手：一是引导社团根据国家号召和上级组织的要求开展社团活动，如围绕学习宣传贯彻习近平总书记系列重要讲话精神开展"四进四信"活动、开展全国创新创业类"百佳社团"创建活动等；二是引导社团参与全校开展的集中性社团活动，如开展社团文化节、精品社团展示周等；三是引导社团参加到各类竞赛活动中，如全国大学生机器人大赛、节能减排大赛、结构模型设计大赛等；四是引导社团开展校内和校际交流和合作，如举办社团发展论坛、优秀社团活动项目经验交流会等。通过各个层面的引导增加社团活动频次、增强社团活动的效果、拓展社团活动的范围，从而扩大社团活动在校内外的影响力。

加强指导，提高社团活动质量，强化社团的育人功能。《高校学生社团管理暂行办法》中规定：学生社团举办活动须遵守高校相关制度，并按照相应的审批程序进行，不得在学生中散布违背宪法、法律、法规和党的路线方针政策的错误观点和言论，不得开展与其宗旨不符的活动，不得开展纯商业性活动。① 这就要求学生社团管理部门和社团指导老师必须加强社团活动的指导，以保证社团活动方向和内容的正确性，提升社团活动的品位和文化底蕴，提高社团活动的质量。要指导学生社团制定社团发展目标和会员素质能力培养目标，鼓励学生社团根据大学生年龄

---

① 参见中青网 https://www.zqb.cyol.com。

特征、心理特征和学科特点，从培养会员专业素质、科学文化素质、思想政治素质和学习思考能力、研究创新能力、社会适应能力的目标出发，开展符合社团性质的社团活动，从而提高活动质量，强化社团活动的育人功能。

2. 加强社团制度建设

建立健全高校学生社团管理制度。《高校学生社团管理暂行办法》中要求：高校党委统一领导本校学生社团工作，要把加强和改进学生社团工作，作为高校贯彻党的教育方针、推进素质教育的重要组成部分，纳入高校整体工作中。① 高校党委可以根据教育部等有关部门文件精神，结合本校工作实际，制定加强和改进学生社团工作的意见等文件。高校团委要履行本校学生社团的管理职能，成立专门机构，配备工作人员，要建立起学生社团成立、审批、年审、注销考核和奖评等具体实施办法，切实承担起学生社团组织管理、活动管理和支持保障等工作，从而规范学生社团活动，推进学生社团活动有序开展。高校学生会作为校内学生组织的枢纽，要配合团组织建立对学生社团的考核、奖评等制度，加强对学生社团的引导、服务和联系。

建立健全学生社团内部管理制度。学生社团的成立，必须制定社团的《章程》，但是仅有章程是不够的，还要制定各类内部管理制度，以保证社团活动的顺利开展。学生社团要制定社团干部选任制度，使受社团会员信任、具备领导能力的学生成为社团的负责人，促进社团的发展；要制定岗位职责，做到分工明确、各司其职；要制定例会制度，落实活动安排，加强成员交流；要制定财物管理制度，确保物品管理规范、账目清晰；要制定会员自律公约，使社团会员自觉遵守制度。学生社团还可以建立针对社团干部的评议制度、针对社团活动成效的评价制度等，加强社团的自身建设。学生社团还可以依据条件申请建立党、团支部，制定党、团组织生活的各项制度，增强社团会员的凝聚力。完善学生社团内部管理制度，是实现社团的活动正常化、制度化的重要保证。

学生社团的制度建设是一项长期的、动态的工作，除以上制度外，为了加强对学生社团的指导工作，高校还可以制定学生社团导师制度；为了完整记载社团会员的活动情况，落实课外培养要求，学生社团还可

---

① 参见中青网 https://www.zqb.cyol.com。

以制定会员档案管理制度等。要实现学生社团管理"严而不死，活而不乱"的局面，就要根据学生社团的发展情况不断完善制度，从而使学生社团管理的各项制度发挥更加积极有效的作用。

三　学生社团活动的目标控制

1. 明确培养目标

学生社团活动的核心任务是培养大学生的综合素质和能力，要实现这一培养目标，学生社团活动的组织者、指导者、参与者都必须始终明确这一培养目标，无论在活动的哪个阶段，无论活动遇到什么困难，都必须仅仅盯住这一目标，并朝着这一目标而努力。

在社团成立时明确。按照教育部 2016 年新修订的《普通高等学校学生管理规定》第四十四条的要求，"学生成立社团，应当按学校有关规定提出书面申请，报学校批准并实施登记和年检制度"，这就要求学生社团成立时必须在宗旨中明确本社团的培养目标。高校团委要指导拟成立的学生社团将本社团的培养目标表述清楚，表达准确，避免模糊、笼统、解释不清的现象，为社团成立后开展活动确立一个清晰的目标。

在社团纳新时明确。社团在纳新时不但要向新同学宣讲社团的规模、品牌活动、影响力等，还要向新同学明确社团的性质、宗旨和培养目标。这样做，一是有利于大学生根据自身特点和期待选择社团，避免新会员入会的盲目性；二是有利于社团新会员的选择，共同的追求目标更容易增强社团的凝聚力；三是有利于会员间达成共识，从而激发社团活力；四是有利于激发会员的主观能动性，使会员在参加社团活动的过程中主动提升综合素质和能力。

在开展活动时明确。学生社团活动的一切内容和形式都是围绕培养目标而设定的。社团干部要根据培养目标的要求，选择合适的方式和内容开展活动，要把对培养目标的追求落实到活动的每个细节中、每个环节中，要不断地自我追问"这样的活动对素质和能力培养能起到什么作用呢？"只有始终把培养目标贯穿于活动的筹备、开展、总结等整个过程中，才能避免社团活动脱离培养目标而流于形式，出现为活动而活动的窘况，才能达到社团活动"形散而神不散"的境界。

2. 把控目标方向

把控学生社团活动目标方向，就是把控学生社团的各类活动、各种形式、各个环节，都要按照设定的线路开展，不偏离方向，不迷失坐标，更不会出现问题，从而确保实现既定的培养目标。

社团管理部门要把控。高校各级团组织履行着学生社团的管理职能，要把控社团活动发展的方向。团组织把控学生社团活动中大学生素质和能力的培养方向需做好以下几方面工作：一是建立完备的社团管理制度。在社团成立时要求社团确定宗旨，明确培养方向，在社团考核和奖评办法中将培养目标的实现情况纳入其中，加强培养目标的宏观把控；二是建立合理的引导激励政策。依据高校人才培养目标和社会人才需求，引导社团开展创新创业、科学研究和素质能力提升等社团活动，并通过实施激励政策对目标方向加以把控；三是建立有效的支持保障办法。对培养目标明确、活动效果显著的学生社团加大资金支持力度，积极提供设备、场地等保障，从而发挥榜样示范作用，实现社团活动培养目标的把控。

社团指导教师要把控。社团指导教师对社团的健康发展具有极为重要的作用。社团指导教师要实现对社团活动培养目标的把控，首先要指导社团干部根据社团性质设定明确的培养目标，并指导建立社团内部科学化、规范化的管理制度，为把控目标方向奠定基础；其次要指导社团干部策划吸引力强、影响力大的社团活动方案，为实现培养目标扣好第一颗扣子；最后还要在社团活动过程中和活动结束后及时开展监督、检查和总结，发现问题及时处理，不断总结经验，提高把控培养目标的能力和自觉性。

社团主要干部要把控。社团主要学生干部是社团发展的掌舵人和领头雁，作为社团活动的中坚力量，他们对培养目标方向的把控决定了社团活动在提升学生素质和能力方面的最终效果。社团主要干部通过制定发展规划和实施活动方案，引领社团的发展方向，推进社团活动的创新，特别是他们在社团活动的策划、组织、实施等具体环节中，可以不断审查活动的进展，查看活动是否偏离目标方向，并在第一时间作出相应的安排和调整。社团主要干部既是社团活动的组织者，也是社团活动的参与者，他们对学生社团活动的培养目标更加的清楚，对学生社团活动是否实现培养目标有最切身的体会。社团主要学生干部能够在第一时间、采用最符合实际情况的方式调整学生社团活动，确保学生社团活动的培养目标得以实现。

第三节　学生社团活动创新

一　学生社团活动的现状

1. 学生社团活动开展的情况

近年来，党和政府对高等学校人才培养提出了一系列新要求新理念，各高校越来越重视大学生综合素质的培养，逐步建立起了完善的大学生课外培养体系。大学生社团作为高校实施课外培养的重要平台，得到了高校的高度重视，社团活动得以蓬勃发展。

学生参与意愿较高。随着社会环境和就业环境的变化，当代大学生自我发展的意识较强，锻炼自我、展现自我、发展自我、成就自我的愿望十分强烈，步入大学校门之后，大部分学生都有加入社团的愿望。有的是出于培养个人兴趣的目的，有的是出于增长知识、增长才干的目的，有的是出于扩大人际交往增加归属感的目的。据多所高校局部调查，高校参与社团的学生数多在60%以上，有的高校高达80%以上。据人人网"社团人"平台2015年的一项全国性调查，在参与学生社团的学生中，有52.6%的学生参加了一个社团，其余近一半的学生参与了两个以上的学生社团，[①] 比例已经相当高。

社团数量快速增长。近年来，全国高校学生社团的发展速度很快，一般高校都有几十个甚至上百个学生社团。而且随着高校对学生社团工作重视程度的提高、管理和投入力度的加大，学生社团呈现出蓬勃发展的强劲势头。特别是随着"互联网＋"技术的广泛应用、创新创业教育活动的开展、社会公益事业的不断发展，也使得创新创业类、学术科技类、公益服务类社团得到快速增长。

活动内容日趋丰富。随着学生参与意愿的提高和社团数量的增加，许多高校都组织了诸如社团文化节、社团展示周、社团发展论坛等校级层面的活动，鼓励和支持学生社团积极开展活动，使得社团活动内容日趋丰富，社团活动更具吸引力和影响力。由于当代大学生更加追求个性、自由，更多的使用移动互联网，因而学生社团活动的内容和形式也更加新颖。

---

① 资料来源：www. techweb. com. cn。

2. 学生社团活动存在的问题

尽管近年来学生社团活动在共青团中央、教育部的高度关注下，在高校党委的大力支持下，在各高校团委的积极引导下，有了长足的发展，在丰富校园文化生活，特别是在促进大学生成长成才方面发挥了重要作用。但是在学生社团发展和活动开展过程中还存在一些突出的问题。

缺乏专业指导。虽然社团在成立时要求有指导老师，但是从实际情况看指导老师很少能对学生社团活动给予专业指导。其原因，一方面是社团的指导老师多数是团干部或辅导员，并不是根据"专业对口"的原则选择确定的，造成指导老师在学生社团发展或活动中无法提供专业指导；另一方面是由于高校没有建立专任教师指导社团活动的激励机制，造成一些专业性强的社团找不到高水平专业指导教师，无法获得专业指导。

缺乏内涵建设。要想增强社团活动的吸引力和影响力，必须提升社团活动的质量和层次，加强社团的内涵建设。从高校学生社团活动的实际情况来看，由于缺乏专业的指导和活动形式的创新，目前的社团活动还较多以发传单、组织讲座、开展签名活动、联谊活动、宣传活动等为主，造成活动内容枯燥，活动形式单一；缺乏深层谋划，活动层次较低；缺乏目标导向，存在功利性目的；活动随意盲目，缺乏真正的吸引力。而且有些社团内部还存在风气不好、成员关系不和谐、凝聚力不强等诸多问题。

缺乏资金支持。社团经费问题一直是制约社团活动开展和社团发展的重要因素，也是很多指导老师在进行活动指导过程中的困扰。目前除了国家的一些重点大学学生社团拥有相对充足的经费以外，其他许多高校学生社团没有专门经费，这些高校社团活动经费主要来源于三个方面，一是靠收取会员会费；二是通过商业赞助或是社会捐助；三是从校级或者院级团委活动经费中划拨出来一部分。但是三个方面的来源并不能保证活动的长期进行。会员会费一般是象征性的，商业赞助和社会捐助具有不确定性，团委学生活动经费在使用过程要提前申报，层层审核，往往不能保证社团活动的及时开展。缺乏资金支持导致了社团活动无法按预期正常开展，活动效果也难以得到保证。

缺乏活动场地。活动场地的缺乏也是许多高校社团活动面临的主要问题。高校的各项设施建设基本以教学需要为主，在资源供给上是以教学需求为目标，许多高校错误地把"以人才培养为中心"理解为"以教学为中心"，曲解了高等教育法的精髓，导致了对课外培养的漠视。许多高校没有学生社团专门的活动场所，虽然一些高校建立起了大学生活动中心等可以提供给社团活动使用的场地，但是，随着社团数量的增长，社团活动的频率、规模也在不断增长和扩大，这些活动场所也显得严重不足。

此外，学生社团也存在自身定位不清、发展目标不明确、校际间交流少、管理机制不健全等问题。

二　学生社团活动的创新

随着人民对高等教育本质的深刻反思，高校学生社团活动在大学生课外培养方面发挥的作用越来越受到重视。在此背景下，高校学生社团发展面临着新的机遇，如何进一步创新社团组织形式和管理机制，充分发挥学生社团活动的育人作用，以适应新时期学生社团发展的目标要求，是一项重要的课题。

1. 组织形式创新

组织形式创新是增强社团活动吸引力的重要途径，是更好地实现培养目标的根本要求，高校可以引领学生社团开展以下方面的探索。

企业化运作。将企业先进的经营理念创造性地运用于学生社团管理当中，能为社团活动的开展带来新思维、新思路和新方式。社团活动的企业化运作就是要借鉴企业经营的思想和理念来开展社团活动，学生社团可以把活动看作自己的产品，像企业严格控制产品质量一样努力提升社团活动的质量，像企业追求利润一样努力提高社团活动的育人成效。学生社团活动企业化运作的过程中，社团的组织者和负责人要学习企业管理中的人本管理思想，体现人文关怀，社团活动要以会员的兴趣爱好为出发点，要以会员的成长成才为落脚点，深刻洞悉会员的个体需求和发展要求，紧紧围绕学生的发展需求开展活动，只有这样才能使社团活动受到学生的欢迎。

联盟式推进。联盟式推进是指同性质和类型相近的学生社团可以本着"合作共赢、各得其所"的原则结成联盟，共同策划开展多种形式的社团活动。高校学生社团规模有大有小，历史有长有短，社团干部的素质和能力也有高有低，结成联盟开展活动有利于扩大活动的影响力和覆盖面，也有利于在活动中整合资源，实现社团活动水平的共同提升。社团活动联盟式推进有利于实现同类社团的沟通交流，建立合作与竞争氛围，使学生社团在活动中取长补短，实现优势互补，达到相互促进的目的。如文学社、书画社、国学社、汉服社、民俗民艺协会等共同组建"传统文化联盟"，联合开展社团活动，可以为广大同学提供一个感受中国多彩传统文化的平台，提高活动的影响力，利于打造品牌活动。

协同化组织。学生社团活动协同化组织是指学生社团可以结合高校的教学、科研、社会服务、文化传承创新以及国际交流合作开展有依托的活动，也可以是不同类别社团围绕一项大的工作方案协同开展活动，从而达到"1+1>2"的效果。如学术科技类社团活动，如果能够和学校的科研项目结合起来，不但能够为社团会员提供切实的实践锻炼的机会，解决社团活动的主题、项目、方案、场地、指导教师、资金短缺等问题，也能够提升社团活动的层次和水平，更加有效地落实社团活动的培养目标。另外学生社团之间的协作也非常重要，并且会给社团发展带来一个新的前景。以"创青春"大学生创业大赛的项目为例，一个完整的项目需要科技社团提供产品，需要市场营销社团撰写商业策划书，需要艺术设计社团设计标识和包装，需要视频爱好者社团拍摄视频等，不同类型的社团协同开展工作，将会大大提升项目的运作水平，项目才有可能在比赛中脱颖而出。

网络化开展。学生社团活动组织形式网络化已经成为必然的选择。一种形式是线下活动线上分享。学生社团活动在线下开展，但在活动前期和结束时会通过网络、微信、微博的形式进行及时的宣传和报道，从而增强社团活动的覆盖面和影响力；另一种形式是社团活动全程都使用网络平台。社团活动在网络上发起、在网络上开展、在网络上总结宣传。利用网络开展社团活动，社团会员可以在网上发起讨论、进行交流、分享心得，能够克服传统社团活动场地、资金和时间的限制，增强社团活动的吸引力。

2. 管理机制创新

建立新的管理机制。要建立基于校团委、学生会、指导教师和学生社团职责分明的管理机制。其主要特征是：校团委负责宏观管理和宏观指导，学生会负责具体管理，指导教师负责具体指导，学生社团实行自我管理。在这种机制中，既要强调校团委对学生社团的宏观管理和指导，更要强调学生会对学生社团活动的统一的具体管理。《中华全国学生联合会关于加强和改进高校学生会研究生会建设的指导意见》中强调"校级学生会组织需明确一名主席团成员负责学校学生社团工作;已设立校级学生社团联合会的,其主要负责人须由校级学生会组织负责学生社团工作的同学兼任"。① 这就要求高校学生会要担负起对社团活动管理的责任,建立起各项管理和考核办法,统一管理全校学生社团活动。与此同时,为了发挥指导教师的具体指导作用,高校要建立起全校统一的社团指导教师的选聘管理办法,要明确社团指导教师的职责,将指导教师参与社团活动的指导时间、指导内容、指导效果等项目进行综合评定,使学生社团活动的开展得到强有力的指导,以确保学生社团的健康发展。

推进社团品牌建设。社团品牌化建设不仅有利于提升社团活动的质量和层次,锻炼社团干部的综合素质和能力,同时也有利于增强学生社团活动的参与度,提升社团的核心竞争力,发挥精品社团活动的示范作用。社团在设计精品活动时既要考虑学生成长和发展的需求,也要结合社团的优势和特点,打造具有鲜明特色的社团活动,提升社团的内涵,展现社团的内在品质和价值;要培育特色社团文化,发挥特色社团的导向作用。不断挖掘社团的价值、文化和个性,丰富和发展积极、健康、和谐的社团文化内涵,使社团文化根植于每一个会员心中,提升社团的凝聚力和核心价值;要推广优秀社团文化,发挥优秀社团的引领作用。只有通过有效传播才能实现品牌的影响力,实现品牌价值。学生社团活动必须克服哗众取宠、华而不实的局面,努力实现课外培养的育人功能。

强化教师专业指导。社团的健康发展,离不开团干部或辅导员的指导,也离不开专业指导教师的指导。高校可以建立学生社团的"双导师"制度,一方面充分发挥团干部和辅导员在组织学生活动方面的经验和优势,指导社团活动;另一方面充分发挥专业教师在专业指导方面的优势。这样既保证学生社团活动沿着正确的方向发展,又能促进学生社团活动沿着专业化的方向发展。高校要充分挖掘校内资源,着力选拔具有相关专业背景、有工作热情的专任教师担任学生社团指导教师,鼓励专业指导教师为学生社团安排科研项目,也鼓励学生社团参与专业指导教师主

____

① 参见共青团中央办公厅、教育部办公厅关于转发《中华全国学生联合会关于加强和改进高校学生会研究生会建设的指导意见》的通知,中青办联发〔2014〕3号。

持的科研项目，强化专业教师开展专业化的指导工作。

实施多元评价模式。学生社团类型多样、内容丰富、成员广泛，这些都对学生社团的考核评价提出了多样化的要求。不但要考核学生社团的规章制度的制定情况，也要考核制度的落实情况；不但要考核学生社团活动的数量，更要考核活动的质量；不但要让社团干部进行自我评价，更要听取社团会员对社团的评价；不但要考核学生社团的工作，也要考核指导教师的工作。只有从促进学生全面成长成才的角度出发，建立高校学生社团的多元化评价模式，才能促进学生社团的健康快速发展，才能更好地实现学生社团活动的育人目标。

案例：江苏理工学院怎样让理论学习火起来

"五星红旗迎风飘扬，胜利歌声多么响亮；歌唱我们亲爱的祖国，从今走向繁荣富强……"悠扬高亢的歌声响彻荆川公园的每一个角落，吸引了一大批市民驻足欣赏。"快闪没听过，但这种形式很新颖，红军服装让我们有一种天然的亲近感，孩子们唱的跳的真不错，我们祝愿祖国繁荣昌盛，人民生活安康！"一位已经退休10多年的公务员激动地表达了自己此刻的情感。

这是江苏理工学院全国大学生百佳理论学习社团——"常州三杰"红色文化研习会组织的一次建党95周年专题活动。

"原来印象中的红色理论社团开展的实践活动是枯燥的、单调的，但是我们'常州三杰'红色文化研习会是有特点的，在继承传统的同时我们做了模式创新，努力让有意义的事情变得有意思，大家都愿意参加，现在社团十分火爆，很多同学都想加入。"研习会会长于丽云同学动情地说。

如今，参加"常州三杰"红色文化研习会在江苏理工学院是一种时尚。2015年，校团委在对校内13个学院2000余名学生进行的一份调研显示，全校129个社团中，最让学生感兴趣的10个社团，"常州三杰"红色理论研习社稳居第三，无论是常规活动、特色活动、日常运行还是考核评估，"常州三杰"红色文化研习会都是在全校社团中出类拔萃的。

融入式实践效果佳

性格活泼开朗的胡健双同学，在全校各类活动中都是积极分子，很多人推荐他加入"常州三杰"红色文化研习会。听到这个名字他一开始有些抵触："晕，这个社团肯定无聊枯燥"，然而作为志愿者参加了该社团的一次"寻访老党员活动"后，他改变了想法。

"我们跑了6个地市，寻访了60多位老党员，听了很多以前没有听过的故事，真的深受感动。我们一定不能辜负抛头颅洒热血的前辈们的期待，我要把声音传递出去。"很快，他成为研习会的一员。

"我们必须要抓他生活中的细节，这个点会激发人们听下去的欲望"，这是在"常州三杰"——张太雷纪念馆的一次讲解员例会上宋连炜同学的发言。这是种全新的融入模式，讲解员不仅仅是读稿子、背稿子，而是参与谋划、参与讲解，每个人不断在创新讲解模式，团队定期举行相互观摩，每个人都铆足了劲想把主人翁的故事表达得更为真实、生动。在这种模式的推动下，现场讲解的吸引力越来越大。

学霸带动影响大

江苏理工学院团委的一位老师认为，"研习会的成员大部分都是在学校表现突出的学生，有一部分甚至是校园明星，他们通过自己的言传身教，能够吸引更多的学生参加这个社团"。

2014级中文2班的王鹏，两次专业成绩排名第一，综测成绩排名第一，两次校一等奖学金获得者，是一个典型的学霸。一开始班主任推荐他入研习社的时候，他觉得太政治化，但碍于情面勉强参加了。听完几个讲座，他感觉豁然开朗："高大上的政治其实就是在阐述我们普通老百姓最渴望的生活啊，只是原来理解方式错了。"后来，他主动加压，在广大团员中组织开展"习大大讲话周周学"系列活动，深受团员的喜爱。

3年，1500小时，36个服务地，这是研习会骆雨同学的志愿成绩单；张太雷纪念馆义务讲解员、常州名人研究院讲解团成员、荆川公园环保卫士、"天爱"儿童康复中心爱心天使……这是她多项头衔中的几个。"我喜欢做一些志愿活动，在这个过程中我能够感受到爱和真诚，我会一直这么做下去，一直到老的做不动了。"眼前的这个孩子看上去稚气未脱，但却让你感受她由内而外的强烈的担当意识。

研习会里的这些校园明星，用他们的实际行动感染着身边的广大同学，学校团委将他们的案例整理后进行推广宣传，产生了更为广泛的效应，大家都主动想加入团队，参与各项学习和实践活动，这在全校 13 个理论学习型社团中是一个典型。

内生驱动后劲足

任何一个团队或组织要能够保持可持续发展，必须要有强有力的理论研究作为支撑，这样才能常做常青，常做常新。该校"常州三杰"红色文化研习会成立伊始就聘请"常州三杰"纪念馆馆长担任社团顾问，思政部教师担任社团指导教师，将研习社日常学习活动纳入学校思政课程体系，与"两课"教学实现无缝对接，在深化社会主义核心价值观实践教学环节做出了积极的尝试和探索。

与此同时，近年来先后完成的两项重大研究成果《新媒体背景下共青团工作引导力研究》《"互联网＋"时代下提升共青团工作的吸引力和凝聚力研究》分别获得了团中央学校部、全国学联秘书处颁发的学校共青团优秀成果奖和团省委、省学联颁发的优秀研究成果一等奖；完成包括 2015 年度全国学校共青团课题研究《全媒体背景下加强大学生思政工作引导力研究》在内的 4 项省级以上重点课题结题；5 篇论文发表在《当代教育科学》等中文核心期刊、8 篇论文发表在《当代教育与实践研究》等省级以上刊物。

学校副校长侯文华教授说："我校'常州三杰'红色文化研习会通过自身的不断积累和创新走出了一条新路，道路越走越宽，研习会开展的各类社会实践活动把党的理论知识，通过生活化的语言、融入式的实践积极地影响着广大同学，表现突出，意义重大。"

（资料来源：《中国青年报》2016 年 7 月 20 日，作者李超，内容有删改）

第十二章

健康教育活动

　　健康教育不仅是大学生课内培养的重要内容，更是大学生课外培养的重要内容。在课外开展大学生健康教育是加强和改进大学生健康教育工作的重要举措，是提高大学生身心素质的重要路径，对全面促进大学生成长成才具有重要意义。高校要把加强大学生健康教育提高到贯彻党的教育方针，落实人才发展战略的高度来认识。

第一节　健康教育概述

一　健康教育的基本概念

1. 健康教育的概念

　　人们对健康的认识是一个发展的过程。1946 年世界卫生组织在综合全球医学专家观点的基础上，第一次提出了健康的定义，即健康不仅仅是没有疾病和衰弱，而是指生理、心理和社会适应良好的状态。[①] 1990 年世界卫生组织又把健康定义为："生理、心理、社会适应和道德品质的良好状态。"[②] 新的健康定义的提出，改变了传统的医学观，人们不再仅仅从生物学、生理学意义上的疾病、残疾和伤害的角度来考虑一个人是否健康，而是从生物、生理、心理、行为、社会等多角度来看待健康。健康包含了躯体健康、心理健康、社会适应良好和道德品质的良好状态，健康的目标是追求一种更加积极的状况、更高层次的适应和发展，是一种身心健康与社会适应的完满状态。

---

　　① 　参见田向阳、程玉兰《健康教育与健康促进基本理论与实践》，人民卫生出版社 2016 年版。

　　② 　冯峻、李玉明：《大学生健康教育》，四川大学出版社 2015 年版，第 5 页。

　　健康教育的概念，目前没有统一的界定，研究者分别从医学、教育学等角度提出了不同的定义。从医学的角度看，健康教育是对人们进行健康知识、技能和行为教育，从而解决健康问题，保护和促进健康的过程；从教育学的角度看，健康教育是人类教育的一部分，其实质是把人类有关医学或健康科学的知识和技术转化为人们的健康素养和有益于健康的行为的过程，也是医学和健康科学通过教育活动进行社会化的过程。[①] 1993 年，国家教委组织制定的《大学生健康教育基本要求（试行）》中把健康教育定义为是以传授知识、建立健康行为、改善环境为核心内容的教育。黄敬亨提出健康教育是通过有计划、有组织、有系统的社会和教育活动，全面提高公民的健康素质，促使人们自愿地改变不良的健康行为和影响健康行为的相关因素，消除或减轻影响健康的危险因素，预防疾病，促进健康和提高生活质量。[②]

　　我们认为健康教育是通过信息传播和行为干预，帮助个人和群体掌握健康知识，树立健康观念，自愿选择有利于健康的行为和生活方式的社会活动的过程。健康教育的核心是教育人们树立健康意识、促进个人或群体改变不良的行为和生活方式，养成良好的行为生活方式，以降低或消除影响健康的危险因素。从狭义上看，健康教育的主要手段包括讲授、培训、咨询和指导等；从广义上看，一切有目的、有计划的健康知识传播、健康技能传授或健康相关行为干预活动都属于健康教育范畴。

　　健康教育包括理论教育和实践教育，理论教育主要在课内进行，实践教育主要在课外进行。当然，由于健康教育的独特性，课内教育也有一部分是实践教育，本书主要讲述课外的实践教育。

　　健康教育具有以下几方面的特征：

　　具有多学科交叉特性。健康教育在充分吸收和运用医学、传播学、教育学、心理学、行为科学等多学科理论的基础上，形成自身独特的理论体系，具有交叉学科的特点。

　　具有科学的指导性。健康教育通过普及健康知识、理念和技能，帮助人们消除危害健康行为，养成促进健康行为，达到防治疾病、保护和

　　① 参见田向阳、程玉兰《健康教育与健康促进基本理论与实践》，人民卫生出版社 2016 年版。

　　② 参见黄敬亨、邢育健《健康教育学》，复旦大学出版社 2016 年版。

促进健康的目的。因此健康教育的任务就是通过科学的教育，指导人们实现健康的愿望。

具有实践的自觉性。健康教育要想取得好的效果，需让目标人群自己认识到健康的重要性，把学习健康知识和技能、树立健康观念、坚持健康行为作为自觉自愿的行动。健康教育不能强加给目标人群，需要调动目标人群自身的主动性、自觉性和积极性，并把教育的内容和理念转化成健康实践的自觉，实现自觉接受教育、自觉履行实践的教育效果。

具有明确的目的性。一切健康教育活动都要关注人的行为，改变人的不良行为，帮助他们树立健康的行为。健康教育要达到促进健康的目的，就要实现行为改变的目标。健康教育主要通过传播、教育和干预等手段来促使人们的行为发生改变。

具有效果评价的困难性。人们的健康状况往往是受多种因素的影响，虽然行为是影响健康的重要因素，但是评价行为改变对促进健康的效果具有一定的难度。一方面，从时间上来说，健康教育是一个长期、持续的过程，行为改变后出现健康状况改善的效果往往需要一个较长的过程；另一方面，从作用上来说，健康的影响因素十分复杂，多种因素都会同时作用到不同的目标人群身上，如社会环境、经济水平、卫生服务、文化教育等因素，这些因素的改变对健康状况的改善必然会产生不同作用。

2. 健康教育的内容

传统健康教育的内容主要包括：生理卫生、心理卫生、保健卫生和医疗卫生四个方面。高校健康教育的内容包括健康及健康教育、大学生身心发育和疾病特征、心理卫生、学习卫生和起居卫生、饮食与营养、运动卫生、行为环境与健康、性生理与卫生等，可概括为身体健康、心理健康和行为健康三个方面。[①]

身体健康。主要包括防治躯体疾病、改进卫生习惯、增强大学生身体健康的教育。如通过传染病防治知识的教育帮助大学生改进卫生习惯，减少传染病在学生中的发生和传播。通过合理饮食、注意营养卫生的教育减少大学生中维生素缺乏、贫血等营养性疾病的发生率。通过大学生躯体健康教育增进大学生的自我保健意识，防止和减少常见病、多发病的发病率。

---

① 参见栗庆山、高春梅《大学生健康教育》，国防工业出版社 2014 年版。

心理健康。主要是向大学生及时传授维护心理健康的知识和技能，帮助他们掌握和建立各种积极合理有效的心理防御机制，在遭受挫折、心理失衡时能合理的宣泄情感，调节情绪，调整心理状态，指导帮助大学生提高社会适应力，提高生活技能，增进自我了解，建立良好的人际关系，培养良好的心理素质，及时防治心理障碍和心理疾病，提高心理健康水平。

行为健康。良好的行为习惯和生活方式是维护身心健康的重要保证。高校开展健康教育的关键是引导大学生养成良好的行为习惯，减少身心疾病的发生。如通过戒烟教育帮助大学生戒除吸烟的不良行为习惯，消除或降低主动和被动吸烟对大学生健康的危害等。

二　健康教育的重要意义

健康是基本人权之一，是社会和经济发展的基础，是人类发展的核心问题，身心健康是所有人共同追求的目标。实现这个目标不能单纯地靠医学技术，从长远来看必须依靠健康教育。大学生是国家宝贵的人才资源，大学生的健康水平不仅关系着个人健康成长，而且关系着整个民族的健康素质，关系着我国人才培养的质量。因此，大学生健康教育不仅仅是个体的需要，更是实现国家人才战略和保证社会主义现代化事业持续发展的需要。

1. 健康教育的社会意义

健康教育是提高国民身心素质的需要。健康教育能够帮助人们树立正确的健康观，形成积极和健康的行为，并学会选择在健康的生活方式下生活。健康教育能增强人们自我保健的自觉性和主动性，能够组织人们实行躯体上的自我保护、心理上的自我调节、行为与生活方式上的自我控制和人际关系上的自我调整，从而提高整体健康意识和提高人口健康素质。

健康教育是卫生事业发展的必然趋势。随着经济社会的高度发展，人们的健康也越来越受到各种因素的困扰，健康状况不容乐观。为防止亚健康化趋势的进一步发展，由治病为主到预防控制为主的转变是大势所趋。有效的健康教育能够提高全民族的健康意识和预防各类疾病，减少卫生医疗开支，节省大量的社会财富。因此，从长远利益上看，健康教育能预防及减少慢性疾病的发生，是一项投入少、产出高、效益好的重要保健措施。

健康教育是实现素质教育的重要途径。大学生素质主要包括思想政治素质、科学文化素质、专业素质和身心素质，其中身心素质是其他素质的基础。促进学生身心全面发展，提高学生的身体素质、心理素质是素质教育的本质功能和首要目标。健康教育是素质教育的重要内容，是实现德、智、体、美全面发展的人才培养目标的重要组成部分。如通过健康教育使大学生改变以饥饿方法来追求苗条身材，以吸烟来追求所谓潇洒风度的不良行为，培养学生正确的审美，促进大学生美育的发展。

健康教育是实现健康理念传播的重要措施。大学是人生的关键阶段，大学生正处于思想观念形成的过程中，有效的健康教育干预可以帮助大学生树立正确的健康观，培养良好的卫生习惯，提高青年一代的自我保健意识，推动社会健康理念的传播。学生的同质性和学校的有组织性，非常有利于健康教育干预活动的组织实施。更为重要的是大学生可以把新的观念和信息带回家庭和社会，使学校健康教育干预向更广泛的人群辐射，扩大干预效果，提高社会整体健康水平。

2. 健康教育的个体意义

健康教育能够促进大学生树立健康观念，提高身心素质。从年龄上来看，大学生身体发育已接近完成，心理发展还不成熟，他们面临着许多生理、心理方面的问题，通过健康教育活动能够促进大学生生理机能水平的提高，增强心理健康水平。健康教育还可以培养学生各种有益于自身健康的行为和习惯，增强健康意识，提高学生健康的自我调控能力，增强体质，促进学生生理、心理机能的发展，使大学生掌握身体锻炼和心理调节的方法，发展一两项有兴趣、有特长的运动项目，培养其终身健康的能力和习惯，从而提高身体素质和心理素质的发展，维护和增进大学生的健康。

健康教育可以帮助大学生有效适应各种环境。大学四年是一个逐步社会化的时段，大学生作为一个特殊的青年群体，面临着生活环境、生活习惯、学习环境、人际环境的变化，承受着学习、就业、恋爱等巨大的压力，通过有针对性的健康教育活动，可以提高心理适应能力，帮助大学生积极应对压力，适应不断变化的环境，促使大学生顺利完成从学生到社会人的转变。

健康教育是引导事业成功和体验幸福的关键。健康是人的第一财富，是事业和幸福的保证，它既是人们活动的基础，也是人们各种活动的最终目的之一。健康的身心是大学生学习的基本条件，因为健康不仅是个人成长的前提，也是个人事业成功、生活快乐的条件。高校开展健康教育工作，营造良好的校园文化氛围促使大学生有规律的锻炼、均衡的营养、合理的作息，有利于大学生处于最佳的身心状态，从而发挥出他们的健康潜能，促进个人发展和体验幸福。

三　健康教育活动的培养目标

健康教育是知识、信念、行为的教育，根本目的是改变人们的行为，养成健康的生活方式。健康教育的最终目标是促使人们采取有利于健康的行为，并促进和引导大学生实现提高身体素质、增强心理素质和提升相关能力的目标。

1. 提高身体素质

健康教育任务之一就是培养大学生强壮的体格、全面发展的体能和机体适应能力，使其精力充沛、生命力旺盛。高校要建立浓厚的健康教育氛围，引导学生积极参与健康教育活动，促使学生建立良好的健康习惯和健康理念。体育运动是大学生课外培养的最重要的活动之一，体育运动不但能够增强人体各系统、器官的功能，提高大脑皮层神经系统的协调指挥能力，全面促进机体的新陈代谢和体格的正常发育，而且还能促进机体的生理心理及免疫等产生一系列良好的变化。

开展课外体育活动可以对学生身体发展产生直接影响，培养学生健康身心发展的某些特质。在身体健康方面，不同运动项目锻炼学生不同的身体部位，如篮球锻炼学生的弹跳力、肢体伸展力等。羽毛球、乒乓球和网球可以使身体得到全面的锻炼，还可以增强机体的灵敏度，提高视力，增强人体的反应速度和耐久力。适当的运动可以改善高血压、高血脂状态，可以减轻肥胖与超重现象，改善大学生的身体素质。因此学校要引导大学生根据自己的特点有针对性地进行体育锻炼活动。

体育活动在增进学生身体健康的同时，能够为学生的日常学习、生活提供必要的身体保障。大学生伏案学习，长期低头久坐会使大脑供血不足、缺氧，使得头昏脑涨，而进行锻炼活动，特别是到户外活动，可以改善大脑供血、供氧情况，可以促使大脑皮层兴奋性增加，提高学习效率。通过体育运动可以延缓衰老进程，有效地保持肌肉力量，增加和保持关节的灵活度，增强骨密度。研究证实长期从事中等强度小运动量的体育锻炼有益于增强免疫功能，提高抵抗力。

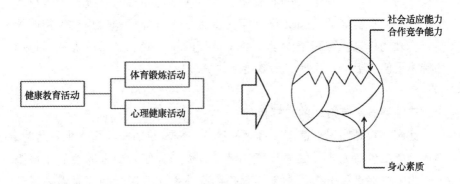

图 12—1   健康教育活动的培养目标

注：其他附带培养的素质和能力未予标出。

任何一种体育锻炼都在一定程度上可以改善人们的身体素质，同时又主要影响了其中的一种或几种素质的发展。短跑练习主要是发展速度，但也同时改善了人体的力量和耐力。发展力量和灵敏素质的竞技体操也多少能够影响速度和耐力的发展。经常锻炼是增强人体健康最积极有效的手段，"生命在于运动"，道理就在这里。大量的事实证明，同一年龄的人，经常从事身体锻炼比不从事身体锻炼的人，体质要明显得好，身体更加健康，更能抵御疾病的发生。

2. 增强心理素质

健康教育的另一个主要任务就是增强大学生的心理素质。高校要充分发挥课外培养在提高大学生心理素质方面的作用，通过不同的渠道以不同的形式给大学生提供心理健康教育的知识，使其掌握心理健康知识和技能，帮助大学生积极调适心理状态，优化心理素质。

大学生课外培养活动是维持和增进心理健康、排除疾病的一种重要方法。丰富多彩的课外培养活动具有提高心理功能和促进心理健康的作用，对增强大学生心理素质具有积极的意义。

改善人际关系。随着移动互联网的发展以及生活节奏的加快，课外培养活动已成为增进大学生与他人接触的最好方式。它可以使人们产生亲近感，使社会交往的需要得到满足，有利于消除大学生的精神压力和孤独感，并在课外培养活动中找到知音，给个体带来心理上的益处，有利于改善人际关系。

促进智力的发展。经常从事课外培养活动对于智力的正常发展和开发大脑潜力有积极作用。如开展课外活动可以锻炼平时很少活动的左手，使右脑得到充分的锻炼，从而提高人的记忆和形象思维能力，从而提高脑力劳动的效率。课外培养活动可以在一定程度上消除疲劳，人在从事课外活动时由于体力活动和脑力活动的合理交替，使大脑的中枢神经得到休息，这样有助于消除脑力劳动所产生的疲劳，提高学习效率。

形成良好的情绪。积极参加课外培养活动可使个体产生愉悦的情绪状态。经常从事课外培养活动可以转移个体的不愉快情绪和行为，使其从烦恼中摆脱出来。如实践性、动手性的课外培养活动能促使人体释放内啡肽，使人直接感受舒适愉悦的心情。大学生参加课外培养活动尤其是参加自己喜爱和擅长的活动和比赛可以从中得到乐趣、振奋精神、陶冶情操，从而消除心理紧张、焦虑，产生良好的情绪状态。

锻炼意志品质。经常从事课外培养活动是培养坚强意志品质的有效手段。一个人在参加有目标的活动中要不断地克服困难和条件变化，改变畏惧和紧张心理，大学生通过战胜困难，从而达到锻炼自己果断、坚韧、顽强的意志品质的目的。长跑、心理运动会、心理素质拓展等项目都有助于培养学生坚强的意志品质。

3. 提升多种能力

健康教育活动不仅能提高大学生的身心素质，还可以提升大学生的社会适应能力、合作竞争能力等。课外培养活动中的各类比赛大多是集体活动，能够增加学生们之间的直接接触与交流，他们在参加活动过程中相互依赖和影响，为了完成活动任务，必然要求学生们之间相互帮助、相互协作、共同参与，这种师生、学生之间群体多向的人际互动，不断培养大学生的社会适应能力与合作竞争能力。

健康教育活动能够提高大学生的社会适应能力。高校根据大学生的生理心理特点开展新生入学教育、毕业生就业焦虑心理指导，开展心理咨询和辅导，解决大学生遇到的学习、人际、恋爱、就业等问题，可以增强他们的社会适应能力。如开展"新生适应"为主题的团体心理辅导，通过团体内角色扮演、活动训练、人际交互作用，团体成员相互支持、探索适应环境的方法和策略，共同学习和分享，能够提高大学新生的心理适应能力，并逐步迁移到生活中来，促进社会适应能力的提高。

健康教育活动能够提高大学生的合作竞争能力。在篮球、足球、心理运动会等集体性项目运动中，学生参加集体活动，在活动中与其他同学配合，参与和体验活动角色，并使自己融入集体，将自我荣誉与集体荣誉相联系，增强集体荣誉感，提升合作竞争能力。在素质拓展活动中，通过心理素质拓展项目的学习与训练，可以有效地加强参与者之间的沟通，促使他们共同面对问题，积极寻找解决问题的方法，通过共同完成任务，获得成功的喜悦感，进而实现对团队精神重要性的认同，通过联系到生活中实际遇到的问题，产生潜移默化的影响，最终提升合作竞争能力。

除此之外，在健康教育活动的组织和实施过程中，由于很多活动要由学生自己组织，在这个过程中也培养了学生的策划实施能力和领导管理能力等。

第二节　健康教育活动组织

一　健康教育活动的主要形式

健康教育活动的形式很多，但高校运用最多的形式主要有三大类：即体育锻炼活动、心理健康活动和卫生保健活动。这几种形式存在着相互补充、相互促进的关系，高校应统筹兼顾组织好各种形式的活动。

1. 体育锻炼活动

课外体育锻炼是提高大学生身体健康水平的重要途径。高校体育锻炼内容丰富多彩，如早操活动、课间活动、健美运动、课外体育竞赛、运动训练以及运动会等。

早操活动。高校应该积极组织早操工作，不少高校有大一学生必须跑早操的规定。其形式主要有以班级为单位或以年级为单位集体组织跑步、做操等。有的高校会组织新生利用早操时间普及太极拳；有的则是学生自觉进行的个人行为，如三五成群结伴而行的或者一个人早晨起来跑步、练武术等。

课间活动。部分大学有课间操制度。其内容多以广播体操为主，结合一些武术操、游戏等简单易行的体育活动，有的学校是根据本校的特点进行组织，如健身操、交际舞等。不论是哪种方式，课间操的运动负荷都不易过大。其目的主要是通过做操消除学生学习中产生的疲劳，使其大脑和身体得到积极性的放松。

健美运动。这是为了促进人体的健美所进行的体育锻炼。主要运动有器械体操、舞蹈、韵律体操和健美操、街舞等。健美运动越来越受到年轻人的欢迎，大学生尤其是女生更多地选择这项运动。

体育竞赛。体育竞赛是促进群体活动的有效手段。通过比赛可以调动学生参加体育锻炼的积极性，丰富课外生活，培养顽强拼搏的精神，同时也是检查体育锻炼及运动效果的一种手段。

运动训练。普通高校往往会利用课余时间，对部分热爱体育运动、身体素质好又有专项运动特长的学生，进行系统的运动训练。运动训练的主要任务是提高学校体育竞技运动水平，进一步推动群众性体育活动的开展。

运动会。高校一般都要开展春季或秋季运动会等全校性的活动。运动会期间开展田径类比赛、篮球、排球、足球、跳绳等项目的竞赛，有的高校还进行健美操比赛、太极拳比赛等。有些高校的院系还会组织本院系的运动会和一些业余的竞赛。

其他活动。其他还有"阳光体育运动""三走"活动等群众性课外体育锻炼活动。另外也包括《大学生体质健康标准》规定的项目、复习巩固体育课中所学的技能和技术、各种项目兴趣小组的活动以及传统的郊游、登山等活动。

2. 心理健康活动

心理健康活动是健康教育的重要形式之一，近年来越来越受到教育行政部门和高校的重视，心理健康活动已成为高校课外培养活动的一个极为重要的内容。

心理咨询。心理咨询是咨询人员运用心理学的原理和方法，针对来访者的心理问题作出分析、建议、辅导，以维护和增进来访者的心理健康，促进其人格完善和潜能发挥的过程。[1] 心理咨询是高校心理健康教育工作最常见、最普及的形式，大学生心理咨询的内容一般包括三个方面：心理发展咨询、心理适应咨询和心理障碍咨询。以咨询途径为标准可把心理咨询划分为：面谈咨询、电话咨询、信函咨询、专栏咨询、现场咨

① 江光荣、吴才智：《大学生心理健康教育》，华中师范大学出版社2012年版，第17页。

询、网络咨询等。

心理健康普查。随着高校心理健康教育工作的不断深入，开展大学生心理健康普查，建立大学生心理健康档案，已经成了加强大学生心理健康教育，预防大学生心理危机的重要内容、途径和措施。高校会在新生入学之后进行心理测试普查，一般运用大学生人格健康调查表（UPI）、90项症状自评量表（SCL－90）等对新生进行心理测试，探析大学新生存在的主要心理困惑，增强新生心理健康教育的对策。

心理健康宣传周（月）活动。为进一步加强大学生心理健康教育，在学生中营造一种学习、普及、宣传心理健康知识，关心、帮助有心理困扰的同学，共同创建有利于大学生心理健康成长的良好氛围，促进大学生心理健康成长，高校会在每年的一周或一个月内集中开展专题讲座、现场心理咨询、心理电影展播、心理征文大赛等一系列心理健康活动。心理健康宣传周（月）活动近年来开始在国内高校推广，它为引导大学生关注自身的心理健康发挥了积极的作用。

团体心理辅导。团体心理辅导是在团体的情境下进行的一种心理辅导形式，它是通过团体内人际交互作用，促使个体在交往中观察、学习、体验，认识自我、探索自我、调整改善与他人的关系，学习新的态度与行为方式，以促进良好的适应与发展的助人过程。其特点是适应面广，形式多样、耗时短、效率高。高校可以结合学生的需求开展"人际交往""自我探索""自信心训练""情绪管理""时间管理""大学生涯规划"等针对性强的团体辅导，帮助大学生解决某些心理问题，促进他们心理发展和生活适应。

心理运动会。心理运动会是以竞赛运动为形式，以培养学生乐观心态、合作能力、释放负性情绪、应对逆境压力、促进心理健康、塑造健全人格为目的的心理活动。心理运动会具有竞技运动会的对抗性和竞争性的特点，也有趣味运动会中大众性和趣味性，同时也兼备团体心理辅导的辅导性特点，寓教于乐，能促进学生之间的交流，培养合作精神，促进大学生的身心和谐发展。

心理剧演出。心理剧是由个体的认知分析、实践经验和参与发展而来的一套舞台表演方法，具有心理辅导与心理咨询的特征。在心理剧演出时，演出者借着舞台表现自我，可以感悟到内心世界的需求与渴望；观看者可以通过观看演出，产生深刻的内心体验和情感共鸣。心理剧是大学心理健康活动的一种特殊模式，它能够把大学生中出现的心理问题以表演的形式搬上舞台，让学生自己表演、自己观看、自己领悟，使参与的学生均能够受到启发。心理剧以其群众性、参与性、体验性、直观性、启发性和间接性的特征，提高了大学生心理健康教育的针对性和实效性，是大学生心理健康教育的重要方式。

3. 卫生保健活动

高校在校生来源复杂，群体密集，流动性较强，免疫水平参差不齐，是突发公共卫生事件的易发群体。高校校医院等单位，应积极组织开展疾病预防、急救知识普及等主题讲座，提高大学生的健康意识，组织全校学生进行体检、定期做好防疫工作。高校开展卫生保健活动，运用医疗手段预防疾病产生，促使大学生掌握必要的保健知识，可以维护人体健康，最大程度发挥卫生保健活动的功效。

健康体检。健康体检是以健康为中心的身体检查，是一种预防性体检。高校要安排新生入学体检和毕业生离校体检等活动，有条件的高校还可以安排二、三年级学生体检。高校通过健康体检活动，更好地掌握大学生的群体健康水平，有针对性地进行指导干预，做好预防接种工作。大力预防结核病、肝炎、艾滋病等传染病的传播，对病情早发现、早诊断、早报告、早治疗，从医疗角度上构筑健康的屏障。

卫生防疫活动。高校要制定各种卫生防疫措施，协助卫生防疫部门做好卫生防疫工作。平时的健康教育对预防传染病非常重要，高校医疗卫生部门要加大宣传，引导大学生养成良好的生活、卫生习惯，注意饮食健康、防治疾病的入侵，远离吸毒、抽烟、酗酒等不良行为。如在某些大学开展的"毒品预防'五个一'活动"，各学院组织学生参观一次禁毒展览、观看一部禁毒影片、上一堂禁毒课、开展一次禁毒征文比赛、开展一次主题班会，有效地提高了大学生的识毒、防毒、拒毒意识和能力，取得了良好的教育效果。

宿舍卫生检查。据统计，大学生在宿舍度过的时间占全天的50%左右。因此，为了学生的健康，高校应教育引导大学生经常打扫卫生，勤洗个人衣物，努力保持宿舍整齐清洁，经常开窗换气，放置绿萝、吊兰等植物。可通过开展宿舍卫生检查、文明宿舍评比等活动督促大学生做好宿舍卫生。

二　健康教育活动的组织

健康教育活动的有效组织，是健康教育取得成效的关键环节。由于高校学生人数众多，身体状况、心理特点以及兴趣爱好等都有很大的差异，因此组织工作比较复杂，需要进行科学合理的安排和认真的组织实施。

建立健全健康教育工作体系。健全的工作体系要能基本覆盖全校学生，及时有效地对全体学生进行日常健康监测，提供健康教育和服务的工作平台。健全的工作体系是高校健康教育科学化、制度化、规范化、系统化的体现，应包括课外体育活动工作体系、心理健康教育工作体系和卫生保健工作体系。课外体育活动工作体系可由体育院系教师、各学院辅导员、学生会干部、班干部等组成，其中体育教师做好指导工作，辅导员做好动员工作，学生会干部和班干部做好具体组织工作；心理健康教育工作体系以学校心理健康教育中心为核心，通过学院心理联络站站长（一般由取得国家心理咨询师二级证书的辅导员担任）、班级心理委员、宿舍心理信息员组建成一个四级网络的工作体系，对学生心理健康状况进行监控，并为他们提供全方位的心理教育、心理辅导、心理危机干预服务；卫生保健工作体系可依托校医院、学院健康使者（可由接受过健康培训的教师担任）、班级健康使者等共同担负起大学生卫生保健和教育的责任。健全的工作体系是高校进行健康监测并且完成各项教育任务的组织保证。这种工作体系构建了分层次开展健康教育的工作机制，有利于高校对学生健康状况的掌握与了解，对普及健康知识、推动学生健康教育工作的科学化与规范化建设，具有很强的操作性和现实意义。

统筹制订健康教育工作方案。科学合理的方案是开展健康教育活动的前提，健康教育工作需要多个部门的协调与合作，高校要统筹制订健康教育工作方案。制订方案要有政策和理论依据，借鉴健康教育工作先进高校的经验，从本校实际出发，通过对以往活动的调查评估，掌握大学生的实际需求，制订出切实可行的健康教育工作方案。健康教育工作方案的具体内容应包括：确定学校健康教育工作的总目标和年度目标、制定学校健康教育工作相关的文件制度、加强健康教育配套的软硬件设施建设、健康教育工作的宣传发动、健康教育活动的开展、健康教育工作体系的建设、健康教育工作突发状况的应急措施和办法、健康教育工作的考核评定等。

　　加大宣传力度营造舆论氛围。宣传发动工作在健康教育活动中具有重要作用，是健康教育的重要组成部分。全校性的健康教育活动方案制订以后，做好宣传动员，形成人人熟知，全校参与的氛围。要充分利用学校广播、校报、黑板报等传统媒体进行宣传，特别要利用校园网、微信、微博、腾讯QQ等学生喜爱的新媒体进行广泛宣传，及时对健康教育活动开展情况进行宣传报道，营造良好的舆论氛围。要充分利用学生社团深入开展宣传发动。学生社团是健康教育活动宣传的重要力量，高校健康教育类学生社团形式多样，如心理健康协会、篮球协会、乒乓球协会、健美操协会、武术协会、太极拳协会等。这些学生社团人数较多，成员包含不同学院、不同班级、不同年级的同学，在学生群体中横向传播信息较快，效果较好。

　　广泛开展各类健康教育活动。加大健康教育活动的力度，构建集中式活动与日常性活动相结合的健康教育模式。一方面，高校要广泛开展全校性的、集中式的、大型的健康教育活动，如春（秋）季运动会、心理健康活动周（月）、"12.1世界艾滋病预防宣传日"活动等；另一方面，高校要强化日常性健康教育活动，积极开展课外锻炼，在传统项目跑步、篮球、太极拳之外，大力推动足球、网球、冰雪运动等活动项目；采取各种针对性措施规范大学生的生活习惯，培养他们健康的日常行为，如积极应对大学生手机成瘾现象，开展保护学生视力的活动；进一步推动心理帮扶活动，提高大学生心理健康意识和心理保健能力。各级工作体系要切实发挥作用，各学院要结合学院实际，认真组织开展特色鲜明的健康教育活动，引导学生主动、积极参与，确保活动顺利实施；各班级可配合开展动员会、健康知识宣传等活动，提高学生锻炼身体和关注心理健康的自觉性，使健康教育活动覆盖到每一个学生。

三　健康教育活动的成效把控

　　高校要把控健康教育活动，按照既定的计划，实现培养目标，达到预期的效果，需要加强以下几方面的工作：

　　提高对健康教育活动的思想认识。高校要提高思想认识，以国家出台的政策和文件为指导开展大学生健康教育活动。如《国家中长期教育改革和发展规划纲要（2010—2020年）》中明确提出要塑造学生强健体魄，全面增强学生体质和意志品质。各高校应牢固树立"健康第一"的指导思想，切实保证健康教育的目标得以实现。高校是开展大学生健康教育活动的主渠道、主阵地和主要责任单位，学校相关部门要提高对健康教育活动的思想认识，把健康教育活动上升到贯彻落实党的教育方针、实现国家人才战略的高度来认识。要将加强对大学生健康教育工作列入学校人才培养的核心工作，保证健康教育活动的成效。

开展健康教育活动要以学生为主体。开展健康教育活动要尊重学生的主体地位，调动学生的积极性，让他们表现出更多的自主性、能动性和创造性。在健康教育活动中学生应该成为主角，教师是配角，学生的活动要多于教师的活动。同课堂教学相比，课外培养活动是发挥学生独立自主精神的最好场所，要让学生成为课外活动的真正主人，使学生在活动中养成良好的健康意识和行为。如开展健康教育活动时应尽可能使其内容丰富多彩、形式灵活多样，以适应学生多方面的兴趣和需求，健康教育活动可以打破学院或班级的界限，依据学生兴趣来组织和安排。

采取有效的激励措施促进活动开展。健康教育是一个长期的、持续的过程，其效果具有延迟性，单靠大学生自发参与并不能保证健康教育活动的效果。高校要在健康教育活动中采用各种激励手段调动学生的主动性，激发他们的动机、兴趣和情感，使其积极地投入活动中去，从而取得更好的健康教育效果。如为了抓好早操工作，保证学生每天的锻炼时间，有的高校对学生早操进行考核，考核合格的学生可以获得一定的课外素质学分，给参与组织的体育教师或带队的学院辅导员划拨一定的工作量。

加强对健康教育活动的监督反馈。健康教育的质量和成效如何，还需要做哪些改进和调整，是健康教育实践中经常遇到的问题，这就需要高校建立一套监督反馈机制。可以设立网站、信箱等一些便利有效的措施，畅通信息反馈渠道，使得学生老师都能积极参与到反馈活动中来，学校要及时结合评价和反馈信息，不断完善和改进健康教育工作，提高健康教育的质量。高校要对学院健康教育工作的落实情况，教师和学生的活动参与情况进行监督，以保障计划安排的健康教育活动落到实处。高校应根据实际情况，研究制定大学生健康教育工作的意见或实施办法，建立考核、奖惩机制。如河南科技大学将心理健康教育工作和早操等的考评纳入课外培养工作考评体系，发挥了很好的评价作用。

第三节　健康教育活动的优化

一　健康教育活动的现状

1. 健康教育活动开展的情况

全国健康教育活动发生了质的变化。20 世纪 80 年代以前，我国的健康教育长期处于卫生宣传阶段。20 世纪 80 年代中期，我国的健康教育工作逐步以"健康教育"取代了"卫生教育""卫生宣传"，这是我国健康教育的一个重大飞跃。20 世纪 90 年代，我国与世界卫生组织的合作项目正式引入"健康城市"的概念，其后，上海、苏州、杭州等城市自发开展健康城市创建工作。2004 年，原卫生部发布了《全国健康教育与健康促进行动规划纲要（2005—2010）》，在此基础上，开展了"全国亿万农民健康促进行动"，深入开展了城市社区的健康教育与健康促进，开展了重点人群健康教育与健康促进等活动。同期，我国还与世界卫生组织合作开展了健康促进学校项目等。2007 年，原卫生部疾控局、全国爱国卫生委员会办公室、中国疾控中心共同发起了"全民健康生活方式行动"，行动以"和谐我生活、健康中国人"为主题，以"我行动，我健康，我快乐"为行动口号，以政策发展、创建支持性环境、促进社区行动和提高大众健康生活方式和行为为核心开展活动。到 2013 年 6 月底，全国有 2024 个县/区开展了该行动，促进了健康生活方式在全国的普及。2012 年国家卫生计生委启动了"健康中国行——全民健康素养促进活动"，该活动第一周期为三年，每年选择一个严重威胁群众健康的公共卫生问题作为主题，2013 年主题为"合理用药"，2014 年主题为"科学就医"，2015 年主题为"无烟生活"。[1]

党和政府大力推进"健康中国"战略。中共中央、国务院 2016 年印发了《"健康中国 2030"规划纲要》，并发出通知，要求各地区、各部门结合实际认真贯彻落实。为了推进"健康中国"行动，国务院印发了《"十三五"卫生与健康发展规划》（国发〔2016〕77 号），国家卫生计生委等 22 个部门印发了《关于加强心理健康服务的指导意见》。国家一

---

[1] 参见田向阳、程玉兰《健康教育与健康促进基本理论与实践》，人民卫生出版社 2016 年版。

直重视卫生与健康问题，不仅关注身体健康，而且重视心理健康，不仅强调政府发力，而且提倡全民健身，在这种精神指导下，健康教育活动日益增多，如"糖尿病健康教育项目""艾滋病健康教育项目"等。另外还有配合各个卫生日开展的临时性健康教育活动，如世界卫生日、艾滋病日、结核病日、爱眼日、爱牙日、全国大学生心理健康日等。健康教育活动也越来越被公共卫生各专业领域所认同和接受，社区、学校、工矿、农村、医院以及军队的健康教育工作的开展也越来越广泛和深入。

高校健康教育活动蓬勃发展。从1985年开始，我国建立了学生体质健康调研制度，5年一个周期，在全国范围内对7—22岁学生体质健康状况进行调研，这不仅能够及时了解和掌握我国学生体质健康的现状和发展变化趋势，为我国学校体育工作发展规划和干预政策的制定提供了客观、科学的依据，而且通过定期公布调研结果，促进了全社会对学生健康状况的关注和支持。1993年，原国家教委组织制定了《大学生健康教育基本要求（试行）》，近年来又出台了《学生体质健康标准》《关于进一步加强和改进大学生心理健康教育的意见》等一系列重要文件。为了全面贯彻党的教育方针，认真落实"健康第一"的指导思想，吸引广大青少年学生走向操场、走进大自然、走到阳光下，积极参加体育锻炼，切实提高学生体质健康水平，教育部、国家体育总局、共青团中央决定从2007年开始，结合《学生体质健康标准》的全面实施，在全国各级各类学校中广泛、深入地开展"阳光体育运动"。2011年教育部印发《普通高等学校学生心理健康教育工作基本建设标准（试行）》（教思政厅〔2011〕1号），推进大学生心理健康教育工作科学化建设，有力地推动了高校心理健康工作的发展。2014年，由共青团中央、教育部、国家体育总局、全国学联提出了"三走"活动，其主题为：走下网络，走出宿舍，走向操场，目的是积极倡导和组织课外体育锻炼，帮助学生形成健康体魄、培育团队意识和拼搏精神。"三走"活动几乎覆盖了全国所有高校，极大地促进了健康教育活动的开展。

2. 健康教育活动存在的问题

尽管我国健康教育工作近30年来有了较大的进步，但是毕竟时间还不长，而且国家经济还不够发达，健康教育活动在城市和农村之间发展还很不均衡，在开展普及性的健康活动方面还存在不少问题需要改进。

高校对开展健康教育仍然重视不够。高校开展健康教育活动虽然提出比较多的口号，但往往是"雷声大、雨点小"，在大学生中进行健康宣传的力度不够，方法单一，又缺乏专业的指导老师，成效并不理想。由于在我国传统的教育观念中，知识教育是教育之本，相对于健康教育，知识教育显得更为重要，学校更多的是将精力投入到知识与技能的提高中，忽视了学生身心健康的发展，高校对健康教育重视不够，大学生健康教育工作还十分薄弱。又因健康教育活动的见效缓慢，具有很强的滞后性，不少高校对健康教育工作的重视还仅仅停留在口头上。

高校面临严峻的大学生体质健康问题。随着人们生活水平的提高，大学生的营养状况基本不成问题，身体形态出现了较大的变化，但营养过剩、运动缺乏在大学生人群中已表现得非常突出，尤其是在反映心肺功能和耐力项目上表现得更加明显，肥胖的大学生人数也在逐渐增多，不少学生长期处于亚健康状态。随着网络时代"少动多静"生活方式的影响，有相当一部分大学生由于不良生活习惯和行为，如"晚睡晚起、沉迷网络、不吃早餐"等，使得身体素质和健康水平普遍处在一个较低水平或状态。国家第六次体质健康监测结果显示大学生体质状况进一步下滑，我国19—22岁大学生的爆发力、力量、耐力等身体素质指标进一步下降。[1]

健康教育活动惠及面小。高校开展健康教育活动往往具有自发性，缺乏强制性措施。在高校开展的健康教育活动中，基本是少数比较活跃、爱好运动的学生参与其中，大多数同学只是看看热闹，喊喊口号，即使是校级运动会，参与的人数比例也十分有限。大多数健康教育活动只惠及喜欢锻炼的人群，对于静态生活方式群体和体质弱势群体，难以充分发挥健康教育干预的功能，长此以往极有可能形成最需要健康教育的人却最缺乏健康教育的恶性循环。在高校，大部分超重、肥胖等体质弱势大学生在缺乏强制性措施时往往更少参加课外锻炼活动。

心理健康教育力量薄弱。心理健康教育在我国起步较晚，各地区的发展水平参差不齐，整体力量薄弱。不少高校的心理健康教育工作还停留在心理咨询的层面，开展的主题活动相对单一，很难满足学生的需求。相关心理健康教育工作人员的专业素养差异较大，心理健康教育队伍相

---

[1]　章茹：《大学生体质健康与学校健康教育缺失的研究》，载《南京体育学院学报》（自然科学版）2014年第1期。

对薄弱，大部分心理健康教育工作是高校思想政治教育工作者完成的，由于缺乏系统的心理学和心理健康相关知识，他们不能正确把握大学生的心理状态和心理发展规律，用思想政治的手段来对待学生的心理问题，导致心理健康教育的针对性不强。尽管高校基本上都设立有大学生心理健康教育中心等机构，但是由于人员力量薄弱，高校心理健康教育中心所起的作用很有限，这在整体上影响心理健康教育工作。

二　健康教育活动的优化

1. 健康教育活动的科学化

健康教育活动要坚持科学性。开展健康教育活动必须要遵循科学规律，依据大学生的生理、心理特点进行。健康教育必须是以科学的理论和科学的方法来指导学生学习和掌握健康知识，指导学生改变不健康的行为和建立健康的行为，指导学生的健康活动。具体来说，体育运动有益健康，但运动也有原则，健康教育活动要讲科学性，如果不讲科学，不但不利于健康，而且可能有损于健康。比如课外体育锻炼要保持适宜的运动负荷，合理安排锻炼的时间间隔，每次锻炼的时间间隔太短，疲劳没有消除，就会造成过度疲劳；时间间隔太长，机能消退，就达不到锻炼的效果。

健康教育活动要坚持整体性。在健康教育具体实践中，大学生的健康问题往往被分割成健康体魄和健康心理两部分，这样，大学生的身心健康就没有作为一个统一整体被重视。因此，高校要积极建构身心健康一体的健康教育模式，寻找高校身体健康与心理健康的有效结合点，全方位地开展健康教育活动。如以大学生喜爱的运动项目为载体，融心理锻炼、身体锻炼于运动技能学习之中，开展形式多样而有趣的课外培养活动，促进学生身心和谐发展。

健康教育活动要坚持防治结合。大学生绝大部分都是身心健康的个体，所以高校教师必须将主要精力与时间用来提高他们的身心素质，使其更加健康。对于大多数学生要坚持发展性原则，开展一些提高身心素质的课外培养活动预防身心健康问题的出现；对少数身心健康存在问题的学生，对其进行专门的体育训练或进行心理辅导，帮助他们解决身体或心理健康问题。前者是普及性的，后者个别性的，在健康教育活动中必须两者结合，才能相得益彰。

2. 健康教育活动的创新

高校健康教育必须大胆改革创新，完善课外培养工作体系，提高健康教育的灵活性、多元性和针对性，鼓励高校教师和学生开动脑筋，积极探索，使健康教育活动在组织方式和活动形式上不断发展和创新。

（1）积极推动健康教育活动组织方式的创新

广泛利用新媒体催化健康教育活动。例如高校可以结合自身的特点和需要，开发相应的手机应用软件供学生下载使用，利用网络平台发动学生积极参加健康教育活动，使得松散的个人活动变得易于统计、组织和管理。这些网络应用软件可使得大学生结合个人的实际情况（身体素质、体育基础、兴趣爱好、特长发展、心理特点等），灵活安排每周或每天的体育锻炼或心理健康活动，可以扬长避短，发展爱好、特长，形成个人的锻炼特点和风格。新媒体的及时性、跨越空间性、互动性可极大地推动健康教育活动的开展，如 QQ 群、微信群等可以使个人与其他同学结合组成健身兴趣小组，相互帮助和监督，更好地坚持课外活动，提高身心素质。

构建基层发力模式推进健康教育活动。大学生课外培养的主体是学生，高校学生组织是健康教育的主要依托。健康教育活动要不断创新模式，摆脱过去学校—学院—班级层层推进，自上而下安排的工作模式，逐步建立和完善一套系统的选拔、培训、管理机制等，规范对学生组织和学生干部的管理培训，构建基层发力模式，充分发挥学生组织在健康教育中的主体作用，满足大学生自我教育、自我成长的需要，提高健康教育的成效。学校可以在这方面改革、创新，例如以体育俱乐部的形式吸纳大学生参加课外体育活动，共同的兴趣、爱好把学生自发地组织在一起，形成开展锻炼的自我激励机制，培养终身健康的技能和方法。

（2）积极推动健康教育活动形式的创新

积极探索素质拓展训练。素质拓展训练是一种体验式学习的过程，它以运动为依托，以培训为方式，以感悟为目的，是一种综合素质教育形式。具体包括体验、分享、交流、整合、应用等主要环节。根据活动场地的不同可将素质拓展训练分为室内拓展项目和室外拓展项目；根据参与训练的活动者关系，可将素质拓展分为个人项目、双人项目、破冰项目、沟通项目和团队协作项目等。常见的素质拓展训练多为心理素质拓展，它以运动为依托，通过培训来提高参与者的心理素质。目前已有的心理素质拓展项目十分有限，为了更好地促进大学生全面健康的发展，高校要把身体素质和心理素质的提高结合起来，开发一些新的素质拓展项目，尤其是开发一些团体性的健康拓展项目，吸引更多的大学生参与进来，更好地发挥素质拓展训练的作用。

大力推进同伴教育。同伴教育是指具有相似背景（年龄、性别、价值观等）、喜好、生活环境和经历、文化和社会地位，或由于某些原因使其具有共同语言的人在一起分享信息、观念或行为技能的教育方式。由于是用可以接受的语言来宣传或谈自己的理解和感受，因此更容易被同伴关注和接受。同伴教育通常首先对有影响力和号召力的大学生（同伴教育者）进行有目的的培训，使其掌握一定的知识和技巧，然后再由他们向周围的大学生传播知识和技能。同伴教育的形式多种多样，同伴咨询、专题讲座、小群体交流、参与式培训活动、小组讨论、游戏、辩论、一对一交流、举办演讲比赛等都可作为开展同伴教育的形式。对于一般健康方面的问题，可以组织小群体或大型的同伴交流活动，对某些隐私的心理问题，则更多采取一对一交流的形式。如在心理健康教育活动中就可以组织和开展同伴教育，由心理教师担任指导，选拔心理委员或者心理社团中合适的学生，经过活动培训、指导和考核后成为正式的学生教练，最后由经过培训的学生教练们为其他同学提供团体培训。

案例：北京工业大学全面推进健康教育活动

北京工业大学不断进行积极的实践探索，把体质健康、心理健康和医疗保健服务结合起来，全面推动大学生的健康教育工作。学校于2012年提出"健康工大"的建设目标，把师生的健康问题，把培养学生包括健康素质在内的整体素质放在更加核心的位置上。采取一系列措施推动建立起一支从事大学生健康教育工作的专门人才队伍，探索性地开展了一系列大学生健康教育实践活动，以期待建构具有中国特色的大学生健康教育模式和体系。

北京工业大学秉承"健康促进、健康成长、健康发展"的教育理念，以促进学生健康和构建健康校园为目标，紧密围绕培养适合社会发展需要、德智体美全面发展的高素质的目标，全面启动"健康工程"，举办了心理专家进校园、健康文化宣传、健康文化体验周等系列活动。通过实施群众性体育锻炼计划、心理素质提升计划和健康文化体验计划，推进学校学生健康教育的制度化、体系化、科学化建设，不断提高大学生健康水平，促进大学生健康成长。

体育锻炼活动

学校十分重视体育健康工作，依托体育部积极建设高水平运动队、开展大量群体体育活动，推动全校体育文化建设和发展。体育部下属八支校运动队，其中游泳、足球为重点队，篮球、排球、乒乓球、健美操为传统队，在历来参加全国及北京市比赛中取得了优异成绩。2010年顺利通过国家教育部高水平运动队建设的评估。

积极推动群体体育锻炼活动。近年来，体育部结合学校场地、设备以及学生的具体情况，制定了详细的群体工作章程和细则，以服务为宗旨，大力扶持和发展学生体育协会、社团，以体育竞赛为平台，推进学校全员健身运动全面开展。先后组织起篮球、足球、排球、健美、乒乓球、游泳、交谊舞、田径、棒垒球、武术、定向越野体育协会11个，健美操、网球俱乐部2家，吸引了近1500名学生长期自觉地参加体育社团的各项活动。坚持每年举办传统的校田径运动会、校新生运动会、长跑接力比赛，以"工大杯"命名的足球、篮球、排球、乒乓球、网球赛，已经成为学校的传统赛事。众多的体育活动吸引大量学生自愿投身体育活动，每年直接参加体育比赛的人数超过3000人，参与各类服务的学生和观众人数是参赛人数的2—3倍，占全校学生总数的二分之一，营造了良好的健康氛围。

心理健康活动

依托大学生心理发展指导中心组织全校的心理健康教育活动。中心通过个别心理咨询、团体心理辅导、《心港》期刊、热线服务、心理知识宣传专栏等多种方式方法，指导和帮助大学生提高心理素质，克服各种心理困扰和心理障碍，增进心理健康，为其发展与成才提供助力和动力。其中特色活动如："心理梦工厂"开放日科普活动。内容有丰富多彩的团体心理辅导、心理知识问答、心理设备之初体验，使同学们提高了心理健康认识。为增强活动的趣味性，开放日活动以"心理大冲关"形式举行，分为六个模块，包括心理科普区、"工大声——说出你的心声"区、团体游戏区、心理测试区、科学实验室和宣泄区，同学们可以通过闯关的形式多角度领略心理学的奇妙色彩。开展"憩心阁进社区"活动。"憩心阁"是在学生社区宿舍楼门厅摆放的心理健康知识宣传架，宣传资料由校心理咨询中心定期为学生提供。小小的"憩心阁"，将使心理健康知识真正走近每一位北京工业大学学子，休憩身心、调整自我、从容应对、全力飞翔。另外还开展有心理健康宣传月、"校心理协会社团节"、"青春的呐喊"脱口秀、"密室逃脱"、"工大热跑"——大学生团体心理定向越野等活动，取得了良好的宣传和教育效果。

卫生保健服务

以关爱生命为核心的艾滋病校园宣传教育，自 2003 年以来，至今举办了 14 届"世界艾滋病日"校园宣传活动，业已成为北京工业大学的一项学生素质教育品牌活动，在青年学生中具有广泛而深刻的影响力。2005 年又成立了"红丝带"志愿者团，大力推进防艾滋病的宣传工作。2015 年成功举办全球病毒网络中心学术研讨会。2016 年 4 月，首都医科大学附属北京友谊医院专家走进北京工业大学校园，会同北京工业大学医院眼科、中医科专家，共同开展以"服务师生，关爱健康"为主题的 2016 年校园大型义诊、咨询活动，为广大师生进行常见病、多发病的预防、诊治和健康咨询服务。这些医疗卫生保健活动为广大师生送来健康理念、健康知识、健康服务，有效解决实际问题，受到了广大师生的普遍欢迎和好评。

（资料来源：根据北京工业大学校园网新闻资料整理）

后　记

　　本书是河南省高等学校教学改革省级重点研究项目、河南科技大学重大教育教学改革建设项目"大学生课外培养工作体系建设应用研究"的重要成果之一，是《大学课外培养》的姊妹篇，也是近年来河南科技大学学生工作部和学生工作处，组织和引领学生工作系统的干部教师，积极倡导和推动大学生课外培养工作，并将课外培养作为高校学生工作的核心任务，提出课内与课外"双轨并行 融合联动"的人才培养模式，并加以研究和探索的又一重要成果。在倡导和推行大学生课外培养工作的过程中，得到了广大学工干部的积极响应，全校学工干部积极参与，进行深入的研究、探索和实践，尽管很多人并没有参与本书的写作，但是他们的探索和实践为本书的写作提供了极其宝贵的素材，在此一并表示诚挚的感谢。

　　在本书的写作中，杨国欣教授作为教改项目的主持人、课内课外"双轨并行 融合联动"培养模式的提出者，拟定了撰写提纲，多次召开撰写小组会议，研究和统一写作思路，对全书各章的撰写提出了具体的指导和修改意见。

　　本书第一章、第五章由杨国欣撰写；第二章由田志红撰写；第三章由张晓洁撰写；第四章由吴晓昊撰写；第六章由罗晴撰写；第七章、第九章由李文涛撰写；第八章由姚纲撰写；第十章、第十一章由李继光撰写；第十二章由毛俊青撰写。

　　由于时间仓促，作者水平有限，书中不当之处难以避免，敬请各位读者和研究人员批评指正。希望有更多的教育工作者参加到课外培养的研究中来，希望有更多的大学生能在课内课外"双轨并行 融合联动"的培养模式中，健康成长，全面发展。